Annual Meeting Digitization Practice

株主総会デジタル化の実務

■編著
弁護士
武井一浩
全国株懇連合会 理事長
井上　卓
㈱ICJ 代表取締役社長
今給黎成夫
弁護士
森田多恵子

■著
猪越　樹
尾崎　太
斎藤　誠
清水博之
中川雅博
前田伊世雄
松村真弓
坂東照雄
砂金　宏

中央経済社

はしがき

いわゆるデジタルトランスフォーメーション（DX）の動きが急速に進展しているが，株主総会もその例外ではない。本書は，株主総会のデジタル化の先端実務を鳥瞰的に紹介した書籍である。

第1章は株主総会デジタル化の全体像について解説している。株主総会のデジタル化には，①招集手続関連のデジタル化，②議決権行使関連のデジタル化，③株主総会当日のデジタル化という3つのパートがある。それぞれにおいて最近重要な動きが起きている。

第2章は③の株主総会当日のデジタル化について，より詳しく解説している。2020年の新型コロナウイルス感染症の拡大前から議論されていたハイブリッド型バーチャル株主総会は2020年に入って急速に注目を集め，また2021年度にはバーチャルオンリー型株主総会の立法措置も進められている。

第3章は，株主総会のデジタル化が急速に進んだ2020年の総会実務を振り返りつつ，2021年度以降の実務対応における諸論点について，株主総会の第一線の実務家に集っていただいて幅広く議論している。

第4章は，株主総会のデジタル化のインフラについて，重要な役割を担っている株式会社ICJの皆さまと，実務上の諸論点について議論している。

本書の刊行にあたっては，議論に参加していただいた皆さま，原稿等をチェックしていただいた多くの関係者の皆さまや同僚弁護士（安井桂大氏，大澤涼氏および志澤政彦氏）から多大なご協力・示唆等をいただいた。心より感謝の意を申し上げたい。また，本書の刊行にあたっては，中央経済社の実務書編集部（法律担当）の石井直人氏に大変お世話になった。短期間でタイムリーに書籍を刊行していただくため大変ご尽力をいただき，心より御礼を申し上げたい。

本書が，株主総会のデジタル化実務の健全な進展の一助となれば幸いである。

2021年３月

編著者を代表して

弁護士　**武井　一浩**

弁護士　**森田多恵子**

目　次

第2章　バーチャル株主総会（ハイブリッド型バーチャル総会実施ガイド等）

第3章　株主総会デジタル化の先端実務　63

第4章　バーチャル株主総会（オンライン総会）インフラ編

第1章

株主総会デジタル化の全体像

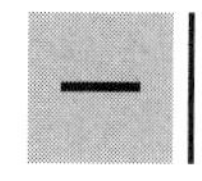 株主総会デジタル化の全体像

企業を取り巻く経営環境として，デジタル・イノベーションに対する様々なデジタル化が待ったなしになっており，制度的対応も進んでいる。株主総会についても例外ではない。

株主総会のデジタル化対応には，①招集手続関連のデジタル化，②議決権行使関連のデジタル化，③株主総会の場自体のデジタル化（株主総会当日のデジタル化）という３つのパートがある。

１　招集手続関連のデジタル化

会社法上は，招集通知や計算書類，株主総会参考書類等の株主総会資料は，書面で各株主に郵送することが原則となっている（会社法299条，301条，437条）。

(1)　ウェブ開示によるみなし提供制度

もっとも，一部の株主総会資料については，株主への通知コスト削減のため，定款の定めに基づき，招集通知の発出時から株主総会後３か月が経過するまでの間ウェブサイトに掲載することによって，株主に提供したものとみなす，いわゆるウェブ開示によるみなし提供制度が設けられている（会社法施行規則94条１項・133条３項，会社計算規則133条４項・134条４項）。

ウェブ開示が認められる項目は，**図表１－１**のとおりである。新型コロナウイルス感染症の影響を踏まえ，2020年および2021年に，単体の貸借対照表や損益計算書等をウェブ開示の対象に拡充する時限措置が成立している（後記三３参照）。

【図表１－１】　ウェブ開示によるみなし提供制度の適用対象

開示書類	記載事項	適用
株主総会参考書類	議案	×
	提案の理由	○
	監査役による調査の結果の概要	○
	株主の議決権の行使について参考となると認める事項	○
	社外取締役を置くことが相当でない理由[1]	×
	みなし提供事項でない事業報告に表示すべき事項	×
	ウェブ開示を行うURL	×
	監査役等が異議を述べている事項	×
事業報告	株式会社の状況に関する重要な事項	○
	内部統制システムの整備についての決議等の内容の概要等	○
	会社を支配する者の在り方に関する基本方針に係る事項	○
	特定完全子会社に関する事項	○
	親会社等との利益相反取引に関する事項	○
	［公開会社のみ］株式会社の現況に関する事項	
	主要な事業内容	○
	主要な営業所及び工場並びに使用人の状況	○
	主要な借入先及び借入額	○
	事業の経過及びその成果	★
	重要な資金調達，設備投資，組織再編等についての状況	×
	直前３事業年度の財産及び損益の状況	○
	重要な親会社及び子会社の状況（親会社との間の重要な財務及び事業の方針に関する契約等が存在する場合には，その内容の	×

1　会社法の一部を改正する法律（令和元年法律第70号）（以下，同法による改正後の会社法を「令和元年改正会社法」または「改正会社法」といい，会社法施行規則等の一部を改正する省令（令和２年法務省令第52号）による改正後の会社法施行規則を「改正会社法施行規則」という。）により上場会社等には社外取締役の設置が義務づけられた（改正会社法327条の２）に伴い，株主総会参考書類の記載事項から削除された。ただし，経過措置規定により，施行日以後にその末日が到来する事業年度のうち最初のものに係る定時株主総会より前に開催される株主総会または種類株主総会においては記載が必要である（改正会社法施行規則附則２条７項）。

項目	
概要を含む。）	
対処すべき課題	★
その他当該株式会社の現況に関する重要な事項	○
［公開会社のみ］株式会社の会社役員に関する事項	
会社役員の氏名	×
会社役員の地位及び担当	×
責任限定契約の内容の概要	○
補償契約に関する事項	×
会社役員の報酬等に関する事項	×
辞任し，又は解任された会社役員に関する事項	○
重要な兼職の状況	○
監査役等の財務及び会計に関する知見	○
常勤の監査等委員又は監査委員に関する事項	○
その他会社役員に関する重要な事項	○
社外役員に関する事項	○
社外取締役を置くことが相当でない理由[2]	×
［公開会社のみ］株式会社の役員等賠償責任保険契約に関する事項	
役員等賠償責任保険契約の被保険者の範囲	×
役員等賠償責任保険契約の内容の概要	×
［公開会社のみ］株式会社の株式に関する事項	
上位10名の株主の氏名等	○
職務執行の対価として交付した株式に関する事項	○
その他株式に関する重要な事項	○
［公開会社のみ］株式会社の新株予約権等に関する事項	
会社役員が有する新株予約権等に関する事項	○
使用人等に交付した新株予約権等に関する事項	○

2　令和元年会社法改正に伴い，事業報告の記載事項から削除された。ただし，経過措置規定により，施行日前にその末日が到来した事業年度のうち最終のものに係る事業報告または施行日以後にその末日が到来する事業年度のうち最初のものに係る事業報告については，記載が必要である（改正会社法施行規則附則２条11項）。

	その他新株予約権等に関する重要な事項	○
	［会計参与設置会社のみ］会計参与に関する事項	
	会計参与との間の責任限定契約の内容の概要	○
	会計参与との間の補償契約に関する事項	×
	［会計監査人設置会社のみ］会計監査人に関する事項	
	会計監査人に関する事項のうち補償契約に関する事項を除くもの	○
	会計監査人との間の補償契約に関する事項	×
	監査役等が異議を述べている事項	×
	ウェブ開示を行うURL	×
計算書類	貸借対照表	★
	損益計算書	★
	株主資本等変動計算書	○
	個別注記表	○
	ウェブ開示を行うURL	×
連結計算書類	連結計算書類	○
	ウェブ開示を行うURL	×
監査報告	事業報告及び計算書類に係る監査役等及び会計監査人の監査報告	★
	連結計算書類に係る監査役等及び会計監査人の監査報告[3]	○

（凡例）
×：みなし提供制度の適用なし（ウェブ開示によっても株主に提供したとはみなされない事項）
○：下記★の時限措置とは無関係にみなし提供制度の適用あり
★：新型コロナウイルス感染症の影響を踏まえた，会社法施行規則及び会社計算規則の一部を改正する省令（令和２年法務省令第37号（2020年５月15日施行），令和３年法務省令第１号（2021年１月29日一部施行））により一定期間のみ適用対象
（下線は令和元年会社法改正に伴う会社法施行規則改正により追加された事項を示す）

（出典）　第９回成長戦略ワーキング・グループ（2020年４月23日）資料２－２別紙を元に筆者作成

3　従来から，定時株主総会の招集通知に際して株主に提供することは要求されておらず，定時株主総会において監査結果を報告すべきこととされている（会社法444条７項）。実務上は，任意に招集通知に連結計算書類に係る監査役等および会計監査人の監査報告を添付することが多い。

⑵　株主総会資料の電子提供

株主総会資料は，株主の個別の承諾を得ることにより，インターネットを利用する方法により提供することができる（会社法299条３項，301条，302条等）。ただ，株主数の多い上場会社で個々の株主から承諾をとることは煩雑であり，利用は進んでいない。

令和元年会社法改正において，株主総会資料を自社のホームページ等のウェブサイトに掲載し，株主に対し，当該ウェブサイトのアドレス等を書面により通知することによって，株主総会資料を提供することができる制度（株主総会資料の電子提供制度）が設けられた（改正会社法325条の２以下）。この制度の創設により，株式会社は，印刷や郵送のために要する時間や費用を削減することができるようになり，印刷や郵送が不要となることに伴い，株主に対し，従来よりも早期に充実した内容の株主総会資料を提供することができるようになることなどが期待されている（後記三２参照）。

⑶　早期ウェブ開示

株主総会資料は郵送するが，発送前の段階で自社ホームページ等に開示するのが，いわゆる早期ウェブ開示である。コーポレートガバナンス・コード補充原則１－２②でも，「上場会社は，株主が総会議案の十分な検討期間を確保することができるよう，招集通知に記載する情報の正確性を担保しつつその早期発送に努めるべきであり，また，招集通知に記載する情報は，株主総会の招集に係る取締役会決議から招集通知を発送するまでの間に，TDnet や自社のウェブサイトにより電子的に公表すべきである。」とされており，早期ウェブ開示の実施は上場会社では一般的になってきている[4]。2020年は新型コロナウイルス感染症の影響による決算・監査手続等の遅延により，早期ウェブ開示を実施した企業の割合は例年より若干低下したものの，招集通知発送日と自社ホーム

4　東京証券取引所「【参考】改訂コーポレートガバナンス・コードへの対応状況及び取締役会並びに指名委員会・報酬委員会の活動状況に係る開示の状況（2019年７月12日時点）」５頁によると，市場第一部上場企業による補充原則１－２②のコンプライ率は97.9％とされている。

ページ等への掲載日の間の間隔は，徐々にではあるが広がってきている。

TDnetへ掲載された招集通知等は，招集通知一覧サイト等へ掲載されるため，幅広い銘柄へ分散投資する機関投資家にとって招集通知等の網羅的な把握が容易となると指摘がされている一方，限られた銘柄を対象とする投資家や，招集通知一覧サイトを利用していない投資家にとっては，上場会社のウェブサイトにおける公表が有用であると指摘されている[5]（**図表１－２**参照）。

【図表１－２】

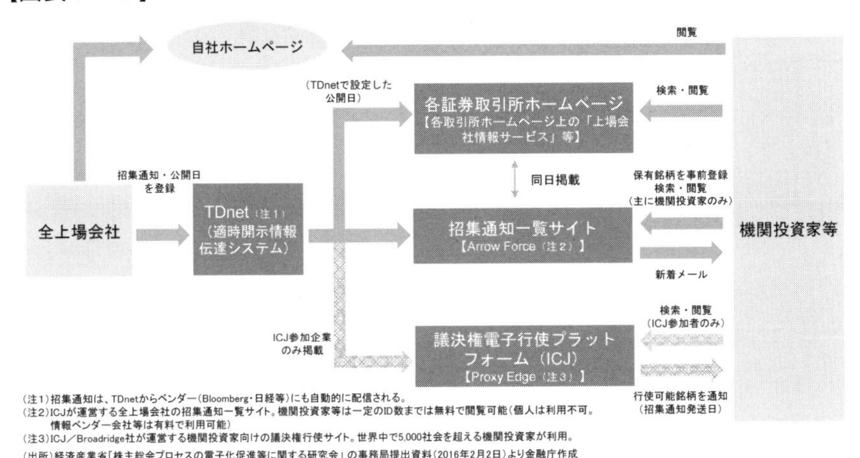

（出典）　金融庁 スチュワードシップ・コード及びコーポレートガバナンス・コードのフォローアップ会議 第22回資料３「第22回事務局参考資料」（令和２年12月８日））

2　議決権行使関連のデジタル化

会社は，株主総会の招集に際し，株主総会に出席しない株主が電磁的方法によって議決権を行使することを認めることができ（会社法298条１項４号），そのための議決権行使システムとしては，①株主名簿管理人により名義株主向けに提供される電子行使システムや，②株式会社ICJから名義株主の背後にいる

5　金融庁 スチュワードシップ・コード及びコーポレートガバナンス・コードのフォローアップ会議 第22回資料３「第22回事務局参考資料」（令和２年12月８日）

実質株主（機関投資家）に電子行使手段を提供する議決権電子行使プラットフォームがある[6]（**図表1－3**）。

議決権行使のデジタル化については，下記四を参照されたい。

【図表1－3】　日本における電子行使システム概要

- 株主名簿管理人が提供する電子行使システム：株主名簿上の**名義株主**が対象
- 議決権電子行使プラットフォーム：名義株主の背後にいる**実質株主**が対象

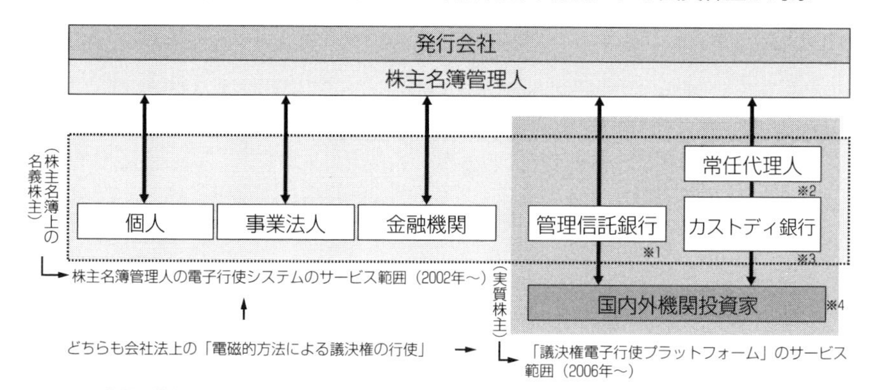

※1　管理信託銀行：国内の資産管理信託銀行。「管理信託銀行信託口」等の名義で保有。
※2　常任代理人：グローバルカストディ銀行の国内常任代理人。サブカストディ銀行。
※3　カストディ銀行：海外の資産管理銀行。グローバルカストディ銀行。
※4　国内外機関投資家：投資顧問会社，投資信託会社など国内外の資産運用会社。

（出典）　株式会社ICJ作成

3　株主総会当日のデジタル化（バーチャル総会）

会社法上，株主総会は一定の「場所」（会社法298条1項1号）で開催されることを前提としているが，通常，総会前日までの事前の議決権行使により賛否は決しており，株主総会当日に会場に訪れる株主の数は，株主全体の中ではごく一部にとどまる。

そうした中，遠方で実際の会場には足を運ぶことのできない株主も株主総会

6　今給黎成夫「議決権電子行使プラットフォームの10年と今後の展望について」商事法務2117号21頁。

の様子をインターネットにより視聴することができる総会当日のライブ配信や，事後のオンデマンド配信を行う企業が出てきている。また，2020年には，経済産業省から，リアル会場を設けつつ，株主にインターネット等を通じた株主総会への参加や出席を認める「ハイブリッド型バーチャル株主総会の実施ガイド」が公表された。

2020年7月17日に閣議決定された「成長戦略フォローアップ」では，「2020年2月に実施ガイドが示されたハイブリッド型バーチャル株主総会の実務への浸透の推進に加え，バーチャルオンリー型株主総会を含む株主総会プロセスにおける電子的手段の更なる活用の在り方，情報開示の充実のための方策など新たな株主総会の在り方について検討を行い，2020年度中に一定の結論を得る。」とされ，2021年2月5日に「デジタル化」への対応をその内容に盛りこんだ産業競争力強化法（以下「産競法」という。）改正法案が閣議決定され，国会に上程されている。株主総会当日のデジタル化も，確実に新たなステージに進みつつある。

ハイブリッド型を中心としたバーチャル株主総会については，第2章で詳述する。

二　急速に進展する総会デジタル化

1　事前の議決権行使のお願い

新型コロナウイルス感染症拡大防止のため，外出や集会の自粛が社会的に要請される中，2020年の株主総会では，株主総会当日の来場を控え，事前に書面または電磁的方法により議決権行使することをお願いした企業が多く見られた。

経済産業省＝法務省が公表した「株主総会運営に係るQ&A」（2020年4月2日公表。同月28日最終更新）[7]では，①会場を設定しつつ，感染拡大防止策の一

7　https://www.meti.go.jp/covid-19/kabunushi_sokai_qa.html

環として，株主に来場を控えるよう呼びかけることは，株主の健康に配慮した措置であること，②株主総会の招集通知等において，新型コロナウイルスの感染拡大防止のために株主に来場を控えるよう呼びかけることは可能であること，および③その際には，併せて書面や電磁的方法による事前の議決権行使の方法を案内することが望ましいことが明記され（Q1），自社会議室を活用するなど，例年より会場の規模を縮小することや，出席株主を事前登録制にすることを含め，会場に入場できる株主の人数を制限することも可能とされている（Q2, Q3）[8]。

また，同月28日，一般社団法人日本経済団体連合会からは，新型コロナウイルス感染症の拡大を踏まえ，株主に事前の議決権行使を促しつつ定時株主総会に来場する株主の数を一定程度限定することを想定した招集通知の記載モデル（モデルＡ），および感染拡大防止の観点をさらに強め，役員のみで開催することを想定した招集通知の記載モデル（モデルＢ）が策定，公表された[9, 10]。招集通知だけでなく，ウェブサイトへの掲載やハガキの郵送等により当日の来場自粛と事前行使の要請を徹底する例も見られた。

これらを受けて，総会当日に出席する株主数が大幅に減少した一方，事前の議決権行使の増加により議決権行使比率自体はむしろ上昇したのが2020年の株主総会であった（**図表１－４，１－５**）。

8　2020年５月22日には，経済産業省から株主向けに，①株主総会が例年どおりの開催時期や方法で開催されないことがあること，②PCやスマートフォン等含む事前の議決権行使を積極的に利用すること，③御自身を含む来場株主の健康への影響が懸念されることから，株主総会への来場は原則お控えいただくことを内容とする「株主の皆様へのお願い―定時株主総会における感染拡大防止策について―」も公表されている。2020年におけるコロナ対策を踏まえた株主総会開催の在り方等について，例えば武井一浩＝森田多恵子「新型コロナ対策の社会的要請を踏まえ根本的変容が求められる今年の定時総会」東京株式懇話会會報821号２頁など。

9　一般社団法人日本経済団体連合会「新型コロナウイルス感染症の拡大を踏まえた定時株主総会の臨時的な招集通知モデルのお知らせ」（https://www.keidanren.or.jp/announce/2020/0428.html）。

10　その他，一般社団法人信託協会からは，株主および議決権行使書面集計担当者の安全確保の観点から，PC・スマートフォン等によるインターネット経由の行使を推奨すべきとの要望書が政府の協議会等に提出されている（「新型コロナウイルス感染症の影響による株主総会対応に係る要望事項」（2020年４月20日），「新型コロナウイルス感染症の影響による株主総会対応について」（2020年５月14日）参照）。

【図表1－4】総会に出席した株主（当日議場に出席した株主であり，出席役員を除く）

（3）株主数比率の増減（対前年比で回答）

	A 0〜1ポイント未満増加	B 1ポイント以上増加	C 2ポイント以上増加	D 3ポイント以上増加	E 4ポイント以上増加	F 5ポイント以上増加	G 6ポイント以上増加	H 前年より減少	合計
18年	662	64	20	9	15	17	81	883	1,751
	37.8%	3.7%	1.1%	0.5%	0.9%	1.0%	4.6%	50.4%	100.0%
19年	697	71	22	13	9	14	76	857	1,759
	39.6%	4.0%	1.3%	0.7%	0.5%	0.8%	4.3%	48.7%	100.0%
20年	116	27	12	8	4	12	36	1,428	1,643
	7.1%	1.6%	0.7%	0.5%	0.2%	0.7%	2.2%	86.9%	100.0%

（出典）　全国株懇連合会「2020年度全株懇調査報告書」

【図表1－5】議決権個数ベース回収率（返送＋電子投票により行使された議決権個数／総議決権個数）

		［今年］	［昨年］	［増減］
A	20%未満	55　(3.4%)	83　(4.7%)	▲1.4ポイント
B	20%以上	81　(5.0%)	123　(7.0%)	▲2.1ポイント
C	30%以上	107　(6.6%)	143　(8.2%)	▲1.6ポイント
D	40%以上	138　(8.5%)	181　(10.4%)	▲1.9ポイント
E	50%以上	177　(10.9%)	234　(13.4%)	▲2.5ポイント
F	60%以上	260　(16.0%)	272　(15.6%)	＋0.4ポイント
G	70%以上	389　(23.9%)	343　(19.6%)	＋4.3ポイント
H	80%以上	422　(25.9%)	369　(21.1%)	＋4.8ポイント
合　計		1,629　(100.0%)	1,748　(100.0%)	－

（出典）　全国株懇連合会「2020年度全株懇調査報告書」

2　事前の議決権行使促進策としてのクオカード等の交付

個人株主による議決権行使の推進のために，議決権を行使した株主に対してお土産を郵送したり，クオカードや自社関連製品を郵送する事例が増えてきている。会社が議決権行使書面を返送した株主に対して返礼品を送付することは，定足数に懸念のない総会であっても，その交付額が相当である限り，会社の運営に関心をもってもらうという正当な目的のための働きかけであって，株主の議決権をより安定的に確保することにつながり会社にとって有益なものであることから法的に可能であると考えられている[11]。この合理性は，コロナ禍を経た2020年以降さらに高まっている。

交付対象となる株主としては，①議決権を行使した株主全員とした事例もあれば，②郵送または電磁的方法により議決権を事前行使し，来場を控えた株主全員とした事例もある。

③議決権行使をした株主から抽選で自社関連製品を交付したり，株主アンケートの回答者に抽選でプレゼントをした事例もある。株主総会招集通知に，株主優待の申込書を同封し，同申込書により株主に希望の優待商品を選択してもらうことで，結果的に，議決権行使書の返送率の向上につながることもあり得る。

3　会場変更等のデジタルによる周知

招集通知発出後に，招集通知に記載した開催場所や日時等の株主総会の招集に関する決定事項を変更することは，変更がやむを得ない場合であり（必要性），かつ，株主の権利行使を可能にする十分な配慮がなされている場合（相当性）には許容され得るところ，早急にこれを株主へ周知する必要がある。その周知方法としては，変更内容を書面にして株主へ郵送により通知することが，原則として適切な方法であるとされている[12]。もっとも，書面で通知する時間的余裕がない場合においては，株主総会参考書類等と同様に，ウェブサイト上で招集事項の変更を周知することも考えられる。場所の変更をする場合は，ウェブサイト上に速やかに掲載した上で，総会当日，株主が新たな会場へ到達し，議決権を行使することが可能になる措置を講じることが考えられる[13]。

2020年は，新型コロナウイルス感染症の影響により，予定していた外部会場を使用することができなくなることが見込まれたため，前年とは異なる会場で

11　株主総会実務研究会編『Q&A株主総会の法律実務』361頁[稲葉威雄]，河本一郎＝今井宏『鑑定意見　会社法・証券取引法』69頁参照。なお，現状の実務では，事前に株主提案がなされている株主総会などでは，平成19年のモリテックス事件東京地裁判決（東京地判平成19年12月6日判タ1258号69頁。事後の総会決議取消）を踏まえ，クオカード等の交付には慎重な取扱いがなされることが多い。他方で，少数株主が招集した有事の株主総会で，少数株主が委任状による議決権行使に対してクオカード（3,000円分）を交付した事案で，さいたま地決令和2年10月29日および東京高決令和2年11月2日（金融・商事判例1607号38頁）が（事前の）株主総会開催禁止の仮処分の申立てを却下している。2020年度以降に株主総会をめぐる諸状況が大きく変化している中，モリテックス事件判決の読み方・射程等についても新たな議論がある。

12　経済産業省「当面の株主総会の運営について」（2011年4月28日）7頁。

13　経済産業省・前掲注12・8頁。

開催した例や，招集通知発送後に急遽会場変更を行い，その旨自社ウェブサイト等で開示した例が見られた。

会場変更を含む株主総会運営方法の変更があった場合には所定のURLに掲載する旨を株主総会招集通知に明記し，株主に対して事前に告知しておくこと[14]，および変更があった場合には指定されたURLに変更を掲載するとともに，自社ウェブサイトのトップページにリンクを張っておくことが考えられる[15]。

4　事前質問の受付

2020年以降，電子メールや専用のウェブサイト等で，事前質問を受け付けるなど，企業側の自主的な対応として代替的コミュニケーション手段をとる動きが進んでいる。

寄せられた質問に対しては，①株主の関心を把握し，当日の会社側のプレゼンテーションに反映する，②総会の目的事項に関する事項で株主の関心の高いものを中心に，株主総会当日に回答する，③株主総会前に回答をウェブサイトに公表する，④株主総会後に回答をウェブサイトに公表するなどの対応が考えられる。議場での質問に先立ち，経営戦略等の株主の関心の高い事項に対する回答をシナリオに組み込むことで，当日の質問が株主総会の目的事項から大き

14 「2020年版株主総会白書アンケート速報版集計結果の概要」商事法務2248号８頁によると，招集通知に，招集通知発送以降の対応方針の更新方法等の案内を記載したと回答した企業の割合は25.5％とされている。

15 大阪地決令和２年４月22日資料版商事法務435号143頁は，招集通知の発送後になされた緊急事態宣言を受けて，予定していた会場がホテルの休業により使用困難となったため，改めて取締役会決議を経ることなく総会会場を隣接する本社入居ビルに変更し，その旨自社ウェブサイトで公表した事案について，本件の招集通知に「本件定時総会運営に変更が生じた場合には，以下のウェブサイトに掲載いたしますので，ご出席の際にはご確認ください。」という一文が明記され，参照先のURLが記載されていたことから，新型コロナウイルス感染症の動向いかんによっては定時総会の運営に変更があり得ることを前提としていたことが明らかであり，招集決定取締役会決議が変更をおよそ許容しない趣旨とは解されず，当初予定していた会場の使用が事実上不可能となったことに伴い，代替会場として隣接する高層ビルの35階をフロアごと確保し，これに伴い35階空きフロアへの移動時間を考慮して開始時刻を30分繰り下げる範囲で定時総会の開始時刻および場所を変更するにとどまる変更は，定時総会招集決議の執行の域を逸脱するものとはいえないと判示した。また，債権者からは，会社のウェブサイトのトップページから４階層下のディレクトリで閲覧可能にしたにとどまることから公表方法が著しく不当であると主張されたが，決定では，会社ウェブサイトのトップページの「お知らせ」欄に本件公表へのリンクが設置済みであったことが認定されている。

く外れにくくなり，質問の質の向上につながる効果も期待できる（第3章六2参照）。

5　総会当日に使用するスライド等の事前開示

2020年以降，総会当日の来場自粛との兼ね合いで，当日使用する予定のスライド等を事前に会社ウェブサイトで公開する例も見られる。

会社法上，株主は，総会当日に来場しなくても，株主総会参考書類等に記載された情報に基づき事前に議決権行使をすることができることが想定されているが，当日使用予定のスライド等を事前に公開することは，事前の議決権行使を行う株主への追加の情報提供となる。ライブ配信が難しい場合であっても，報告事項について事前に動画を配信し，それについて事前質問もするような場合には，当日の出席と相当近いような情報公開や追加的コミュニケーションの手段が提供される[16]。

6　ライブ配信

日本では，総会当日の様子をライブ配信する例は少数にとどまっていたものの，実施ガイドの公表と新型コロナウイルス感染症の拡大を受けて，2020年は，当日の会場出席に代わるライブ配信を実施した企業が急速に増えた[17]。

「出席型」（第2章参照）のバーチャル総会を実施したのは，情報・通信業の企業が中心であったが，情報・通信業以外で株主数の多い上場企業でも，「参加型」のバーチャル総会の実施事例は多く見られ[18]，2020年6月に開催された株主総会では，113社で実施された[19]。

16　松本加代「新時代の株主総会プロセスに向けて―これまでの議論と研究会の報告書―」東京株式懇話会會報825号12頁参照。

17　概要は本書第3章など参照。

18　概要は本書第3章など参照。

19　経済産業省「ハイブリッド型バーチャル株主総会の実施ガイド（別冊）実施事例集」（2021年2月3日）7頁。

7　総会当日の状況の事後開示

株主総会の状況を事後的にウェブサイトで公表する企業も増えた。株主総会当日の概況（出席者数，所要時間等），決議結果だけでなく，株主総会での質疑応答概要の掲載や，株主総会の状況の動画配信を実施した企業もある。

図表1－6のアンケート調査では，株主総会終了後にインターネット等により動画を配信）した企業は10.8％に上るとされている。総会当日のライブ配信に急遽対応することは困難であるため，来場自粛をデジタルで代替するものとして，事後配信を行った企業も多かったものと推測される。

【図表1－6】株主総会の公開（複数回答）

調査項目＼会社区分		株式上場	株式非上場	計	構成比
有					
A	株主にのみ公開（総会会場の他に中継会場の設置）	10	1	11	0.7%
B	株主にのみ公開（インターネット等によるライブ配信）	60	0	60	3.7%
C	株主にのみ公開（総会終了後にインターネット等により動画を配信）	13	0	13	0.8%
D	一般に公開（総会会場の他に中継会場の設置）	1	0	1	0.1%
E	一般に公開（インターネット等によるライブ配信）	21	0	21	1.3%
F	一般に公開（総会終了後にインターネット等により動画を配信）	164	0	164	10.0%
G	一般に公開（総会終了後に質疑応答内容のみを自社ホームページ等に掲載）	27	0	27	1.6%
計		－	－	245	14.9%
H	無	1,342	56	1,398	85.1%
合　計		－	－	1,643	－

（出典）　全国株懇連合会「2020年度全株懇調査報告書」

三 招集手続のデジタル化

1　経済産業省における議論の概要

わが国の株主総会は，諸外国に比して決算後早いタイミングで行われており，かつ6月下旬に集中していることから，株主の実質的な議案検討や企業との対話を行うための期間が十分ではないと認識されている。また，株主が必要とする情報が早く利用しやすい形で提供されることが求められている[20]。

2015年4月に公表された経済産業省「持続的成長に向けた企業と投資家の対話促進研究会 報告書」では，企業情報開示や監査，株主総会の日程や付議事項，電子化の促進等が総合的に検討され，招集通知関連書類の原則電子化についても，更なる電子化の活用の是非や実現可能性等について検討をすることが考えられるとされた。

2015年11月に経済産業省に設置された「株主総会プロセスの電子化促進等に関する研究会」では，企業と株主・投資家との対話促進に向け，次のような事項を中心に検討が重ねられ[21]，2016年4月21日に報告書がとりまとめられた。

① 株主総会招集通知等の提供の原則電子化に向けた課題と方策
(i) 早期（発送前）WEB開示
(ii) 原則電子化～米国の「Notice & Access制度」を参考に
② 議決権行使プロセス全体の電子化を促進するための課題と方策
③ 株主総会関連の適切な基準日設定に向けた対応策
④ その他の検討事項（検討の視点）～企業と投資家の対話に向けた意識と行動，対話支援産業の役割など

20　経済産業省「持続的成長に向けた企業と投資家の対話促進研究会 報告書」(2015年4月23日)参照。
21　森口保「『株主総会プロセスの電子化促進等に関する研究会』報告書の概要〔上〕―対話先進国の実現に向けて―」商事法務2104号5－6頁。同研究会において，「株主総会プロセスの電子化促進等に関する研究会 報告書～対話先進国の実現に向けて～」（2016年4月21日），「株主総会の招集通知関連書類の電子提供の促進・拡大に向けた提言～企業と株主・投資家との対話を促進するための制度整備～」（2016年4月21日）がとりまとめられた。また，2017年4月21日には，「対話型株主総会プロセス」の実現に向けた取組状況について（フォローアップとりまとめ結果)」が公表されている。

上記①(ii)の招集手続の原則電子化については，米国のNotice & Access制度をはじめとした諸外国の電子提供制度の内容や利用状況等を参照しながら，日本の法制度や実務の現状等も踏まえた議論が重ねられ，招集通知関連書類に関する「新たな電子提供制度」の整備を求める提言が取りまとめられた[22]。報告書と同日に公表された「株主総会の招集通知関連書類の電子提供の促進・拡大に向けた提言～企業と株主・投資家との対話を促進するための制度整備～」(2016年4月21日）では，法令上株主総会前に提供すべきとされている情報はすべてインターネット上に開示した上で，①株主総会の基本的情報（総会日時，場所，議決権行使手続に関する情報，議題等）および②招集通知関連書類が掲載されているウェブサイトのアドレスは，株主の個別承諾がない限り書面で提供する，③議決権行使書面は当面の間，原則書面提供が適当であるが，それ以外の情報は個別承諾なしに電子提供できるとする制度を提言している。また，このような電子提供制度の利用は，企業の任意で選択できるようにするのが適当であるとし，利用のための手続（定款変更，総会普通決議，取締役会決議），書面請求への対応の在り方（任意対応・義務的対応，定款規定による書面請求権の排除等）について様々な選択肢が示された。

2　令和元年改正会社法による電子化措置

株主に対して早期に株主総会資料を提供し，株主による議案等の検討期間を十分に確保するため，令和元年会社法改正により，株主総会資料を自社ホームページ等のウェブサイトに掲載し，株主に対して当該ウェブサイトのアドレス等を株主総会招集通知に記載等して通知した場合には，株主の個別の承諾を得ていないときであっても，株主総会資料を適法に提供したものとする制度が新設された（改正会社法325条の2以下）。この改正は，改正法の公布の日から起算して3年6か月を超えない範囲内において政令で定める日から施行されるが，その概要は次のとおりである（**図表1－7**参照）。

22　森口・前掲注21・8頁。

【図表１－７】

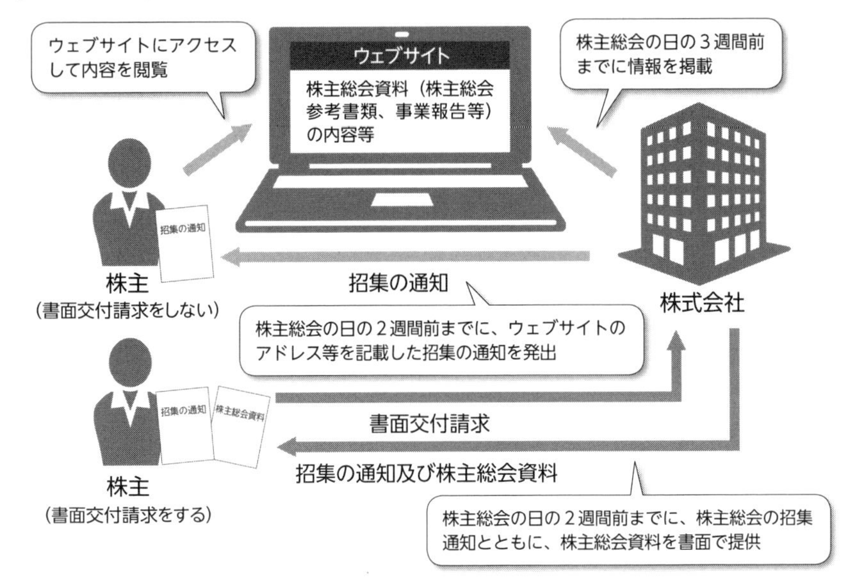

（出典）　法務省「令和元年12月11日公布 会社法が改正されます」(http://www.moj.go.jp/content/001327488.pdf)

電子提供措置をとる旨の定款の定めがある株式会社の取締役は，①事前の書面または電磁的方法による議決権行使を認める場合，または②取締役会設置会社である場合には，(i)会社法298条１項各号に掲げる事項，(ii)議決権行使書面に記載すべき事項[23]，(iii)株主総会参考書類の内容，(iv)株主提案に係る議案の要領，(v)計算書類および事業方向の内容，(vi)連結計算書類の内容，(vii)電子提供措置事項を修正した旨および修正前の事項，について，株主総会の日の３週間前の日[24]または株主総会招集通知を発した日[25]のいずれか早い日から，株主総会の

23　株主総会の招集通知に際して，株主に対して議決権行使書面を交付するときは，議決権行使書面の内容については，電子提供措置をとることを要しない（改正会社法325条の３第２項）。

24　法制審議会では，金融商品取引所規則において，上場会社は，電子提供措置を株主総会の日の３週間前よりも早期に開始するよう努める旨の規律を定める必要があるとの附帯決議がされた。

25　招集通知の発出期限は，現行法下の公開会社と同様，株主総会の日の２週間前までである（改正会社法325条の４）。

日後３か月を経過する日まで継続して電子提供措置をとらなければならない（改正会社法325条の３第１項）[26]。上場会社等の振替株式発行会社は，改正規定の施行日に電子提供措置をとる旨の定款変更の効力が生じる定款変更決議をしたものとみなされる（会社法の一部を改正する法律の施行に伴う関係法律の整備等に関する法律（令和元年法律第71号）10条２項）。なお，定時株主総会に関しては，電子提供措置開始日までに電子提供措置事項（議決権行使書面に記載すべき事項を除く）を記載した有価証券報告書をEDINETにより提出した場合，当該情報については，電子提供措置をとることを要しない（改正会社法325条の３第３項）[27]。

株主が，議決権行使の基準日までに書面交付請求をした場合，電子提供措置事項を記載した書面を交付しなければならない（改正会社法325条の５第１項，２項）。一度された書面交付請求は，その後のすべての株主総会および種類株主総会について効力を有するが，書面交付請求の日から１年経過した場合，会社が，書面の交付を終了する旨を通知し，かつ，これに異議のある場合は１か月以上の催告期間に異議を述べる旨催告することができ，株主が異議を述べず催告期間が経過したときは，当該株主の書面交付請求は失効する（同条４項，５項）。

法務省令で定める一定の事項[28]は，書面交付請求をした株主に対して交付する書面に記載することを要しない旨を定款で定めることができる（同条３項）。当該定款変更についてはみなし規定がなく，上場会社であっても別途定款変更決議を要する[29]。

26　電子提供措置をとることと併せて，株主に対し，任意に株主総会参考書類等を書面により提供することはできる（竹林俊憲編著『一問一答 令和元年改正会社法』17頁）。

27　この場合でも，後述の書面交付請求の対象にはなる。

28　一定の事項は，ウェブ開示によるみなし提供制度の対象となる事項と概ね合致するが，若干差異がある（改正会社法施行規則95条の４第１項）。

29　竹林・前掲26・48頁参照。

3　コロナ対策としてのウェブ開示の特例（ウェブ開示によるみなし提供制度の拡大）

2020年5月15日には，会社法施行規則および会社計算規則の改正がなされ[30]，即日施行された。これにより，施行の日から6か月以内に招集の手続が開始された定時株主総会に限り，事業報告に記載すべき「事業の経過及びその成果」や「対処すべき課題」，単体の貸借対照表・損益計算書および監査報告・会計監査報告のウェブ開示が認められた（ウェブ開示の対象範囲は，前掲・**図表1－1**参照）。当該改正は時限法であり，2020年11月15日の経過により失効したが，同日以降も猛威を振るう新型コロナウイルス感染症の影響を踏まえ，2021年1月29日に，同様の項目を再びウェブ開示の対象とする会社法施行規則および会社計算規則の改正省令が公布された[31]。

2021年1月の改正省令には，監査基準の改訂を受けた会社計算規則の改正も含まれているが，それを除くと，ウェブ開示の特例の範囲・要件は同様である[32]。貸借対照表および損益計算書に表示すべき事項については，会計監査報告に無限定適正意見が付されていることなどの一定の条件を満たす場合にのみ，ウェブ開示によるみなし提供制度の対象となる。計算書類について株主総会の承認（会社法438条2項）を要する場合には，ウェブ開示の対象とならない。また，いずれの改正においても，ウェブ開示の対象拡大に伴い「株主の利益を不当に害することがないよう特に配慮」することが求められている。どのように株主の利益に配慮するかについては，各社が置かれた個別具体的な事情を踏まえた各社の判断によるが，法務省からは，次のような方法が例示されている[33]。

30　会社法施行規則及び会社計算規則の一部を改正する省令（令和2年法務省令第37号）

31　会社法施行規則及び会社計算規則の一部を改正する省令（令和3年法務省令第1号）。

32　令和元年会社法改正に伴う会社法施行規則改正が2021年3月1日から施行されることによる所用の変更は行われる（法務省「会社法施行規則及び会社計算規則の一部を改正する省令（令和3年法務省令第1号）について」注2）。

33　法務省「会社法施行規則及び会社計算規則の一部を改正する省令（令和3年法務省令第1号）について」3。

- できる限り早期にウェブ開示を開始すること
- できる限り株主総会までに改正によりウェブ開示の対象とされた事項（以下「対象事項」）を記載した書面を株主に交付することができるように，ウェブ開示の開始後，準備ができ次第速やかに，対象事項を記載した書面を株主に送付すること。あるいは，会社に対して対象事項を記載した書面の送付を希望することができる旨を招集通知に記載して株主に通知し，送付を希望した株主に，準備ができ次第速やかに，対象事項を記載した書面を送付すること
- 株主総会の会場に来場した株主に対して対象事項を記載した書面を交付すること

上記改正は，公布の日（2021年１月29日）から施行され，同年9月30日が経過した時に失効するが，経過措置規定により，同日までに招集手続が開始された定時株主総会においては，引き続きウェブ開示の対象とすることができる（附則１条，２条）[34]。

4　事業報告等と有価証券報告書の一体的開示

会社法に基づく事業報告および計算書類と金融商品取引法に基づく有価証券報告書において，同一の情報が異なる体裁で開示されていたり，開示が求められている情報が異なっていたりすることが，必要な情報を取得し，適正な投資判断を行う上で障害となっていることが機関投資家から指摘されている。制度上，両者を一体の書類として作成し，株主総会前に開示することは可能であるが，解釈上，１つの書類において，これらの情報を一体的に記載する方法が明確でなかったものがあったことや，株主総会前に有価証券報告書を開示することへの抵抗感などから，企業において，そのような取組みは進んでいなかっ

34　なお，監査基準の改訂を受けた改正も併せてなされており，当該改正は，2022年３月31日以後に終了する事業年度に係る計算書類についての会計監査報告に適用される。2021年３月31日以後に終了する事業年度に係る計算書類についての会計監査報告に早期適用することも可能である。

た[35]。政府では,「未来投資戦略2017」（2017年６月９日閣議決定）で掲げられた,中長期的な企業価値の向上を促すための施策の１つである「2019年前半を目途とした，国際的に見て最も効果的かつ効率的な開示の実現」に向けて，一体的開示をより容易とするため，開示書類間で類似・関連する項目について可能な範囲で共通化を図る対応方針が示され[36]，一体的開示の記載例や一体書類作成スケジュール等が公表された[37]。また，令和元年改正会社法における総会関係書類の電子提供制度においても，企業における一体的開示の取組を促進する観点から，有価証券報告書提出会社が，電子提供措置開始日までに，電子提供措置事項を記載した有価証券報告書をEDINETで提出すれば，それらの事項について別途電子提供措置をとることは要しないとされている。

2021年１月18日に経済産業省から，一体的開示に企業が取り組むことが容易になるよう,「事業報告等と有価証券報告書の一体的開示FAQ（制度編）」（以下「一体的開示FAQ」という。）が公表されている。一体的開示が実務に普及することで，企業が効果的かつ効率的な開示を実現し，企業と投資家との建設的対話が促進されることが期待されている。一体的開示FAQでは,「一体的開示」とは，会社法に基づく事業報告等と金融商品取引法に基づく有価証券報告書という２つの開示書類を，一体の書類として，または別個の書類として，段階的に，もしくは，同時に開示を行うことをいうと定義され,「一体開示」より広い概念とされている（**図表１－８**）。

一体的開示を行うことで，転記や整合性の確認作業が不要になることや，作成作業の効率化・合理化や開示書類作成期間の短縮化が図れるとともに，定時株主総会前に詳細な情報を株主・投資家に提供することが可能となる一方，開示書類の変更に伴う業務分担やスケジュールの見直しが必要となる（**図表１－９**）。

35　竹林・前掲26・28頁。

36　内閣官房＝金融庁＝法務省＝経済産業省「事業報告等と有価証券報告書の一体的開示のための取組について」（2017年12月28日）。

37　内閣官房＝金融庁＝法務省＝経済産業省「事業報告等と有価証券報告書の一体的開示のための取組の支援について」（2018年12月28日）。

【図表１－８】

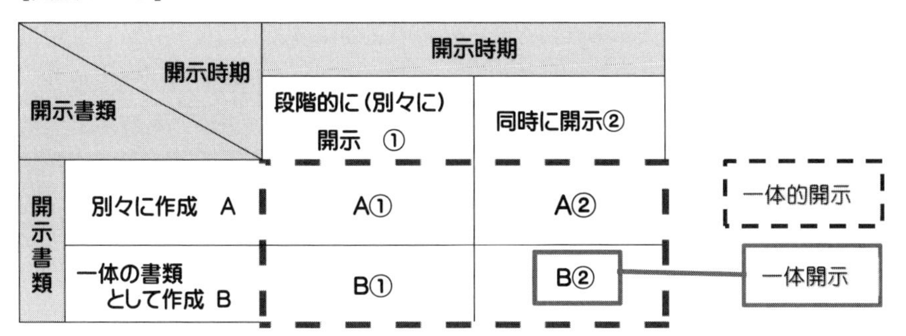

（出典）　一体的開示FAQ

【図表１－９】３月決算上場企業の一般的な開示スケジュール

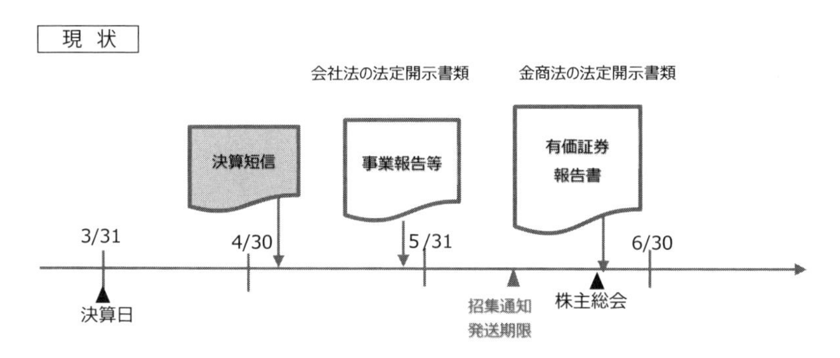

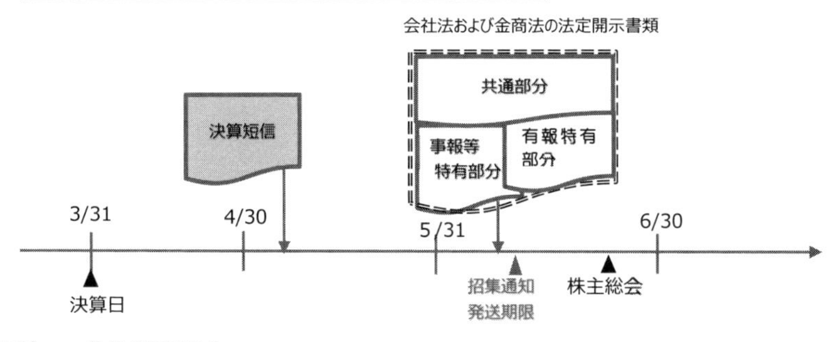

（出典）　一体的開示FAQ

「有価証券報告書兼事業報告書」として「一体開示」を行う場合，定時株主総会招集通知と一緒に一体書類を株主総会の2週間前までに株主に対して発送する必要があることから，一体書類の一部（有価証券報告書特有の開示項目）については，開示書類の作成期限が現行実務より早くなるため，会社法の招集通知の発送期限に間に合わない，もしくは，一体書類の監査に必要十分な日程が確保できないケースが想定される。招集通知の発送期限を遅らせるには，基準日の変更を含め，株主総会の日程を現状より後ろ倒しにすることが考えられる[38]。

一体開示を行う場合は，会計監査人の監査意見は一体書類に対して表明されることとなる[39]。また，一体開示により監査役等の監査の方法や内容に変更があった場合は，監査報告の記載の見直しの要否についても監査役等において検討が必要となる[40]。

四　議決権行使のデジタル化

1　個人株主によるスマホ行使の進展

会社法上，株主が電磁的方法による議決権行使を行う場合，使用する電磁的方法の種類および内容を会社に示し，書面または電磁的方法による承諾を得て行うものとされている（会社法312条1項，会社法施行令1条1項）。実務的には，株主が会社に明示的に承諾を求めた上で，メール等の送信，受信者のサーバーへの書き込みのいずれかの方法を用いて議決権行使をするという煩雑なプロセスを経るのではなく，株主名簿管理人の運営する議決権行使ウェブサイト経由で議決権が行使される[41]。

38　一体的開示FAQ13頁。

39　一体的開示FAQ15頁。2021年1月18日付けで，日本公認会計士協会から，一体開示を行う場合の監査報告書の文例（案）が公表されている（「事業報告等と有価証券報告書の一体開示に含まれる財務諸表に対する監査報告書に関する研究報告」（公開草案）。

40　一体的開示FAQ16頁。

具体的には，従来からの招集通知等に記載のURLにアクセスし，議決権行使書面等に記載された株主固有のIDとパスワードを入力して議決権行使する方法がとられていた。これに加え，近年は，ID（議決権行使コード）やパスワードの入力を要せず，株主個々に作成される専用のQRコードをスマートフォンで読み取るだけで簡単に投票することができるサービスの提供が広まっている。こうした措置により，書面投函やID・パスワード入力の手間が減少し，個人株主の議決権行使率の増加が期待される。詳細は本書第3章**四**を参照されたい。

2　機関投資家の電子行使

機関投資家にとっても，議決権行使のデジタル化は，招集通知や議決権行使書面の郵送・集計等に要する時間を短縮し，議案の検討期間の確保につながる。ICJの議決権電子行使プラットフォームへの参加により，①開示日と同日に議案名および総会情報をプッシュ型で入手できるとともに，②株主総会の前営業日まで議決権行使を行うことが可能になり，これにより議案検討期間が1週間程度拡大できると見込まれる[42]。

発行会社にとっても，①招集通知の発送日翌日から1日2回，国内外の機関投資家からの行使結果を株主総会前日まで把握することが可能になる，②日々積み上がる行使結果を踏まえてウェブ上に補足情報を掲載することができる等，機関投資家へのタイムリーな働きかけが可能になるメリットがある[43]。

機関投資家（実質株主）による議決権行使システムである議決権電子行使プラットフォームは，コーポレートガバナンス・コード補充原則1－2④でも，「上場会社は，自社の株主における機関投資家や海外投資家の比率等も踏まえ，議決権の電子行使を可能とするための環境作り（議決権電子行使プラットフォームの利用等）や招集通知の英訳を進めるべきである。」と例示されてい

41　岩原紳作編『会社法コンメンタール7』221頁[松中]参照。
42　「新時代の株主総会プロセスの在り方研究会 報告書」(2020年7月22日) 24頁。
43　ICJのウェブサイト参照（http://www.icj.co.jp/service/platform/outline/merit/#lead）。

る。議決権電子行使プラットフォームへの参加発行会社数は1,100社を超え[44]，海外機関投資家については，元々クロスボーダーの議決権行使は電子行使が主流であることもあり，プラットフォーム参加企業の場合，外国人株主の議決権数のうち8割以上がプラットフォームに参加する機関投資家によるものであるなど，その利用が広まっている[45]。

3　2020年経済産業省「新時代の株主総会プロセスの在り方研究会報告書」

議決権電子行使プラットフォームへの国内機関投資家による直接参加は2020年時点ではまだ必ずしも多くはない。1つの理由として，①国内機関投資家が保有する銘柄に電子行使プラットフォーム参加銘柄と非参加銘柄が混在する場合，非参加銘柄にはエクセルシートによる管理信託銀行経由の指図をし，参加銘柄にはプラットフォーム上で指図をするという指図フローの二重化による事務負担の増大，②ICJと他の事業者（ISS，Glass Lewis等）の提供するプラットフォームとの間のシステム連携がなされていなかったこと，③国内機関投資家（以下「AM」という。）が電子行使プラットフォームを利用するにあたりアセットオーナー（以下「AO」という。）の同意を取得しているという利用手続の煩雑さなどが指摘されていた[46]。

③の点について，経済産業省「新時代の株主総会プロセスの在り方研究会報告書」では，改めて問題の所在を明らかにするとともに，法的な検討が行われている[47]。

44　2021年1月4日時点の参加発行会社数は1,108社である（http://www.icj.co.jp/pf_list/）。

45　「新時代の株主総会プロセスの在り方研究会 報告書」（2020年7月22日）23頁。

46　「株主総会プロセスの電子化促進等に関する研究会 報告書」（2016年4月21日）46頁以下。

47　「新時代の株主総会プロセスの在り方研究会」では，すべての当事者間の個別契約を確認して整理したものではないが，一部の契約雛形等の情報に基づき整理を行っており，雛形とは異なる特段の合意内容が当事者間に存在していない限り，同報告書の整理は，一般的に妥当するものと考えられると述べられている（新時代の株主総会プロセスの在り方研究会 報告書28頁参照）。

【図表１－10】議決権電子行使プラットフォームの活用に伴う各主体の契約関係

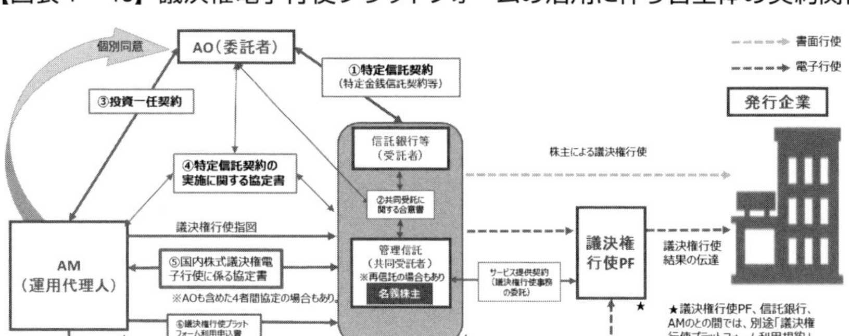

（出典）　新時代の株主総会プロセスの在り方研究会 報告書

報告書[48]では，AOの個別同意の点について，現在用いられている通常の契約の雛型や過去のプラットフォームの実績に照らすと，AMがプラットフォームを利用するに際し，AOの個別同意に代わる方法をとることができるものと考えられると結論づけられている。具体的には，AOその他の契約当事者から別段の意思が示されていないことを前提として，AMが今後プラットフォームを利用していくにあたって以下の３つの方策をとることが考えられると述べられている。

第一が「包括・事前通知型」である。特定信託等において，AOの個別同意の要否については，個々の契約ごとではなく，当該契約形態について包括的に対象とした上で，プラットフォーム利用に係る諸規定についての説明[49]を行うとともに，AOは，当該プラットフォームの利用について懸念がある場合は積極的な意見表明が必要である旨，通知する。その上で，AOから相当な期間内に特段の意思表明がなされない限り，AMはプラットフォームの利用ができるものとする。

48　以下の記載について，新時代の株主総会プロセスの在り方研究会 報告書34－35頁参照。
49　AMの議決権行使指図状況が管理信託銀行名義に変換されて企業側に適時に伝達されることを含む。

第二が「包括・事後通知型」である。AOによるこれまでの意思表明や方針確認等に照らして妥当であり，かつ，AOの意思に反しないと考えられる場合，AMはプラットフォームの利用を開始し，定期的なAOへの報告の際にその旨ならびに，プラットフォーム利用に係る諸規定についての説明および当該プラットフォームの利用に反対する場合や懸念が生じた場合にはその旨の意見表明が必要であることを説明する。

第三が「新規包括協定型」である。新規の契約関係においては，AOも含む包括的な協定書の締結も選択肢として考えられる。

なお，「プラットフォームではAMによる議決権行使状況が把握されることが構造上可能であることから，構造的にはAMからの議決権行使の状況を企業に伝達することも可能な枠組みである。このような伝達枠組みのメリットは，株主総会前の限られた期間内に企業とAMとの対話がより効率的に行われることであり，日本ではスチュワードシップ・コードの影響もあり，自らの議決権行使の結果を公表しているAMが多いことも踏まえるとAMがプラットフォームの仕組みを活用して議決権行使状況を対象企業に自発的に事前に伝達することに問題は生じないと考えられる」と述べられている。

4　ブロックチェーンによる議決権行使

ブロックチェーン技術を株主総会での議決権行使に応用する試みも始まっている。たとえば，議案ごとに発行する独自のトークンを投票権とし，トークンを送ることで投票がなされるなどの仕組みである。ブロックチェーンを活用することで，投票結果の非改ざん性など透明性，公平性，信頼性が確保され得る。

五　総会当日のデジタル化（バーチャル株主総会）

リアル株主総会を開催しつつ，当該リアル株主総会の場に在所しない株主についても，インターネット等の手段を用いて遠隔地からこれに参加または出席することを許容する「ハイブリッド型バーチャル株主総会」について，2020年２月26日に経済産業省から，法的・実務的論点，および具体的取扱いを明らかにする「ハイブリッド型バーチャル株主総会の実施ガイド」が公表され，2021年２月３日には，実施ガイドの別冊・実施事例集が公表された。詳細は第２章を参照されたい。

第2章

バーチャル株主総会（ハイブリッド型バーチャル総会実施ガイド等）

一　はじめに

株主総会の３つのデジタル化対応（①招集手続関連のデジタル化，②議決権行使関連のデジタル化，③株主総会の場自体のデジタル化。第１章参照）のうち，③株主総会の場自体のデジタル化（株主総会当日のデジタル化）に関する方策として挙げられるのがハイブリッド型バーチャル株主総会である。

リアル株主総会を開催しつつ，当該リアル株主総会の場に在所しない株主についても，インターネット等の手段を用いて遠隔地からこれに参加または出席することを許容する「ハイブリッド型バーチャル株主総会」については，2020年２月26日に経済産業省から，法的・実務的論点，および具体的取扱いを明らかにする「ハイブリッド型バーチャル株主総会の実施ガイド」（以下「実施ガイド」という。）が公表され，2021年２月３日には，実施ガイドの別冊・実施事例集（以下「実施事例集」という。）が公表された[1]。

企業の持続的成長や中長期的な企業価値の向上を実現する上では，企業と株主・投資家が建設的な対話を行うことが重要であると考えられているところ，実施ガイドは，対話プロセスの中でも，株主総会当日の在り方の側面から検討されたものであり，ハイブリッド型バーチャル株主総会の法的・実務的論点ごとの具体的な実施方法や，その根拠となる考え方を示している。

実施ガイドは，企業がハイブリッド型バーチャル株主総会を実施したいと思う場合に，追加的な選択肢としてその具体的な方法を提示するものであるが，デジタルトランスフォーメーション（DX）の進展や新型コロナウイルス感染拡大防止の観点からも注目が集まっている。2020年６月に株主総会を開催した上場会社のうち９社が出席型，113社が参加型のバーチャル株主総会を開催し

1　実施ガイドの解説として，尾崎安央「ハイブリッド型バーチャル株主総会」別冊商事法務457号１頁，松本加代ほか「ハイブリッド型バーチャル株主総会の実務対応」商事法務2225号13頁，遠藤佐知子「『ハイブリッド型バーチャル株主総会の実施ガイド』の解説」別冊商事法務457号149頁等。実施事例集の解説として，中野正太「ハイブリッド型バーチャル株主総会の実施ガイド（別冊）実施事例集の概要」商事法務2254号34頁等。

た[2]。このような状況下で実施事例集は，論点ごとの実施事例・考え方を示すことで，ハイブリッド型バーチャル株主総会のさらなる実務への浸透を図ることを目的に，実施ガイドの別冊として取りまとめられたものである[3]。

二　バーチャル株主総会の類型

1　ハイブリッドバーチャル型とバーチャルオンリー型

バーチャル株主総会には，①リアル株主総会の開催に加え，インターネット等の手段を用いた出席・傍聴等を認める「ハイブリッド型バーチャル株主総会」と②物理的な場所で株主総会（リアル株主総会）を開催することなく，取締役や株主等がインターネット等の手段を用いて株主総会に会社法上の出席をする「バーチャルオンリー型株主総会」とがある。②については後記七参照。

会社法298条１項１号は，株主総会の招集にあたり，株主総会の「場所」を定めなければならないとしている。「場所」とはリアルな物理的場所であるという有権解釈を踏まえ，実施ガイドは，ハイブリッド型バーチャル株主総会を検討対象とし[4]，バーチャル株主総会について，現行法の枠内で何ができるか，商業上利用されている現在の技術を前提に，その法的・実務的論点，具体的取扱いを整理するものとなっている。

2　実施事例集７頁。

3　なお，実施ガイド，実施事例集のいずれも，特定の対応を企業に求めるものではなく，まずは企業による自主的な創意工夫の下で，ハイブリッド型バーチャル株主総会の実務を蓄積することが重要との考えに基づくものである（経済産業省「『ハイブリッド型バーチャル株主総会の実施ガイド（別冊）実施事例集（案）』に対するご意見の概要及びそれに対する回答」（以下「実施事例集パブコメ回答」という。）No.18）。

4　ただし，会場は設けるものの，役員はすべてオンライン参加し，株主もオンライン参加が主となる場合には，実態としては，バーチャルオンリー型に近くなる。役員全員がオンライン参加した例として，株式会社ガイアックス「2020年３月27日開催予定の当社第22回定時株主総会に関するお知らせ」参照。

2　ハイブリッド参加型とハイブリッド出席型

ハイブリッド型バーチャル株主総会には，①リアル株主総会の開催に加え，リアル株主総会の開催場所に在所しない株主が，株主総会への法律上の「出席」を伴わずに，インターネット等の手段を用いて審議等を確認・傍聴することができる「ハイブリッド参加型バーチャル株主総会」と，②リアル株主総会の開催に加え，リアル株主総会の開催場所に在所しない株主が，インターネット等の手段を用いて，株主総会に会社法上の「出席」をすることができる「ハイブリッド出席型バーチャル株主総会」がある（**図表２－１**）。本章では，「ハイブリッド参加型バーチャル株主総会」を「参加型」または「参加型バーチャル総会」，「ハイブリッド出席型バーチャル株主総会」を「出席型」または「出席型バーチャル総会」と呼称する。

【図表２－１】

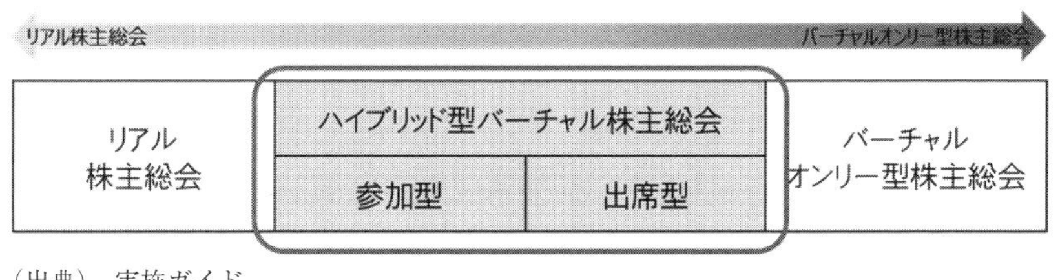

（出典）　実施ガイド

参加型と出席型の違いは，インターネット等で株主が法的に「出席」するのか（どの範囲が会議体としての株主総会なのか）という点である（**図表２－２**）。

【図表２－２】

ハイブリッド参加型バーチャル株主総会

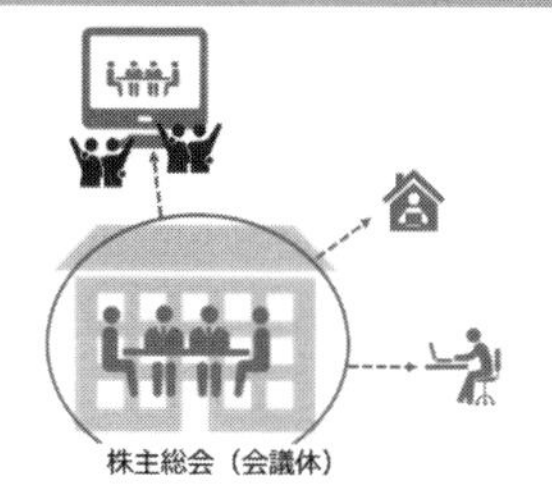

ハイブリッド出席型バーチャル株主総会

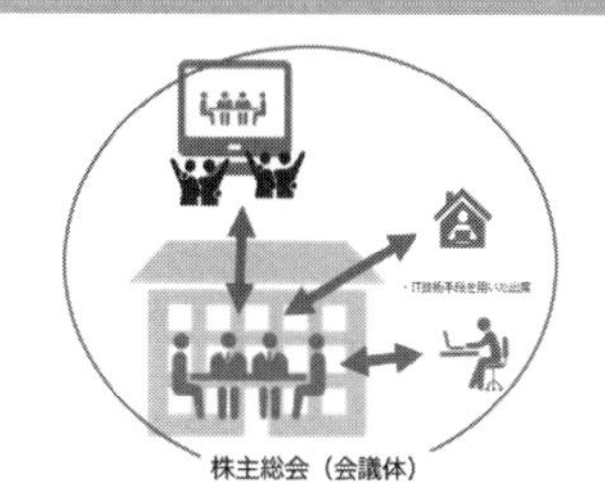

（出典）　実施ガイド

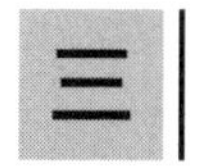

三　ハイブリッド型バーチャル株主総会の基本構造

1　実施目的

ハイブリッド型バーチャル株主総会について，実施ガイドおよび実施事例集では，**図表２－３**のようなメリットと留意点が指摘されている。①株主との対話促進のため，②開かれた株主総会をアピールするため，③新型コロナウイルス感染症防止の観点から来場者数を抑制するためなどの実施理由次第で，オンライン参加を可能とする範囲や，実装すべき機能等の詳細設計は異なってくる。

【図表2－3】

【ハイブリッド参加型バーチャル株主総会のメリットと留意事項】

メリット	留意事項
・遠方株主の株主総会参加・傍聴機会の拡大。 ・複数の株主総会を傍聴することが容易になる。 ・参加方法の多様化による株主重視の姿勢をアピール。 ・株主総会の透明性の向上。 ・情報開示の充実。	・円滑なインターネット等の手段による参加に向けた環境整備が必要。 ・株主がインターネット等を活用可能であることが前提。 ・肖像権等への配慮 （ただし、株主に限定して配信した場合には、肖像権等の問題が生じにくく、より臨場感の増した配信が可能。）

【ハイブリッド出席型バーチャル株主総会のメリットと留意事項】

メリット	留意事項
・遠方株主の出席機会の拡大。 ・複数の株主総会に出席することが容易になる。 ・株主総会での質疑等を踏まえた議決権の行使が可能となる。 ・質問の形態が広がることにより、株主総会における議論（対話）が深まる。 ・個人株主の議決権行使の活性化につながる可能性。 ・株主総会の透明性の向上。 ・出席方法の多様化による株主重視の姿勢をアピール。 ・情報開示の充実。	・質問の選別による議事の恣意的な運用につながる可能性。 ・円滑なバーチャル出席に向けた関係者等との調整やシステム活用等の環境整備。 ・株主がインターネット等を活用可能であることが前提。 ・どのような場合に決議取消事由にあたるかについての経験則の不足。 ・濫用的な質問が増加する可能性。 ・事前の議決権行使に係る株主のインセンティブが低下し当日の議決権行使がなされない結果、議決権行使率が下がる可能性。

（出典）　実施ガイド

2　法解釈上の視点

株主総会のライブ配信を行う事例は以前から存在していたものの[5]，ハイブリッド型バーチャル株主総会は，新しい株主総会の実施形態であるため，従来のリアル株主総会を念頭に置いた議論をそのまま当てはめると，適切な解が導かれない面がある。

法的論点の検討にあたっては，①リアルとバーチャルの違いに加え，②リアル株主総会があった上での追加的選択肢としてバーチャル株主総会があること，③これらに伴うバーチャル株主総会の制約を事前に明示しておくことで株主の懸念に対処すること，などの視点が関連する。

四　ハイブリッド参加型バーチャル株主総会

1　基本的考え方

日本の大多数の上場会社の株主総会では，総会開催前に議案の賛否についての結論が事実上判明しており，当日の株主総会に参加する株主は，質問や動議を行うよりも，経営者の声や，将来の事業戦略を直に聞くことに意味を見出している場合が多いのが実態である。参加型バーチャル総会は，株主に対して経営者自らが情報発信するなど，株主が会社の経営を理解する有効な機会として，積極的に評価されると考えられる。また，株主にとって参加機会が広がるとともに，会社にとっては会場の選択肢を広げる可能性も指摘されている。出席型と比較して法的論点が少ない参加型のニーズは高く，その利用は今後一定の広がりをみせると予想される。

5　株主に限定したライブ中継配信の例として，ソニー（2016年まで），ウェザーニュースなど。株主に限定しないライブ配信の例として，ソフトバンクグループ，Ｚホールディングスなど。

2　参加株主の議決権行使

インターネット等で参加する株主は，法的に「出席」しているわけではないため，採決への参加（議決権行使）を株主総会の開催中に行うことはできない[6]。議決権は事前に書面または電子的に行使するか，委任状を交付しておく必要があり，この旨を招集通知等であらかじめ周知しておくことが望ましい[7]。

3　インターネット等の手段による株主への周知等

招集通知に記載すべき法定事項以外の株主への周知や申込受付等に当たっては，自社のウェブサイト上での掲載等の様々な方法が可能である[8]。自社ウェブサイトへの掲載とする場合は，招集通知や招集通知に同封する書類に，当該ウェブサイトのURLを記載することになると考えられる。

また，株主総会当日までの間にバーチャル株主総会の運営方法の変更が必要になる場合もある。そのような場合に備え，招集通知に「株主総会の運営に変更が生じた場合には，自社のウェブサイトに掲載する」として掲載先のURLを付記しておくことが肝要である。

4　画像配信か音声配信か

実施ガイドでは，株主が株主総会にバーチャル参加する「インターネット等の手段」とは，「物理的に株主総会の開催場所に臨席した者以外の者に当該株主総会の状況を伝えるために用いられる，電話や，e-mail・チャット・動画配信等のIT等を活用した情報伝達手段」をいうと定義されている。

米国ではバーチャル株主総会を開催した企業の多くはバーチャルオンリー型

6　なお，実施ガイドでは，会社が事前の電磁的方法による議決権行使の期限として定めることができる「株主総会の日時以前の時」（会社法施行規則63条3号ハ）を「株主総会における採決時以前の時」と解すれば，バーチャル参加した株主が，審議を傍聴した上で議決権を（事前）行使することが可能との考え方を示している。

7　実施ガイド9頁。

8　実施事例集13頁。

を採用しており，株主の参加手段としては，音声のみのウェブキャストが圧倒的多数である。

わが国で2020年にハイブリッド型バーチャル株主総会を開催した企業では一般に動画配信システムが用いられていたが，実施事例集でも説明されているように，具体的な手段の選択にあたっては，動画配信に限らず，電話会議やインターネットを通じた音声の配信も考えられる。審議等の状況は動画配信としつつ，質問の受付は電話を利用する等，いくつかの手段を組み合わせて実施することも考えられる[9]。

5　配信時期

株主総会の状況を動画等で配信する場合であっても，①リアルタイムで中継する場合と②株主総会終了後にオンデマンド配信する場合などがある。リアルタイム中継に加え，事後的にも（一定期間）動画配信を可能とする例も見られる。

6　株主に配信対象者を限定すること

配信対象を株主に限定する例も限定しない例のいずれもあるが，株主総会が株主による会議体であることから，実施ガイドでは株主に限定した類型について整理されている。

配信対象を株主に限定する場合は，IDとパスワードを招集通知等と同時に通知する方法や，既存の株主専用サイト等を活用する方法などが考えられる[10]。株主の本人確認の方法としては，株主番号，株主の郵便番号や株式数などの議決権行使書にすでに記載されている情報を用いる方法も考えられる。

参加方法は，招集通知への記載や，招集通知に同封する方法などにより，事前に株主に通知することになる[11]。

9　実施事例集9頁。
10　実施ガイド9頁。
11　実施ガイド9頁。参加方法を自社ウェブサイト上で説明することも考えられる点について，上記3参照。

動画配信システム等にアクセスが集中することによる通信回線の安定性への懸念に対処する方法として，事前申込みのあった株主にのみバーチャル出席・参加を認める事前登録制をとることも考えられる。事前登録制の場合，すべての株主に登録の機会を提供するとともに，登録方法について十分に周知し，株主総会に参加する機会に対する配慮を行うことになるが，自社ポータルサイトからの申込みなど，インターネットを通じて平等に機会を提供すればよいと考えられる[12]。

7　肖像権等への配慮

インターネット等で中継動画を配信する場合，出席した株主の肖像権，プライバシー等への一定の配慮を行う例が多い。

株主総会のリアル出席者は，その容姿や，質問・発言の内容等を，他の出席者から直接確認される立場にあるため，他の株主に総会の様子を視聴されることについてはあらかじめ許容していると解される。実施ガイドでも，株主に限定して配信する場合には，肖像権等の問題は生じにくく，より臨場感の増した配信が可能であるとしている[13]。

株主からの質問や発言に際して，株主番号だけでなく，氏名を名乗らせるという運営は，実務上，なりすまし対策としての側面がある。そのため，実施事例集では，肖像権等への配慮として，撮影・録音・転載等を禁止することや，配信により株主の氏名が公開される場合には招集通知等により事前に通知する等の対応をとることが考えられると述べている[14]。

2020年の株主総会では，会場後方から撮影し，リアル出席者の容姿はできるだけ映さないようにカメラワークを工夫したり，配信は議長およびスライド映像のみとした例や，質疑応答に先立って，議長から「発言する際には株主番号と氏名を名乗るともに，リアルタイムで配信される旨を了承いただきたい」旨

12　実施事例集12－13頁参照。

13　実施ガイド7頁。

14　実施事例集14頁，実施事例集パブコメ回答№14。このような取扱いを株主に適切に周知することも重要である（実施事例集パブコメ回答№7）。

を告知した例などがみられた。

8　参加株主からのコメント等の受付

ネット参加株主には，質問権はなく，そのような株主から株主総会開催中に何らかのコメントを受け付けることは必須でなく，コメントに対して会社法上の説明義務も生じない。

ただし実施ガイドでは，リアル株主総会の開催中（例えば，事業報告のタイミングや，質疑応答の合間等）に議長の裁量で議事運営上可能な範囲でコメントを紹介し，回答することや，株主総会終了後に紹介・回答すること，後日ホームページで紹介・回答すること，事前質問への一括回答と同様に，事前にコメント等を受け付け，当日回答することも考えられると述べられている[15]。感染症流行時の株主総会においては，感染拡大防止の観点から，シナリオの簡素化，退場時の混雑防止，株主総会終了後の懇親会の中止を検討する企業も多いが，どのようにコメントを紹介することが望ましいかなどを検討することになる[16]。

リアル会場に物理的に出席して質問を行う場合と比べて，ネット参加によるコメントや質問は，行う心理的ハードルが下がる上，コピペ機能で同じような質問を同時に複数社に送ることも可能である。システム構築費用との兼ね合いもあるが，文字数制限や送信回数制限を設けるかどうかも，実務上検討される。実際にコメントを受け付けた後の対応フローも準備しておくことになる[17]。コメント紹介のタイミングだけでなく，どのような内容のコメントを優先的に取

15　実施ガイド10頁。

16　質疑応答後に紹介・回答する場合は，リアル会場の質疑を打ち切ってまでコメントを紹介するかどうかも検討される。コメントは説明義務が生じる会社法上の質問とは区別されるものであり，コメントを取り上げるかどうか，いつ取り上げるか，取り上げる場合に要約するか，コメントを総会後に公開するかなどは，いずれも議長の裁量で判断できるものである。また，一般的平均的な株主からみて，合理的に報告事項の内容が理解でき，決議事項について賛否が決定できるだけの質疑応答が行われたときには，質疑を打ち切り，採決に入っても構わないと解されている。リアル会場の質疑を打ち切ってコメントを紹介することも法的に可能であると考えられる。

17　2019年９月に参加型バーチャル総会を行ったグリーにおけるコメント受付対応フローについては，松本ほか・前掲１・19頁以下［松村発言］参照。

り上げるかというコメントの優先順位も，事前に方針を立てておくこととなる。

9　取締役等のバーチャル出席

(1)　取締役等の参加方法

株主だけでなく，取締役等もインターネット等の手段によりバーチャル参加することが可能である。2020年に開催された株主総会では，新型コロナウイルス感染症対策の一環として，議長を含めたすべての役員がウェブ会議システムを通じて遠隔から出席し，リアル会場には来場しない例もみられた[18]。

取締役，執行役，監査役等の役員に株主総会への出席義務があると解されているのは，株主の質問に対する説明義務（会社法314条）を負担しているからである。説明義務を適切に履行できる限り，役員の出席態様は，リアル株主総会への臨席に限らず，ウェブ会議システムや電話会議システムによる参加も可能であると考えられる[19]。

(2)　取締役等の議決権の行使

一般的なリアル株主総会では，壇上の役員は，取締役等としての立場で株主総会に出席しているのであり，株主の立場では「出席しない」（会社法298条1項3号・4号）として，議決権行使書により事前行使してもらうか，委任状を会社担当者に提出するなどして議決権行使がなされることが多い。取締役等がバーチャル出席する場合も，同様の取扱いが可能であると考えられる。

何らかの理由により取締役等が「株主としても」株主総会に出席した場合には，役員も総会当日に議決権を行使することが必要になる。株主総会の採決方法は，会議体の一般原則に従って，合理的な方法で行えばよく，実務上，拍手，挙手によることが多い。取締役等としての属性がある株主については，その者が当該議案の株主総会提出に取締役会で賛成している場合には，たとえ議場で拍手・挙手をしていなくても，議長はその者らが賛成であると認識していると

18　実施事例集10頁。
19　実施事例集10頁参照。

して，その者らの議決権を賛成と取り扱うことは，１つの実務慣行として定着している[20]。

実施事例集では，説明義務等の履行のために株主総会に出席している取締役等の議決権行使は，他の株主とは異なる方法（例えば，インターネット等を通じての音声や行動，書面・メール等での確認）によったとしても，株主平等原則に反するとはいえないことも明らかにされている[21]。

10 リアル株主総会の会場

物理的な会場の規模は，例年の出席株主数等をもとに設定されることが多いが，ハイブリッド型バーチャル株主総会などの総会におけるデジタル対応を行うことに伴い，一定数の株主はバーチャル参加を選択することが見込まれる。そこで，例年のリアル出席株主数等に加え，バーチャル参加・出席が想定される株主数を合理的に予測した上で，リアル株主総会の会場を設定することを考える余地がある。物理的会場の設定にあたっては，円滑なバーチャル株主総会の実施に向けたシステム活用等の環境の観点も重要となる[22]。

経済産業省＝法務省「株主総会運営に係るQ&A」問２では，「新型コロナウイルスの感染拡大防止に必要な対応をとるために，やむを得ないと判断される場合には，合理的な範囲内において，自社会議室を活用するなど，例年より会場の規模を縮小することや，会場に入場できる株主の人数を制限することも，可能」との考え方が示されている。

実施事例集では，安定的な通信環境や総会運営全体に係る設計自由度の確保の観点等から，リアル株主総会の会場を外部のイベントホールから自社内のイベントスペースに変更した例や，新型コロナウイルス感染症の拡大防止のため，

20 大阪株式懇談会『会社法実務問答集Ⅲ』242頁［北村雅史］。なお，株主総会の議長が，投票による表決を選択した場合に，投票を行わなかった株主の議決権を賛成に算入する等して当該議案が可決承認された旨宣言したことについて，決議方法の法令違反があるとした裁判例（大阪地判平成16年２月４日金判1191号38頁）がある。

21 実施事例集11頁。

22 実施事例集16頁。

リアル出席株主の事前登録制をとった上で，5000人収容できる外部会場から自社内のセミナールームに会場を変更した例が紹介されている[23]。

株主総会の会場については，従来，十分な出席株主数の余裕をもって収容可能な場所を選定する必要があり，予想外に出席株主が多く会場に収容しきれない場合には，会場に入りきれなかった株主に対してテレビで同時中継するなど，会場外の株主が会場内の議事進行を知り，かつ，議事に参加できるような手立てを講じ，それらの株主の議決権行使を確保するための万全の措置をとることを要するという考え方もあった[24]。しかし，デジタル総会の進展によって，物理的会場の在り方についての考え方も，今後必然的に変わっていくと考えられる。バーチャル株主総会を実施することでリアル会場への出席者が減少すると考えることは合理的であり，また，当日来場したが満席により会場に入れなかった株主も，バーチャル参加することやスマホ行使等の議決権行使をその場で行うことが可能である。

なお，座席数が減少し来場しても会場に入場できない可能性がある旨は，招集通知に記載しておくことになろう。

五　ハイブリッド出席型バーチャル株主総会

1　基本的考え方

バーチャル出席は，会社法上も「出席」として取り扱われる以上，バーチャル出席株主は，株主総会当日にリアル出席株主とともに審議に参加し，また，当日の議論を聞いた上で，議決権を行使することが可能である。

他方，出席型バーチャル総会は，新しい会議体の形であり，必ずしも，リア

23　実施事例集17頁。

24　例えば，チッソ事件・大阪高判昭和54年９月27日判時945号23頁がよく引用される。時代背景や総会が開催された状況等が相当異なる場面での裁判例であり，平時の株主総会で現在どこまで妥当するのかは議論がある。

ル株主総会を前提にこれまで形成・共有されてきた「あるべき実務」をそのまま当てはめることはできない。また，会社法上，株式会社に開催が義務づけられている株主総会は，リアル株主総会を適法に開催すれば足りるところ，出席型バーチャル総会は，リアル株主総会の開催に加えて，追加的な出席手段を提供するものであり，株主には，常にリアル株主総会に出席するという機会が与えられている[25]。実施ガイドにおいても，これらの観点を踏まえて，以下に述べる法的・実務的論点や具体的取扱いについて検討が行われている。

2　通信障害への事前対策

(1)　通信障害への事前の合理的対策

出席型バーチャル総会を実施するにあたっては，開催場所と株主との間で情報伝達の双方向性と即時性が確保されていることが必要であると考えられており[26]，会社は，会社側の通信障害について，あらかじめ何らかの対策を行うことが求められる。

実施ガイドでは，具体的な対策として以下が挙げられている[27]。

① 会社が経済合理的な範囲において導入可能なサイバーセキュリティ対策
② 招集通知やログイン画面における，バーチャル出席を選択した場合に通信障害が起こり得ることの告知
③ 株主が株主総会にアクセスするために必要となる環境（通信速度，OSやアプリケーション等）や，アクセスするための手順についての通知

具体的な対策は個別の事情等に応じて検討する必要があるが，実施事例集では，(i)システムに関する自社の理解度等を考慮しつつ，一般に利用可能なライブ配信サービスやウェブ会議ツールを利用することや，第三者が提供する株主総会専門システムのサービスを利用すること，(ii)通信障害が発生した場合でも代替手段によって，審議または決議の継続ができるように，インターネットの

25　実施ガイド12頁。
26　相澤哲＝葉玉匡美＝郡谷大輔『論点解説　新・会社法　千問の道標』472頁。
27　実施ガイド13頁。また，実施事例集19頁以下参照。

代替手段や電話会議等のバックアップ手段を確保しておくこと，(iii)事前に通信テスト等をしておくこと，(iv)実際に通信障害が発生した場合を想定し，考えられる想定パターンの対処シナリオを準備しておくことが例示されている。

総会当日に何らかの事情で実際に通信障害が起こり，代替的手段の実施や配信中止を選択せざるを得なくなった場合に，それをどのようにして株主に通知するかという点も，事前に検討しておくことになる。

なお，当日の通信障害への対策として，バーチャル出席する株主を事前登録制にすることについては，前記四6参照。

(2)　配信遅延への対応

通信障害にまで至らなくても，動画配信システム等を用いた配信では，数秒から十数秒程度の軽微な配信遅延（タイムラグ）が生じることが想定される。そのため，実施事例集では，軽微な配信遅延によって，直ちに議事進行に支障が生じるものではないが，議事進行を円滑に行うためにも，例えば，①議決権行使の締切り時間をあらかじめ告知すること，②議決権行使から賛否結果表明までの間に一定の時間的余裕を持たせることといった運用方法等が考えられることが示されている[28]。

(3)　総会決議取消リスク

実施ガイドでは，会社が通信障害のリスクを事前に株主に告知しており，かつ，通信障害の防止のために合理的な対策をとっていた場合には，会社側の通信障害により株主が審議または決議に参加できなかったとしても，決議取消事由（会社法831条1項1号）には当たらないと解することが可能であるとの考え方が示されている[29]。

実施事例集では，「通信環境の影響や大量アクセスにより，議決権行使サイトがつながりにくくなったり，インターネット中継の映像が乱れる等，通信障

28　実施事例集18頁。
29　実施ガイド14頁。

害や通信遅延が発生する可能性がある」旨を招集通知等に記載した事例や，「ウェブ会議ツールのアカウントの取得方法，アプリのインストール方法，接続方法，機能等に関する問合わせについては，一切サポートできない」旨，「株主総会の当日において株主側の環境等の問題と思われる原因での接続できない，遅延，音声が聴こえない，発言ができない，議決権行使ができない等のトラブルについてもサポートできない」旨を招集通知等に記載した事例が紹介されている[30]。

また，実施ガイドでは，仮に決議取消事由に当たると判断された場合であっても，例えば，会社は通信障害の防止のため合理的な対策を講じていた場合であって，かつ，バーチャル出席株主は審議に参加できなかっただけで決議には（その時点までに通信が回復したため）参加できたか，または，バーチャル出席株主は決議にも参加できなかったが，そのような株主が議決権を行使したとしても決議の結果は変わらなかったといえる場合は，手続違反の瑕疵は重要でなく，かつ，決議に影響がないものとして，取消しの請求は裁量棄却（法831条２項）される可能性が十分あると明記されている[31]。

株主総会の決議方法が法令もしくは定款に違反し，または著しく不正であるとして決議取消事由に該当するか否かの判断においては，株主が当日の議事，特に決議に参加できたか（株主が議決権行使を行うことができたか）どうかが重要になると考えられる。後述のように，事前の議決権行使の効果を出席型バーチャル総会のシステムへのログイン時ではなく，株主総会での採決時に事前の議決権行使と異なる判断がなされた場合のみ無効とするならば，審議途中で通信障害が生じ，バーチャル参加した株主が採決に参加できなかったとしても，（株主が当日の審議を聞いて投票内容を変更しようとした場合を除き[32]）株主は自分の意思に沿った議決権行使を行うことができているのであり，決議取消事由に該当するリスクは限定的であると考えられる。実施事例集が，「事前の議決権行使により株主の意思が事前に表明されることから，事前の議決権

30　実施事例集20頁。
31　実施ガイド14頁。

行使を促すことが重要である」と述べている[33]のもかかる趣旨であると考えられる。仮に，ログイン時に事前行使の効力を破棄する場合でも，①ログイン時に改めて事前行使と同内容の投票をすることへの同意[34]を求め，②採決時に，ログイン時に行った議決権行使をやり直さない限り，①の効力が維持されることとすれば，審議途中で通信障害が生じても，バーチャル出席株主の議決権行使は有効になされていると見ることができる。

なお，株主総会の採決方法は，会議体の一般原則に従って，合理的な方法で行えばよく，議長の裁量に委ねられている。このことからすると，通信障害を受けて，電話会議やウェブ会議ツールに切り替えた結果，当初予定していた投票ツールが使えず，バーチャル出席株主を含め拍手等の簡便な方法で採決することとなったとしても，決議方法の法令・定款違反または著しい不正により決議取消事由に該当するものではないと考えられる。

(4)　株主側の問題に起因する不具合と決議取消事由

なお，株主側の問題に起因する不具合によって株主がバーチャル出席できない場合は，交通機関の障害によって株主が総会会場に出席できないことと同様に，決議取消事由とはならない。もっとも，株主側の通信環境等を株主自身に事前に確認してもらうために，テスト視聴用の動画等を用意し，事前に配信ページにアクセスしてもらうことも考えられる[35]。

32　書面または電磁的方法による議決権の事前行使制度は，株主が議決権を行使するために必要な情報が株主総会参考書類等により事前に提供されていることを前提とするものであり，株主総会当日の取締役等の説明義務の範囲も参考書類記載事項を敷衍する程度で足ると解されている。このことからしても，当日の審議を聞くことで投票内容が変更されるケースがどの程度あるか，疑問である。

33　実施事例集19頁。

34　これは事前行使ではなく，株主総会当日の議決権行使と考えられる。

35　2019年９月に参加型バーチャル総会を実施したグリー社の事例では，招集通知を東証および会社のサイトに開示した翌日から視聴ページを公開し，テスト視聴用の動画の配信とともに，推奨環境，視聴に関するFAQが視聴ページ内に設置された（松村真弓「バーチャル株主総会実施への道のり」資料版商事法務432号48頁参照）。

3　株主の本人確認

株主総会に出席し議決権を行使できる株主は，基準日現在で議決権を有する株主として株主名簿に記載又は記録された者に限られるため，リアル出席かバーチャル出席かを問わず，株主としての本人確認を適正に行うことになる。

来場者の入場資格の確認方法は，会社法等において明文化されておらず，議長の議事整理権の範囲内において，議長がその方法を決定できると解される。リアル株主総会においては，わが国の信頼性の高い郵便事情を背景に，株主名簿上の株主の住所に送付された議決権行使書面を所持している株主は，通常は当該株主と同一人であるという経験則を適用し，本人確認を実施している例が多い[36]。

実施ガイドでは，事前の電磁的方法による議決権行使における本人確認と同様に，株主ごとに固有のIDとパスワード等を通知し，株主がインターネット等の手段でログインする際に，当該IDとパスワード等を用いたログインを求める方法を採用するのが妥当であるとしている[37]。株主への通知方法としては，議決権行使書面や，リーフレット等に記載して，招集通知に同封して送付する方法が考えられる。議決権行使書面に事前行使用の議決権行使サイトへログインするためのID・パスワード・QRコードが印刷されている場合，混乱を避けるために，議決権行使書面ではなく，案内リーフレットにID・パスワードを記載することも考えられる。

また，個別の事情等に応じて，例えば，①株主に固有の情報（株主番号，郵便番号等）を複数用いることや，②画面上に本人の顔と整理番号を映し出すこと等によって本人確認を行うこと，③一定数以上の議決権を有する株主については，より慎重な本人確認を実施することも可能と考えられる。法人株主のID・パスワードの管理を容易にするための工夫として，議決権行使書面等で

36　実施ガイド15頁参照。実務上，議決権行使書用紙を持参し受付に提出するよう招集通知に記載することが定着している（全国株懇連合会編『全株懇モデルⅡ』115頁）。

37　実施ガイド15頁。

ID・パスワードの記載面を再貼付が不可能なシールで覆うといった工夫も考えられる[38]。

ただし，バーチャル出席の場合は，人間の知覚作用を介した確認が行われないまま出席することも可能な点で，リアル出席株主に比べなりすましの危険性が高い。また，審議における質問等を行うことが可能である点で，参加型や電磁的方法による事前の議決権行使よりもなりすましの危険が株主総会の運営に与える影響が相対的に大きいことに留意が必要である。なりすまし対策等に慎重を期すべきと考えられる具体的な事情がある場合には，さらに高度な本人確認手段（二段階認証，ブロックチェーンの活用など）を用いることも考えられる[39]。株主に対して固有のURL（視聴用）を送付し，万一株主が当該URLを他人に転送した場合に転送先からのアクセスが制限される仕組みを設けることで，なりすましを回避することも考えられる。

4　代理人による出席

バーチャル出席の場合は，株主の所在地の制約がなく，移動時間も省略できることから，リアル出席の場合に比べて，代理人のバーチャル出席の必要性はそもそも少ないと考えられる。また，バーチャル出席は，リアル株主総会の開催に加えて，追加的な出席手段を提供するものであるため，リアル株主総会への代理人出席を認めていれば，会社法310条に違反することもないといえる。そこで，実施ガイドでは，あらかじめ招集通知等において株主に通知しておけば，代理人の出席はリアル株主総会に限るとすることが可能であることが明らかにされている[40]。

なお，会社が代理人のバーチャル出席を受け付ける場合の本人確認は，リアル株主総会への出席の場合の本人確認に準じた取扱いをすることになる。多くの上場企業では，定款で代理人の資格を「議決権を有する他の株主１名」に限

38　実施事例集24頁。
39　実施事例集24頁参照。
40　実施ガイド16頁。

定しているため，株主総会当日または前日までに，①委任状と委任者の本人確認書類（委任者の議決権行使書）を会社に提出し，さらに②代理人本人の議決権行使書を提出した場合に限り，代理人による委任者の議決権行使を認めることになると考えられる[41]。

5　質問および動議の取扱い

バーチャル総会では，実際に会場で質問する場合と比べ，質問や動議の提出に対する心理的ハードルが下がる。コピーアンドペースト機能などにより，同じような質問や動議を同時に複数社に送ることも可能になる。質問権の行使や動議の提出が濫用的に行われる可能性があるため，リアルとバーチャルとの違いを踏まえて，どのような取扱いをすべきかが論点となる。

会社の合理的な努力で対応可能な範囲を超えた困難が生じると判断される場合には，事前の通知によって株主の予見可能性を高めることで，必要な限度で質問や動議に制限を設けることは，バーチャル出席株主の権利を特段毀損していることには当たらないと考えられており[42]，具体的な取扱いについては現実的な対応が必要となる。

⑴　質　問

質問については，議長が指名してから質問者がテキストを打ち込むことになると，時間がかかることになるため，あらかじめ質問内容が記入されたものを受け付けることが考えられる。

実施ガイドでは，質問を受け付ける際には，１人が提出できる質問回数や文字数，送信期限（リアル株主総会の会場の質疑終了予定の時刻より一定程度早く設定）などの事務処理上の制約を設けることも，現実的な対応として許容されるとし，リアル出席株主とバーチャル出席株主の出席する株主総会を１つの

41　実施ガイド17頁参照。会社の株式取扱規則で委任状への記名押印の要否等を定めている場合にはそれに従うことも必要になろう。

42　遠藤佐知子「『ハイブリッド型バーチャル株主総会の実施ガイド』の解説」商事法務2225号33頁。

会議体として運営するための合理的な取扱いを明らかにしている[43]。質問の受付開始時間もリアル会場と揃えなければならないわけではなく，実施事例集でも，株主総会開始の1時間前から質疑応答開始の5分後までを受付時間とした例が紹介されている[44]。議案に関する質問か，名誉毀損等，説明の拒絶事由に該当するものでないかなど，1つひとつの質問について事務局が確認していくことを考えると，リアル会場で質疑応答が開始される前からバーチャル出席株主からの質問を受け付けることが円滑な運営に資すると思われる。

また，リアル株主総会において発言希望者がある場合に，誰に発言を許可するのかを決定する権限は議長に委ねられていると解されている。これと同様に，ハイブリッド型バーチャル株主総会においてバーチャル出席株主からの質問をテキストで受け付けた上で，議長および事務局は，不合理な選択をしない限り，その一部を質問として取り上げて選択的に回答することができると解される[45]。例えば，総会当日においては，議長が事前に受け付けた質問内容を確認し，より多くの株主にとって有意義な質問のみを取り上げるという取扱いが考えられる。取り上げなかった質問に対して説明義務が生じるわけではないが[46]，恣意的な議事運営は適切ではない。会社の置かれている状況によっては，適正性・透明性を担保するための措置として，後日，受け取ったものの回答できなかった質問の概要を公開するなどの工夫を行うことも考えられる[47]。総会中に取り上げた質問が恣意的な選択でないことを示す工夫も考えられる[48]。具体的な取扱いは，それぞれの企業のおかれている状況や株主ニーズ等を踏まえ，各企業で判断されることになる[49]。

43　実施ガイド20－21頁，実施事例集28頁参照。

44　実施時例数29頁。

45　実施事例集パブコメ回答№5，12。

46　議長が内容を認識したが，取り上げなかった質問については，取り上げていない以上，「株主総会において，株主から特定の事項について説明を求められた場合」（会社法314条）には該当せず，取締役等の説明義務違反を構成しないと解される（澤口実「ハイブリッド型バーチャル株主総会」ジュリスト1548号19頁）。

47　実施ガイド21頁。

48　実施事例集30頁参照。

49　実施事例集パブコメ回答No.5。

株主総会の目的事項に関する質問であり，リアル出席株主を含む他の株主からの質問と重複しないものを取り上げる等，質問を取り上げる際の考え方や，個人情報が含まれる場合や個人的な攻撃等につながる不適切な内容は取り上げないといった考え方について，あらかじめ運営ルールとして定め，招集通知やウェブ上で通知することも考えられる[50]。

なお，質問の受付方法は投稿フォームに限られない。実施事例集では，投稿フォームではなく，①ウェブ会議システムの挙手機能を利用することや，②電話を利用することによって，リアル出席の場合と同様に，議長の指名があった場合に初めて質問・発言ができるようにした例も紹介されている[51]。

(2) 動　議

株主の動議の提出にあたっては，提案株主に対し提案内容についての趣旨確認が必要になる場合や提案理由の説明を求めることが必要になる場合等が想定されるが，議事進行中に，バーチャル出席者に対してそれを実施することや，そのためのシステム的な体制を整えることは，会社の合理的な努力で対応可能な範囲を越えた困難が生じることが想定される。そのため，実施ガイドでは，事前に招集通知等において取扱いを開示した上で，原則として，動議はリアル出席株主からのものを受け付けることで足りることが明らかにされている[52]。

出席型バーチャル株主総会において，当日の決議に参加できる環境をバーチャル出席株主間に平等に準備することは重要であるが，株主総会運営にあたって会社の合理的な努力で対応可能な範囲を超えた困難が生じると判断される場合に，事前の通知を前提として，そのような困難に対処するために必要な限度で質問や動議に制限を設けることは，バーチャル出席株主の権利を特段棄損していることには当たらず，許容されると考えられる。さらに，バーチャル

50　実施ガイド21頁参照。

51　実施事例集31頁。

52　実施ガイド21－22頁。招集通知に記載のない総会当日に提出された動議について，バーチャル出席者を含めた採決を可能とするシステムを整えることは，現状，会社の合理的な努力で対応可能な範囲を超えた困難が生じる面もある。

出席株主は物理的に会場に在所しておらず，会場における出席態様とは異なることから，一般原則の前提となる会議体が異なっているのであり，このような会議体の一般原則に基づくものとされる動議のうち，例えば休憩を求める動議などの一部の手続的動議については，リアル出席株主のみにその権利があると解される[53]。

動議の採決に対しても，招集通知等で事前に告知の上，事前の書面または電磁的方法により議決権行使した株主の取扱いと同様に，実質的動議については棄権，手続的動議については欠席として取り扱うことが考えられる[54]。前述のように，バーチャル出席株主は採決時にログインを維持しているのか，維持しているとして画面を視聴しているのか明らかでない。一部の動議のみバーチャル出席株主が議決権行使した場合，他の動議や事前の議決権行使の取扱いにも混乱が生じ得る。基本的には，事前の書面または電磁的方法により議決権行使した株主と同様の取扱いとすることが考えられる。

2020年に開催された出席型バーチャル総会においても，「バーチャル出席株主による動議は，株主総会の手続きに関するもの及び議案に関するものを含め，全て提出できず，動議を提出する可能性のある株主はリアル出席の方法で出席いただきたい」旨や，「当日，リアル出席株主から動議が提出された場合など，招集通知に記載のない件について採決が必要になった場合には，バーチャル出席株主は賛否の表明ができず，棄権又は欠席として取り扱う」旨を招集通知等に記載した例が見られた[55]。他方，バーチャル出席者からの動議の受付を可能とした例もあった。その場合でも，リアル株主総会と同様に濫用的であると認められる場合には取り上げない等の運用は許容されるほか，会社の合理的な努力で対応可能な範囲を超えた困難が生じると判断される場合に，招集通知等による事前の通知を前提として，提案数，文字数，提案のタイミング等，必要な限度でバーチャル出席における動議に制限を設けることは可能である[56]。

53　実施ガイド23頁。
54　実施ガイド22頁。
55　実施事例集32頁。
56　実施事例集33頁参照。

6　事前の議決権行使の効力

(1)　事前の議決権行使の効力が覆されるタイミング

リアル株主総会の場合，事前の書面または電磁的方法による議決権行使は，株主総会に「出席しない」（会社法298条１項３号，４号）株主に議決権行使の機会を与えるものであるところ，リアル株主総会の実務においては，会場の受付を通過する際に，「出席株主数」のカウントを行い，議場における株主数・株式数を確認するのが一般的であり，当該株主が事前に議決権を行使していた場合には，受付時の出席株主数のカウントをもって効力が失われていることとされている[57]。

かかるリアル出席に関する考え方を，バーチャル株主総会へのネット出席についてそのまま当てはめることは，適切でない面がある。バーチャル株主総会の場合，出席は利便性が高く移動時間・コストもかからないため，急な決断による出席の可能性や，途中参加・途中退席の可能性も相対的に高い。リアル出席と異なり，同時に複数社にバーチャル出席することも可能である。ネット出席株主がログインを維持していても，当該総会の採決のタイミングで実際に視聴ページを見ているとも限らない。

こうした差異を考慮することなく，リアル出席における取扱いをそのまま反映して，「議決権を事前に行使している株主がログインして出席になった時点で，事前の議決権行使の効力が消滅する」ことをデフォルトとすると，採決前にログアウトしたり，採決のタイミングで投票のための操作をしなかった株主は，議決権を行使しなかったこととなる。これでは株主意思が正確に反映されない懸念がある[58]。

57　実施ガイド18頁。2020年に開催された出席型バーチャル総会においては，リアル株主総会の実務と同様に，ログイン時点で，事前の議決権行使の効力を取り消す事例も見られた。

58　株主総会の議事は，審議と決議とに分けることができるところ，書面投票または電子投票は，総会当日の決議に参加しない（その機会のない）株主に事前の議決権行使を認めた制度である，とその趣旨を理解すれば，会社法298条１項にいう「出席しない」とは，「決議に出席しない」ことを意味すると解釈することも可能であろう（実施ガイド19頁）。

以上の点を踏まえ，実施ガイドでは，本人確認のためのログインを行った時点で事前の議決権行使の効力を取り消すのではなく，「当日の採決のタイミングで新たな議決権行使があった場合に限り事前の議決権行使の効力を破棄する」という取扱いができる旨が明記されている[59]。

さらに実施事例集では，当日の採決のタイミングで事前の議決権行使と異なる議決権行使が行われた場合に限り，事前の議決権行使の効力を破棄することも考えられる旨も言及されている[60]。採決が始まったタイミングでログインしていたとしても，株主が全議案の採決をやり直せるとは限らない。数社同時にバーチャル出席している場合もあろうし，たまたまログインしてみた時が採決時だったがその後すぐにログアウトする場合もあり得る。株主側か会社側かのいずれの事情によるかを問わず，何らかの理由で採決時に通信障害が生じる等により投票がうまくいかないことも考えられよう。そのような場合に，事前の議決権行使の効力がすべて破棄され，株主は当日「棄権」票を投じたものと扱うのは株主に不利益を負わせる懸念さえある[61]。

(2)　招集通知等への記載

事前に行った議決権行使の取扱いについては，あらかじめ招集通知等で株主に通知しておくことが適切である[62]。当日の採決のタイミングで事前の議決権行使と異なる議決権行使が行われた場合に限り，事前の議決権行使の効力を破棄すると明記しておくことで，事前投票と同じ議決権行使を行う意思であるという取扱いの礎ともなる。ログイン時に改めて株主の議決権行使の意思を確認する方法も考えられる。

59　実施ガイド18－19頁。

60　実施事例集26頁。

61　書面または電磁的方法による事前行使制度が株主総会に「出席しない」株主を対象にしていることとの関係については，①議案ごとに「出席」を観念するか，②事前投票と同じ議決権行使を行う意思であるとみなすことなどが法的に考えられる。

62　実施ガイド18頁。

7　株主総会当日の議決権行使の取扱い

(1)　採決方法

バーチャル出席株主の議決権行使は，事前の議決権行使としての電磁的方法による議決権行使ではなく，当日の議決権行使として取り扱うものである。そのため，会社としては，バーチャル出席株主が株主総会当日に議決権を行使できるシステムを整える必要がある[63]。もっとも，リアル株主総会と同様に，事前の議決権行使等の状況を勘案し，簡便な方法を選択して，賛否の結果のみを示すことでも足りる[64]。2020年に開催された株主総会では，バーチャル出席株主による議決権行使分についてもウェブ会議システム上で拍手している様子を確認する方法をとった例もあった[65]。リアルタイムで集計することは必須ではない。

(2)　臨時報告書の記載

上場会社は，株主総会後，議決権行使結果に係る臨時報告書の提出が求められ，「決議事項に対する賛成，反対及び棄権の意思表示に係る議決権の数」の記載が必要である[66]が，一部の議決権を加算しないことは可能であり，その場合は加算しなかった理由を記載することになる。

実務上，「本株主総会前日までの事前行使分および当日出席の一部の株主による議案の賛否に関して，確認できた議決権数の集計により，議案の可決要件を満たし，会社法に則って決議が成立したため，本株主総会当日の出席株主の議決権の数の一部を集計しておりません。」といった記載がされることが多い。

実施ガイドでは，リアル出席株主の一部の議決権数を集計しない場合と同様，当日出席のバーチャル出席株主の議決権数を集計しない場合についても，その

63　実施ガイド24頁。
64　実施事例集34頁。
65　松本加代「新時代の株主総会プロセスに向けて-これまでの議論と研究会の報告書-」株懇会報825号12頁，実施事例集35頁参照。
66　金融商品取引法24条の５第４項，企業内容等の開示に関する内閣府令19条２項９号の２。

理由を開示することで足りるとの考え方を示している[67]。臨時報告書に記載する「理由」について，リアル株主総会しか開催しない場合の文言から特別に変える必要はないと考えられる。

8　出席型バーチャル株主総会と「株主総会の場所」

株主総会招集通知には，「株主総会の…場所」を記載しなければならない[68]が，株主総会の議事録の記載事項を定める会社法施行規則72条3項1号は，「株主総会の場所」の記載方法として，「当該場所に存しない…株主が株主総会に出席をした場合における当該出席の方法を含む。」としている。

実施ガイドでは，出席型バーチャル総会の招集通知における「株主総会の…場所」の記載に当たっては，会社法施行規則72条3項1号の規定を準用し，リアル株主総会の開催場所とともに，株主総会の状況を動画配信するインターネットサイトのアドレスや，インターネット等の手段を用いた議決権行使の具体的方法等を明記すればよいとの考えが示されている[69]。なお，招集通知とは別の書面に上記事項を記載した例もある[70]。

六　ハイブリッド型バーチャル株主総会と招集通知記載事項

参加型・出席型それぞれの箇所で述べてきたように，バーチャル参加・出席株主への事前の注意喚起や取扱いの明確化等のため株主総会招集通知等で開示しておくべき事項としては，参加型（**図表2－4**）・出席型（**図表2－5**）それぞれについて，次のような事項が挙げられる。星印（★）が付された項目は，実施ガイドや実施事例集で事前の招集通知等での開示に言及されている項目である。開示媒体としては，招集通知への記載に限られず，自社ウェブサイトや，

67　実施ガイド24頁。
68　会社法299条4項，同法298条1項1号。
69　実施ガイド25頁。
70　赤松理「富士ソフトの株主総会対応」ビジネス法務2020年6月号67頁。

招集通知に同封する書類への記載も可能と考えられる。

【図表２－４】　参加型における事項

1	インターネット等の手段を用いて審議等を確認・傍聴することができること ※　「株主総会の模様をインターネットによるライブ配信により視聴いただける」など，表現ぶりは一般株主にもわかりやすいものとすることが考えられる。
2	株主総会当日の採決に参加することはできないので，議決権は事前に書面または電子的に行使するか，委任状を交付しておく必要があること（★）
3	バーチャル参加を事前登録制にする場合は，登録方法（★）
4	バーチャル参加の方法（システムへのログイン方法）（★） ※　ライブ配信を行うURLや，ID，パスワードを入力してシステムにログインすること等を記載することとなる。
5	バーチャル参加に必要となる株主側の環境設定 ※　OSシステムやブラウザの要件や，スマートフォンやタブレットでの視聴はWi-Fi環境を推奨すること等を記載することが考えられる。 ※　株主側の視聴環境に関する免責事項として，株主が使用する機器やネットワーク環境によっては視聴できない場合があることや，ライブ配信を視聴するための通信料は株主負担であることを明示する例も見られた。 ※　株主総会当日に株主がライブ配信を視聴できないというトラブルを回避するため，現在の株主側の利用環境で，ライブ配信を視聴できる状態にあるか事前にチェックすることができる事前視聴確認ページを設けておくことも考えられる。
6	配信により会場の株主の氏名等が公開される場合はその旨（★）
7	配信映像や音声の録音・録画や，ログイン方法を第三者に伝えることを禁止する場合はその旨
8	その他（問い合わせ先，運営方法に変更があった場合の周知方法，会場変更によりリアル出席できる株主が少なくなる場合はその旨等）

【図表2－5】 出席型における事項

1	リアル会場に来なくてもインターネット等の手段により株主総会に「出席」することができること
2	バーチャル出席を事前登録制にする場合は，登録方法（★）
3	バーチャル出席を選択した場合に通信障害が起こり得ること（★）
4	バーチャル出席の方法（アクセスするための手段。URL，ID，パスワード等）（★）
5	バーチャル出席に必要となる株主側の環境設定（株主が株主総会にアクセスするために必要となる通信速度，OSやアプリケーション等）（★） ※　参加型No.5を参照されたい。
6	代理人の出席はリアル株主総会に限られること（★）
7	議決権行使等の具体的方法（★）
8	事前に議決権行使をした株主が当日バーチャル出席した場合の事前行使分の取扱い（★）
9	バーチャル出席株主が提出できる質問回数，文字数，送信期限や，質問を取り上げる際の考え方などの運営ルール（★）
10	動議の制限（動議はリアル出席株主からのみ受け付けることや，バーチャル出席株主の動議を認める場合でもその提案数や文字数等が制限されること）（★）
11	バーチャル出席株主は，実質的動議については棄権，手続的動議については欠席として取り扱うこと（★）
12	バーチャル出席株主による質問や動議が濫用的であるとしてバーチャル出席株主の通信を強制的に途絶する権限を議長がスタッフに委任する場合には，通信遮断の判断の具体的要件（★）
13	配信により会場の株主の氏名等が公開される場合はその旨（★）
14	配信映像や音声の録音・録画や，ログイン方法を第三者に伝えることを禁止する場合はその旨
15	その他（問い合わせ先，運営方法に変更があった場合の周知方法，会場変更によりリアル出席できる株主が少なくなる場合はその旨等）

七　バーチャルオンリー型株主総会

上場会社について，バーチャルオンリー型株主総会を解禁する産競法の改正法案が2021年2月5日に閣議決定された。本章執筆時点は国会審議前であり法改正はまだ成立していない（省令案も公表されていない）が，改正法案の概要は以下のとおりである（なお以下で言及する条文は改正法案の条文である）。

1　2021年産競法改正の概要

上場会社は，経済産業省令・法務省令で定める要件（以下「省令要件」という。）に該当することについて経済産業大臣及び法務大臣の確認を受けた場合に，株主総会の場所を定めない株主総会（以下「バーチャルオンリー型総会」という。）を開催できる旨を定款で定めることができる（産競法66条1項）。

省令要件とは，バーチャルオンリー型総会とすることが「株主の利益の確保に配慮しつつ産業競争力を強化することに資する場合」として，経済産業省令・法務省令で定める要件を意味する。省令要件の詳細は，本稿執筆時点では未公表である。

なお，個別の総会の招集決定時に省令要件を充足していない場合には，そもそもバーチャルオンリー型総会を開催する法定要件を満たしていない（産競法66条2項）。

2　2年間のみなし定款措置

定款の定めについては附則が置かれており，改正法施行後2年間（以下「経過措置2年間」という。）は，経済産業大臣および法務大臣の確認を受けることで，当該期間内は，バーチャルオンリー型総会を可能とする定款の定めがあるものとみなされる（附則3条1項）。したがって，2021年の株主総会でもバーチャルオンリー型総会を採用できるよう，制度的手当てがなされている。

3　株主利益の確保等の要件

経済産業大臣および法務大臣の確認は定款変更に関する確認行為である。定款規定（あるいはみなし定款規定）を踏まえ，個別の株主総会についてバーチャルオンリー型総会を現に開催するにあたっては，株主の利益の確保に資するものとして経済産業省令・法務省令で定める事項を，取締役会決議（法定取締役会決議事項である）で定めることとなる（産競法による読替後の会社法298条1項柱書）。

4　定款の定め

バーチャルオンリー型総会を認める定款の定めがあっても，これは定款でバーチャルオンリー型総会を開催することを授権するものであるため，今後開催される株主総会をバーチャルオンリー型で開催する法的義務まで会社側が負うものとは考えられない。

経過措置2年間の経過後など，みなし定款規定に依拠せずバーチャルオンリー型総会を開催するには，株主総会決議により定款変更を行っておくこととなる。なお，かかる定款変更決議を行う総会決議は，バーチャルオンリー型総会でない態様で行う必要がある（附則3条2項）。

解釈・実務上の論点はいろいろあるが，今後明確になっていくだろう。

第**3**章

株主総会デジタル化の先端実務

井上　卓……………全国株懇連合会理事長/東京株式懇話会会長/三菱重工業株式会社
猪越　樹……………ソニー株式会社
尾崎　太……………Ｚホールディングス株式会社
斎藤　誠……………三井住友信託銀行株式会社
清水　博之…………みずほ信託銀行株式会社
中川　雅博…………三菱UFJ信託銀行株式会社
前田伊世雄…………株式会社資生堂
松村　真弓…………グリー株式会社
武井　一浩…………西村あさひ法律事務所　弁護士
森田多恵子…………西村あさひ法律事務所　弁護士

（敬称略）

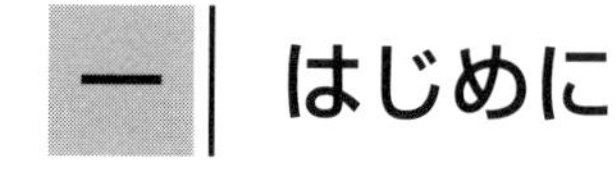

一　はじめに

森田　武井と共に司会を務めます森田です。本日は株主総会の第一線で先端実務に関与されている皆さまにお集まりいただきまして，株主総会のデジタル化をめぐる様々な論点についてご議論いただきます。

株主総会のデジタル化は，株主との対話の拡充という点もありますし，昨今ですとDXやコロナ対応という面でも非常に注目が集まっているところです。また，2021年総会ではハイブリッド型を採用される企業が相当増えるかと思います。まず最初に一人一言ずつ，自己紹介と株主総会およびデジタル総会への関わりについてお話ください。

井上　まず，私のほうからご挨拶させていただきます。私は，三菱重工業株式会社のIR・SR室長をしております井上と申します。全国株懇連合会では理事長，東京株式懇話会では会長をさせていただいております。先日まで，経済産業省の「新時代の株主総会プロセスの在り方研究会」で，本日ご参加の武井先生やソニーの猪越さんとともに委員を務めさせていただきました。

現在の会社に就職し1994年に本社に移ってきて図らずも総会に関与しまして，そこからずっと当社の総会を見ております。相当昭和時代の残り香がある総会から現在に至るまで，もう四半世紀以上，上場企業の株主総会というものを見てまいりました。そういう歴史の中でも，1997年に日本企業を揺るがす大きな事件があったのですが，2020年はそれ以来の株主総会の激変ということで時代の変わり目がはっきりわかる年だったため，非常に感慨深いものがございます。

この2020年のコロナ禍における総会を見ておりまして感じたのは，ここ十数年の総会の底流にあるものの構造的変化，すなわち株主構成の変化，機関投資家の発言力の増大，あるいはアクティビズムの活発化でありますとか，そういう要因によって総会の在り方が変わりつつあるときに，コロナ禍によって時計の針が一挙に進んだなという感じをもっております。近年の当日の株主総会について見てみますと，総会屋がほぼ消滅した後，21世紀に入りますと一般の個人株主を意識した「開かれた総会」，そしてその結果としての総会の大規模化という流れが定着しておりました。数年前からお土産の廃止という動きもあり，そういう流れに歯止めがかかって，企業サイドもいったん立ち止まって総会の在り方を考え直す時期に来ていたというのが昨年までの状況だったと思います。

そして，2020年に発生したコロナ禍を契機として，バーチャル総会をはじめとする総会実務のIT化もあいまって，総会の実務が大きく変わる中，総会の在り方とか存在意義でありますとか，そういう根本的なものを問うきっかけになったのではないかと思っております。それを突き詰めて行くと，株式会社における意思決定とは何かとか，株式会社とは何かとかもっと根源的な問題に行きつく可能性を秘めているように思いました。本日そこまでという話ではないかもしれませんけど，四半世紀にわたって株主総会に携わっている身としては，2020年の株主総会を見てそういうことを感じました。私からは以上でございます。

猪越　ソニーの猪越でございます。私は現在，IRグループSRチームに所属しております。総会におきまして私どもSRチームは，主に議事運営を担当しております。2020年の当社の総会に関しましては，いわゆるバーチャル総会を実施しておりません。今回，先駆的に実施されているグリーさんやZホールディングスさんのお話を伺って，2021年以降の当社総会の運営にも活かしたいと思っております。よろしくお願いいたします。

前田　資生堂の前田でございます。私はIR部で株主総会や，SRを含めたESGコミュニケーション全般を担当しております。よろしくお願いします。

当社は12月決算3月総会でございまして，2020年の3月の総会の時は，まさにまだコロナがどんどん広がっていく中で，総会云々というよりも世の中がどうなっていくんだということになっていました。大規模な集会についてもいわゆる専門家会議が出す指針を見ながら，株主総会に当てはめたらどうなるのだということを，自分たちで考えながら対応を1つひとつ決めていきました。いろいろ貴重な経験をさせてもらったので，6月の集中時期に総会をする実務担当者に伝えるため，今回の検討の経緯を株懇の会報誌に寄稿させていただいたのですけれども，総会の実務を考え直す意味で，非常に勉強になった1年でございました。

2021年に向けては，年に1回の株主総会への出席を楽しみにされているご高齢の株主もいらっしゃるので，一気にバーチャルオンリー総会に移行することは難しいのですが，ウィズコロナにおいて，デジタルを活用してどういう総会にしていけるのかということを，今詰めているところでございまして，本日は2020年6月での皆さまのいろいろなご経験を聞けるのを楽しみにしております。よろしくお願いいたします。

斎藤　三井住友信託の斎藤でございます。まさに今回のバーチャル総会の対応というのは，コロナという危機的な面での対応ということでもありますけれど，私が思い起こすのは，東日本大震災の時に総会をどうするのかといった部分とちょっと似ているところもあると思いました。あの時は震災以降徐々に復興に向けた動きが見えたのですが，これはいまだに終わりが見えない状況で進んでいるという違いはありますけれど。それと，今回思いましたのは，コロナでバーチャル総会への注目が集まりましたが，実際のバーチャル総会では，遠隔地からの参加者も結構増えていて，「バーチャルいいじゃないか」といったそういう声が結構挙がってきております。

私どもの調査でも2021年以降でのバーチャル総会を検討したいという上場企業は4割弱ぐらいの企業がそのような意向だというアンケート結果もあります。これからやはりウィズコロナ，アフターコロナでバーチャル総会も定着していくのかなと思っておりまして，引き続き発行会社の皆さんをサポートさせていただく所存でございます。本日はどうぞよろしくお願いいたします。

清　水　みずほ信託の清水でございます。私はどちらかというとデジタルから一番遠いほうの存在というか，こういう技術になかなか追いつかないほうでございますので，本日は皆さまのいろんなご知見を教えていただいて，話を少しでも吸収できればなと思っている次第でございます。1ついろいろとご教示賜りますようよろしくお願いをいたします。簡単でございますけれども以上でございます。

中　川　三菱UFJ信託の中川でございます。

デジタルはそれなりに，やってきたほうかなと思ってはいたんですが，私も最近の流れについていけずにちょっと困っている状況ではございます。2020年の株主総会ですが，コロナ禍ということで規模縮小とか感染防止策を徹底して，時間も短縮してというようなことになり，特に株主との対話という面で本当にそんな総会でいいのかなと思ったりもしておりました。ただ蓋を開けてみたら，事業会社の皆さんもいろいろお考えになられて，バーチャル総会もそうですし，例えば事前質問を募集するとか，総会当日使う資料とか動画をあらかじめウェブサイトに掲載するとか，いろんな対話の工夫も出てきております。

今後2021年以降はウィズコロナ，もっと言えばポストコロナの総会っていうのはどこに向かっていくのかと大きな関心を持っておりますので，今日は皆さまのお考えをいろいろと拝聴しながら，私も考えてみたいと思っております。

それから株懇ではモデル・指針の担当を務めています。目先は会社法改正があるのですけれども，その対応だけではなく今回のコロナ対応のようなある意味変革に際して，井上会長からもこれまでの「当たり前」というのをもう一度見直してあるべき株式実務，そういうものを考えて欲しいというご依頼を受けておりまして，皆さんのご意見，参考にできることがあればなと今日は期待もしております。どうぞよろしくお願いいたします。

尾　崎　ヤフー改め2019年10月からＺホールディングスの法務株式企画部尾崎です。よろしくお願いいたします。今日はこのような機会をいただきましてありがとうございます。

少しだけ私自身の経歴をお話しすると，1997年に新卒で入った会社で株主総会の業務に従事していました。私が入社した年がちょうど会社が上場したタイミングで，会社も私自身も公開会社としての株主総会の経験やノウハウも全くなく，そのお陰といいましょうか，大変ではあったのですがその分ずいぶんと鍛えられまして，ひと通り経験も積むことができました。その後，2004年にヤフーへ転職，引き続き株主総会業務に従事しております。最近ですと，LINEさんとの経営統合のための臨時株主総会を2020年３月17日に行い，直後の６月にも定時株主総会ということで，このコロナ感染拡大の大変な状況で株主総会を２回経験するという，なかなか大変な１年になりました。

本日のテーマであるいわゆるバーチャル株主総会，当社の場合はオンライン株主総会とか，インターネット出席という呼び方をしていますけれども，今回の新型コロナの感染拡大による危機感が最終的なトリガーとなってインターネット出席を導入しました。元々このことを勉強し始めたのは2017年頃からです。株主さまとの対話をもっと有意義なものにしたい，インターネット出席で多くの株主さまにご出席いただいて，成長戦略プレゼンテーションや議案に関する質問がもっとたくさんくるといいよねということの施策に使えないか，研究をしてきていました。本日はよろしくお願いいたします。

松　村　グリーの松村です。私は大学卒業後，法律事務所に入り，その後大手ゲーム会社を経て，グリーに勤務しています。この間，株主総会や会社法に携わってきました。

その中で企業法務時代に，株主総会の在り方というものを見直すというか，考える機会に恵まれまして，会社がIT企業ということもあり，もっと株主総会にIT技術を活用できないかと考えてきました。

グリーという会社は，スタッフがフラットにいろいろなことを提案し合える環境です。株主総会はこういうものなんだよ，と私が自分の経験を話すと，「それなぜやらなきゃいけないんですか？」と質問がきます。さらに「こうしたらどうですか？」と画期的なアイディアもどんどん出てくる。そのおかげで私１人で考えるだけではなく，スタッフのとらわれないアイディアを可能な限り形にしてきたという経緯があります。

具体的には，2017年の総会で，VRの360度カメラを利用し株主総会をオンデマンドで配信するという取組みをしました。また，2018年には，弊社の事業である広告メディアの子会社に発注し，映画やドラマのメイキングビデオのような，７分弱ぐらいのダイジェスト版オンデマンド配信を実施しています。前日リハの様子や役員入場前の姿とか，来場している株主も見ることのできない場面も動画として株主さまにお届けし，対話をより深化させる取組みを行ってきました。

これらを経て2019年，ハイブリッド参加型総会を実施したのですが，ただ一方的にこちらから情報伝達するだけではなく，株主さまのお声も総会中に反映したいということで，双方向参加型を実施しました。そして，2020年には双方向参加型での経験を踏まえ出席型を実施しましたが，これはコロナ対策ということではなく，総会へのIT技術の活用という大きな目標に向けたマイルストーンという位置づけです。

こういう取組みの中で得た様々なノウハウをバージョンアップさせながら株主総会を実施してきたなと思っています。今日皆さまとディスカッションすることでたくさん学ばせていただくとともに，弊社の経験がみなさまのご参考になればと思っています。どうぞよろしくお願いいたします。

武井 弁護士の武井です。武井と森田はいろんな株主総会実務を担当しております。また経産省さんでのハイブリッド型バーチャル総会の実施ガイド策定にも関与しておりました。多くの企業さんがまさにこのデジタル化の対応を2020年以降のコロナの中で対応していく中で，法的に可能な多様な選択肢が示されています。バーチャルオンリー型の立法措置の議論も進んでおります。いずれにしましても株主総会のデジタル化は待ったなしの状況ですので，今日は実務現場の視点からのディスカッションができればと思っています。よろしくお願いします。

二　総会実務の根本的転換点となった2020年株主総会

1　2020年総会を振り返って

森　田　まずは株主総会が大きく転換した2020年の総会実務について，井上さまのほうからお話しいただけますでしょうか。ある程度大きめのお話になるのかもしれませんが。

井　上　ではご指名ですので，私のほうからはちょっと大きめな話だけさせて頂いて，中川さんにあとで補足をいただきたいと思っております。

私は今回の2020年の定時総会は５つの特徴があったと思っております。

第一に，決算・監査手続の遅れによる継続会の実施あるいは開催の延期があります。特にグローバルに事業を展開している会社では，海外子会社の監査等で時間を要したところがあったようです。

第二に，来場の抑制です。これは新型コロナウイルスの感染予防ということで，多くの会社が実施した措置でありますが，招集通知に来場を控えていただくよう記載するとか，さらに進んで定員制，事前登録制を取るなどして，株主の来場数を抑えるという動きが一般的な特徴としてありました。統計によると，昨年比で上場企業全体でも８割くらいは来場者が減ったようです。

第三に，ハイブリッド型バーチャル総会が登場したということです。ちょうどコロナ禍が本格化し始めた頃，2020年２月26日に経済産業省から「ハイブリッド型バーチャル株主総会の実施ガイド」がタイミングよく公表されていたことも，企業側の導入を後押しすることにつながりました。準備期間が短い中では難しいといわれていた「出席型」を実施する会社も現れ，2020年はバーチャル総会の実質元年であったということです。

第四に，これも感染予防という観点から行われたのだと思いますけれども，運営の合理化・簡略化というのも１つの特徴だったかと思います。事前行使に資する情報提供あるいはコミュニケーションの機会確保のため，事前質問の受付やビジュアル資料の総会前開示などを行う。それらとともに，当日はソーシャルディスタンスを確保した会場設営，会社側からの報告時間の短縮，株主の質問数の制限等を実施した企業が多くありました。冒頭に少し触れましたが，元々大規模総会を見直して総会の運営を合理化しようという企業サイドの動きがある中で，コロナ禍がそういう動きを後押ししたという側面はあるかと思います。

第五に，コロナ禍にもかかわらず，株主提案が活発であったということです。アクティビストの活動の活発化という近時のトレンドが，これは大きな流れとしてあり，それはコロナ禍の影響をほとんど受けなかったというのが私の認識でございます。大きなところはそういうことかなと思います。

では中川さんのほうから補足していただけますでしょうか。

中川　ありがとうございます。株懇としましては，毎年，全株懇調査という，アンケート調査を行っています。そこで，2020年コロナの影響で総会の中でのデジタル対応に関連するようなものが，どのように変わったのかを簡単にご紹介させていただこうと思います。

2　招集通知のデジタル対応

中川　まず招集通知の発送関連でございます（**図表３－１**）。

従来から招集通知の電子メールでの発信という制度がありますが，こちらは2020年は特に何も変わっていないというか，採用している会社さんの比率でいうと4.3％で，去年，4.5％だったので逆に減っている状況で，ほとんど利用されていないなという感じでございます。

次に，いわゆるウェブ開示なのですが，利用率は最近順調に毎年増えております。2020年のアンケート調査結果では68.4％。2019年が65％なので，3.4％ぐらい比率としては高まっております。数年先にいわゆる電子提供制度が導入されますので，それに向けて徐々に電子提供，つまりインターネットでの提供というのが広がってきているなという印象でございます。なお2020年にはコロナ禍の時限対応で5月に法務省令が改正されまして，ウェブ開示の対象がかなり広げられましたけれども，そちらのほうの利用状況を見てみますと，単体の貸借対照表・損益計算書のウェブ開示をされたのは14社で，かなり少なかったということですが，この点は，「何とか使わずに済んだ」というか，「万一の場合はこれが使える」というのは大きな心の拠り所になって，安心感という意味では非常に大きな意味があったと思っているところでございます。

それから招集通知の発送前開示でございます。こちらは2020年の利用率・採用率が85.6％，前年よりも0.3％ほど増えたということです。こちらは校了したらウェブに乗せるのは会社の判断でできますので，コロナ禍の影響というのはなかったということかと思います。

【図表3－1】

	電磁的方法による招集通知の発出	株主総会参考書類等のインターネット開示	招集通知の発送前開示
19年	4.5%	65.0%	85.3%
20年	4.3%	68.4%	85.6%

（出典）　全国株懇連合会「2019年度全株懇調査報告書」，「2020年度全株懇調査報告書」に基づき作成

3　事前質問の募集

中川　それから先ほど少し触れたのですけれども2020年は事前質問の募集をされた会社さんが増えたように思います（**図表３－２**と**図表３－３**）。

当日の来場自粛で，総会場へ行って質問する機会がなくなることに対し，来場自粛していただいた方にも事前質問という形で質問の機会がありますよということで採用されたのだと思います。事前質問の募集は実は全株懇調査でアンケート項目がございませんので，直接は読み取ることができないのですけれども，関連しそうなところで申し上げますと，これまでの一般的な事前質問の設問は用意があり，その中で事前質問の受取方法というのを見ますと，Ｅメールで受け取ったという会社が2020年は66社ありました。2019年が38社なので，倍近く増えています。この

【図表３－２】

	事前質問の受取方法				
	郵送	ファックス	Ｅメール	直接持参	口頭
19年	92	13	38	22	25
20年	78	7	66	10	12

（出典）　全国株懇連合会「2020年度全株懇調査報告書」掲載の図表を元に作成

【図表３－３】

	事前質問受取件数						
	1件	2件	3件	4件	5件	6～9件	10件以上
19年	81社	26社	14社	6社	1社	6社	8社
	57.0%	18.3%	9.9%	4.2%	0.7%	4.2%	5.6%
20年	82社	22社	10社	6社	1社	5社	13社
	59.0%	15.8%	7.2%	4.3%	0.7%	3.6%	9.4%

（出典）　全国株懇連合会「2020年度全株懇調査報告書」掲載の図表を元に作成

中には事前質問を募集された会社があったのではないかと思います。それから実際に受け取った質問の件数が10件以上，かなり多いというふうな会社さんが，2019年が8社で2020年が13社，5社ほどですけども増えていまして，多分積極的に募集された会社さんで増えたのかなと思っております。

4　個人株主向けスマホ行使の増加

中　川　次が電子投票制度の採用状況です（**図表3－4**）。

2020年のアンケート調査では電子投票を採用した会社が59.1％。2019年よりも8.1％増えました。毎年順調に増えてはきているのですけども，2020年は採用率が比較的大きく上がったと思っております。これは春先に外出自粛という状況になりまして，外出自粛になりますと株主さんが書面投票で議決権行使書をポストに持っていくことさえも不要不急の外出みたいなことになり，そのようなこともあって電子投票制度を急遽採用された会社さんがあったのかなと思います。

また最近の電子投票の特徴と致しましては，個人に的を絞って電子投票制度を採用する会社が増えているというのが，大きな流れかと思います。スマートフォンで行使する，スマートフォン用の行使サイトを採用している会社が増えているようです。電子投票を採用している会社の中で，スマホ行使も採用している会社が68.3％ということで，かなり定着してきています。

それから逆にICJのプラットフォームについて，電子投票を採用している会社の中で，ICJプラットフォームの採用率で言うと，前年比で減少しております。2020年は77.2％で，前年比ではマイナス6％ぐらい。ということは，電子投票制度を採用する会社で，プラットフォームは採用しないというところが増えている。これはすなわち，先ほど申し上げたスマートフォンでの行使のような個人の株主さんにご利用いただくということを念頭に電子投票を採用している会社さんが徐々に増えてきていると，そういうことだと思います。

【図表３－４】

	電子投票制度採用済	プラットフォーム参加済（電子投票制度採用済会社のみ回答）	スマートフォン用議決権行使ウェブサイト参加済（電子投票制度採用済会社のみ回答）
19年	51.0%	83.2%	
20年	59.1%	77.2%	68.3%

（出典）　全国株懇連合会「2020年度全株懇調査報告書」掲載の図表を元に作成

中　川　実際に電子投票でどれぐらい議決権行使がなされているのかというところを見ますと（**図表３－５**），50％以上，半分以上電子投票で行使されてきていますという会社さんが，2020年はアンケート調査では31.6％，３割を超えました。2019年よりも3.7％ほど増えているということです。

これは来場自粛，事前行使のお願い，そういうものの中で，機関投資家さんも当然，電子投票をされているわけでございますけど，個人の株主さんも電子投票を利用された結果ではないかなと思っております。

【図表３－５】

	議決権個数ベース電子投票行使率（電子投票により行使された議決権個数／総議決権個数）						
	5%未満	5%以上	10%以上	20%以上	30%以上	40%以上	50%以上
19年	11.2%	4.1%	6.6%	11.8%	19.5%	18.9%	27.9%
20年	8.4%	7.4%	8.9%	10.0%	15.4%	18.4%	31.6%

（出典）　全国株懇連合会「2020年度全株懇調査報告書」掲載の図表を元に作成

5　総会当日のビジュアル資料採用率の低下

中川　それから総会当日の関係で，まず1つはいわゆる総会のビジュアル化です（**図表3－6**）。

総会当日，会社側の報告，事業報告等につきまして，動画とか，ビジュアルの資料，パワーポイントなどを用いて説明をするというビジュアル化です。2020年の採用率は83.6％。実は去年87.7％なので，マイナス4.1％，ちょっと減少しております。

総会の時間短縮ということを2020年は取り組まれた会社さんが多いので，時間短縮のために，動画とかビジュアル資料，ナレーション，そういうものは総会当日の利用を見送って，あらかじめウェブサイトに事前に掲載するなどの動きがあったと思います。そういったことの結果，ビジュアル化の採用率が少し減少したと理解しています。

【図表3－6】

	静止画のみ	動画と静止画	動画のみ	計
19年	66.9%	18.9%	1.9%	87.7%
20年	67.1%	14.5%	1.9%	83.6%

（出典）　全国株懇連合会「2020年度全株懇調査報告書」掲載の図表を元に作成

6　バーチャル総会の採用

中川　最後にバーチャル総会についてです（**図表3－7**）。

アンケート調査では，いわゆる出席型を利用しましたという会社さんが12社ございました。それからいわゆる参加型，ライブ配信は81社，比率でいうと大体4.9％，5％程度であります。前年の調査と比べますと，70社ほど増えています。2019年は10社だったのが2020年は81社です。それからオンデマンド配信ですが，2020年は採用した会社が177社。全体の比率でいうと，10.8%，１割ぐらいがオンデマンド配信を採用しています。前年比でいうと90社増えていまして，倍増しています。

2020年はコロナの感染拡大の中で，来場自粛をお願いする代わりに，株主のみなさんに，バーチャル総会，ライブ配信であったりオンデマンド配信であったり，会場に来られなくても，当日の様子をご覧いただく，そういう取組みが一気に広まりまして，ある意味，バーチャル総会元年というふうに言えるのだろうなと思っているところでございます。ざっくりですがデジタル対応の概要ということで，以上でございます。

【図表３－７】

	ライブ配信			オンデマンド配信			出席型バーチャル総会の実施
	株主にのみ公開	一般に公開	計	株主にのみ公開	一般に公開	計	
19年	5社	6社	11社	1社	86社	87社	
20年	60社	21社	81社	13社	164社	177社	12社

（出典）　全国株懇連合会「2020年度全株懇調査報告書」掲載の図表を元に作成

武井　ありがとうございます。今の一連のお話をうかがっていていろいろな傾向が見て取れましたが，2020年はコロナによって多くの総会実務がデジタル技術を活用してリセットされた年であったと言えると思います。いろいろな意味での合理性というか今後の新たな時代の株主総会の扉があいたのだと言えましょう。総会もやはり長年の歴史があるので，変えられるところと変えられないところとがいくつかあるわけですが，こういうところはなかなか変えられないという箇所も，2020年はいろいろな過去からのものを変える契機になった，リセットボタンが押された１年でした。１つの表れが今日取り上げているデジタル化だと思いますが，デジタル化の部分に限らずリセットボタンが押されたといえるかと思います。

7　総会実務担当とテレワークとの両立

武　井　総会の運営の話に入る前に1つ議論しておきたい点が，総会の実務担当者の方が，このコロナ禍の中でテレワークとどう両立できたのかという点です。特に4月から6月にかけて，総会実務として大変忙しい時期にテレワークと両立できたのかという点でもいろいろとご苦労があったかと思いますが，いかがでしたでしょうか。

前　田　テレワークが本格化したのは多分，緊急事態発令以降だと思うのですが，我々が総会に向けた準備を進めている過程でも，やはり会社に人が集まることがはばかられるような雰囲気も出てき始めていました。

資生堂は，3月25日が総会だったのですけど，毎年1週間前に，登壇する役員全員を集めて，社外も含めてリハーサルをやっていたのですが，今回のリハーサルについては，全員を集めるのはやめようということになりました。社長とコアな役員2，3人だけがリアルなリハーサル会場に集まって，あとは全員，音声会議システムで参加し，総会当日の留意事項を聞いていただいて，事前送付しておいた資料でご確認いただきました。

リハーサルが本当にフェイストゥフェイスでなくてもできる，ということが自分としても目から鱗でした。これまで全員が集まるのが当たり前だったものが，なんだ集まらなくてもできるね，ということで。リハーサルが一番端的なのですけども，2月，3月の総会直前までの打ち合わせを，ほとんどの場合，リモートをメインにしたということで，2021年に向けてもおそらくそれがより強くなっていくのではないかというふうに思っております。

猪　越　当社は3月の末ぐらいからテレワークに入りました。今回の総会を終えて，テレワークの状態でも総会の準備はできてしまうものなのだなというのが率直な感想です。

ただ，招集通知は印刷物ですので，例えば，色味を確認する色校正の作業は，物理的に印刷された紙を受け取らなければできません。テレワークをしている中で，どのように校正紙を受け取るのか，色をチェックしてもらうべき関係者にどうやって渡すか。たまたま印刷会社の担当の方と私の自宅が近かったので私の自宅に届けてくれる，というようなやり取りもありました。今回のコロナ禍における総会準備では，紙に印刷する必要があるということが，テレワークと両立するにあたってのネックになったかなと思っております。

もう１点は，先ほど前田さんも仰っていたように，リハーサルはリアルでやりましたけれども，当社も社内のミーティングはすべて，今日のこの座談会のようなバーチャルで実施致しました。

尾崎　当社の場合は，いわゆるテレワークとしては，「環境を変えることにより新たな発想を生み出す」「ワークライフバランスの実現」「BCPの基盤となり得る」効果を期待し，場所に縛られない働き方を目指す取組みとして，「どこでもオフィス」という制度が2013年にトライアルとして導入され，翌2014年に正式な制度としてスタートしました。当初は月間の取得回数に制限がありましたが，去年の３月からはコロナ拡大による緊急措置として回数制限がいったんなくなり，さらに10月からはDXやニューノーマルの観点から，一時的な措置とされていた回数制限の解除が正式に撤廃され，原則出社しなくてよいという事になっています。

私自身のことで言えば，対面コミュニケーションを大事にしていると言えば聞こえは良いですが，古い人間でもあったので，実は去年の２月ぐらいまでほとんど「どこでもオフィス」を使っていなかったのですね。しかし，３月の初旬からは原則家で仕事をしなさいと，あるいは不要不急がなければ出社しないようにというのがなかば強制的に実施され，部下にもそうしろという環境・立場にもなりました。お陰でようやく自分自身も「どこでもオフィス」にマインドをシフトしやり始めるようになりました。

ですので物理的な出社は，3月は臨時株主総会の本番とリハも含めて5日間，4月は総会会場下見の1日のみ。5月は2日間，6月もリハと本番の4日間だけでした。この出社日数で何とか頑張ってやったら，できましたという感じです。2020年は，株主総会という業務の面でも，自分自身の働き方改革の面でも，テレワークでもなんとかできるものだなという，手応えが摑めた1年でした。

松村　グリーは株主総会が9月でしたので，緊急事態宣言後，多少緩和されたあと，総会の準備が本格的になりました。ただ，株主総会については，ここ数年，毎年新しいこと，新しい仕組みを導入していたので，私はスタッフに，現場で必ず確認するよう何度も伝えていました。

2019年まで外部会場で開催していましたが，2020年は会場を本社に変更しました。この変更はコロナ禍をきっかけとしたものではなく，先にお話ししたとおり，IT技術活用のマイルストーンとしてバーチャル総会を実施するにあたって決定した結果です。新しい場所で株主総会を開催する準備は，とてもではないがオンラインではできないと思い，上司にかけ合って，運営準備の主要メンバー全員，総会前3か月は全員出社することとしました。「IT企業なのに」とも思いましたが，会場で，机の配置，議長と事務局の位置，それぞれから見える景色などを現場で確認しないと，机上や図面で寸法をもとに打ち合わせても，結局，現場リハで想定と違ったという思わぬことが起こります。このため2020年は対面ミーティングと現場確認中心で対応しました。

ただ，6月以前の緊急事態宣言時，全員が在宅勤務していたときは，Zoomで株主総会ができないかということで，模擬総会のようなものをZoomでやってみたりしました。結局，物理会場のないバーチャルオンリーになれば，株主総会の空間はインターネットなので，その場合はスタッフが在宅であってもオンライン上でのリハ，オンライン上での運営準備になるのだと考えれば，対面にこだわらず運営準備もできるのではないかと考えています。

井 上 私は現在，株主総会を直接担当してはいないのですけれども，十数年以上前に私が担当者をやっていた時のセンスでは，在宅勤務で株主総会の準備なんかできるのかなと思っておりましたが，当社の担当者も結構できていたみたいです。

背景に何があるかと考えてみると，やはり昭和の時代，あるいは90年代末ぐらいまでの時代だとですね，総会屋対策というものが大きくのしかかってきて，総会屋に突っ込まれないようにとにかく招集通知も一言一句間違いは許されないというものすごい緊張感の中でやっていました。これはいまの担当者の方には分かっていただけないかもしれない，恐ろしいほどの重圧でした。私が招集通知を担当している時は，うちの会社では全員校正みたいなものを７回か８回やるのです，定時後に。それを３時間から４時間かけてやってという話で，そういうことをして，とにかく一言一句間違いがないようにしなければならないという緊張感がありました。ウェブ修正ができるようになって，意外と簡単に間違いを修正したりする世代を見ていると，うらやましいと思ったりするのですが（笑），底流には株主総会実務のそういう大きな変化があると思います。昔はとにかく間違いをしてはいけないのだと，社長に恥をかかせてはいけないのだとかという緊張感があったのですけど，そういうものが少なくなってきていることが，オンラインを活用して在宅でできる背景にあるのかもしれません。感想めいたことですが。

三 「招集通知が紙でなくなること」のメリット・期待

武 井 ありがとうございました。ただいまご紹介いただきました点はこれからも折に触れ出てくるかと思いますので，ではここから各論に入っていきます。

最初に招集通知関連のデジタル化です。先ほど中川さんのほうから招集通知に関するマクロのデータのご説明がございました。現行法での電子メールは個別の同意がいるので依然として各社さんあまり使っていないままだと。電子メール自体は便利ですが，個別に流す形態ですので，4.3％ほどであまり使われていないままだということですね。

今回の2019年会社法改正での電子化の改正法施行までの間は，招集通知を早めに自社ウェブで開示して，機関投資家の方にも早めに議決権行使等を準備していただくということになります。

招集通知や参考書類を作って届けるところまでのデジタル化に関連して，自由にコメントをいただけましたらと思います。

1　紙の印刷に伴う苦労

猪越　当社は例年4月に行っていた決算発表が，コロナの影響で5月中旬に遅れました。そのため，招集通知作成のスケジュールもなかなか固まらず，印刷会社さんに「本当にもう決めてくれないと無理です」と，長年，招集通知を作成していて，初めて言われました。

当社は，株主数が約40万名ですので，この人数分の招集通知を印刷するために，印刷会社さん，それから印刷された招集通知を封入してくれる信託銀行さんと随分前から，スケジュールを調整して，印刷機や封入の機械を押さえてもらっています。それを急遽，「悪いけど1日ずらしてくれないか」と言っても，他社さまの印刷・封入のスケジュールに影響が出てしまいますので，そういう意味ではやはり印刷物を作らなくてはいけないというのは，臨機応変な対応が難しくなる要因になると思います。

あとデジタルに絡めて申し上げると，今回，招集通知のサイズを縦長ものから他社さまが多く使われている20センチ×20センチの正方形に変えたのですけれども，表紙をどうしようかと，なかなかデザインが決まりませんでした。しかし，表紙に，総会当日の来場自粛を要請する文言や，議決権をぜひスマホで行使してくださいという文言を入れることで，自ずと表紙が固まったところはありました。同様に封筒にも，来場自粛の要請文言に加えて，スマホですぐに議決権行使ができるように，議決権行使サイトに飛ぶことのできるQRコードも印刷しました。結果として，スマホからの議決権行使の割合が増えましたので，今回のコロナへの対応が，議決権行使のデジタル化を進めることになったと感じております。

最後に，電子メールによる招集通知についてですが，当社も利用されている株主の方はあまり多くありません。招集通知を電子メールで受け取る株主の方に対して，紙の招集通知を送ることはないので，あわせて議決権行使書もお送りしていなかったのですが，ご自身がメール承諾株主であることを忘れて，招集通知が送られてこないとか，行使書が入っていなかったというようなお問い合わせを受けることがあるものですから，あるときから行使書は送るようにしたのです。ただ，行使書だけを送るのも素っ気ないような感じがしたので，総会の日時・場所や議案など，現在，アクセス通知といわれているようなものを作って，紙の招集通知の代わりに送っております。

また，先ほど井上会長から校正のお話がありましたけれども，私も印刷して校正することに慣れてしまっているので，家のプリンターのインクの減りがとても早かったです（笑）。

前田 今のソニーさんのお話と被らない話を少しいたします。資生堂では実は今，100ページの招集通知を無線綴じというホチキス綴じではない形で作っております。2023年の改正法施行までのあと3回くらいですかね，会社法で全部紙がなくなる手前のところまではこの100ページの招集通知を作っていくつもりです。

電子化に向けてという話で言うと，個人的に一番楽しみにしてるのは，Webの特性を活かせることです。我々はたくさんのブランドを持っていまして，電子化することによって各ブランドのサイトへのリンクとか，サステナビリティレポートみたいなものも，まとめたりしていますので，リンクからすぐに飛べてビジュアル的に会社を理解しやすくなっていくと期待しているところです。あと2，3回はこの100ページの中でいかに当社の理解を深めていただくかというところに取り組んでいるのですけど，まさに今その過渡期かなというふうに思っています。

井上　資生堂さんというのはコーポレートガバナンスの実態も開示も日本最高レベルの会社でいらっしゃいますので，日本の上場会社全体で見たときに，多くの会社さんが前田さんのおっしゃるような感じになっていくのは，まだ先のことなのかなとも思います。業界では有名な話ですが，エーザイさんは，電話帳のようなものすごい分厚い招集通知を作っていらっしゃいます。

もう一点補足しますと，私の勤務先である三菱重工の招集通知は2020年で言うと50ページなのですけども，このようなハンディな招集通知にも良いところがあると思うのは，要は情報が集約されているのですね。現在，情報というのは拡大・拡散する一方なので，とにかくいろんなものを入れるという，開示を拡充するほうが良いという考えが強いです。情報学総論みたいな話になってしまいますけれども，現代社会においては，特にインターネットの普及後，情報というのは著しく拡大・拡散のほうへという流れに向かっています。このような状況の中，個人レベルでは何が重要な情報がわからなくなることがありますので，重要な情報をコンパクトに集約したものがあれば良いなと思うときがあります。そういう意味で，当社のような招集通知はハンディで，特に個人株主さんにとっては，これはこれなりに価値があるのかなとも思ったりしています。

2　封入作業の苦労

中川　証券代行機関の立場として，2020年の総会がどうだったかといいますと，猪越さんからありましたとおり，招集通知には封入・発送というまさに物理的な作業がありますので，特に当社と致しまして一番恐れたのは決算・監査の遅延です。

みなさんの決算のタイミングが後ろにずれてくると何が起こるかと言うと，総会の開催日が集中日に大きな山になって，招集通知の発送がその2週間前。そういう会社がかなり多くなってまいりますと，当然招集通知の納品から封入発送までの時間的なところも少なくなってきますので，すごく窮屈になります。

封入の機械というのは，時間当たりで封入できる部数が決まっています。そのため，全台24時間動かしても2週間前の発送ができなくなるということも想定されまして，そうなった場合に法的なところがどういう取扱いになるのか，法的責任とか，非常にその辺を大変危惧しました。特に4月あたりはそんな時期がありました。

そのあと，継続会の活用といったお話も出てきました。継続会が利用できれば先ほど申しあげた大きな山も回避できるかもしれないということで，一生懸命そういう情報提供をご委託会社の皆さんに差し上げて，延期とか継続会というそういう選択肢もありますという情報の周知に努めたこともございました。最後は封入という物理的な作業があるものですから，そこは本当に大きな山になった場合のリスク。加えて感染リスクというのも当然ございますので，作業している場所がクラスターになったらと，非常に戦々恐々として招集通知が発送できるまで怖い思いをしながら，びくびくしながら過ごしたと，そういうことがございました。

斎　藤　私が2020年の招集通知をいろいろ見ていて思ったのは，やはり議決権行使の方法について，パソコンやスマートフォンでの議決権行使のやり方の説明を非常に丁寧にわかりやすく書いている会社さんがすごく多くなったと感じました。

株主に対して議決権行使をお願いするというメッセージが非常に色濃く出たものが見受けられるようになりました。そもそも招集通知の記載自体は，株懇モデルもそうですが，文章ばかりが多いのです。そうではなくイラストとかでわかりやすく示すということも，これからのトレンドとして増えてくるだろうなという印象です。

武井　ありがとうございます。こうした点を踏まえますと，会社法改正施行の前からでも，コロナ対応も踏まえて，事実上のNotice & Accessの方向に日本は向かっていくということになるのだと思います。

四　議決権の電子行使の進展

1　個人株主によるスマホ行使の増加（QRコードの活用）

武井　最終的に議決権行使の書面を郵便で送りたいということがある限り，郵送自体はなくなっていかないわけですが，他方，先ほどの中川さんからのご説明ですと，個人株主の方向けのスマホ行使が，コロナの影響もあって結構増えていると。コロナでそもそも郵便ポストにすら外に出て歩きたくないという人がスマホ行使を行ったということなのかもしれませんが，スマホ行使がどんどん進んでいくのは今後変わらない流れではないかと思います。

総会関連のデジタル化対応の制度論では昔から，いわゆるデジタルデバイドという問題が焦点になっていたわけですが，コロナを経てそういうことも事実上解消してきたのではないかとも思うところです。

2020年のコロナで各種制度において，押印，書面，対面の見直しが全面的に行われました。これは株主総会実務にも根本的に影響をする流れでして，一連のプロセスの中でどこまでは紙でやっておいてどこからがデジタルで何とかなるのかというイシューもあります。

斎藤　当社ではスマホによる議決権行使は2018年６月から取扱いを始めております。年々採用される会社は増加しておりまして，当社の場合2020年６月総会での採用社数は，前年同月比で約６割の増加となりました。インターネットの閲覧も今はスマホが主流かと思います。ですのでスマホでQRコードを読み込んで議決権行使がパスワードなどを入力せずに一発でできるので，一度やったらこれは便利で止められないという株主さんの声が結構出ております。そういう意味では我々も会社さんに非常に勧めやすいです。今後，会社法改正で招集通知も原則電子化になりますから，そうなれば，招集通知もネットでの閲覧が原則になります。その次はスマホで議決権行使みたいな流れというのは非常にわかりやすいと言えます。今の株主さんで株をやっている方でスマホ見てない方もいらっしゃると思いますけども，かなりの人がもう，スマホは持ってるかもしれません。非常にそういう意味ではスマホと親和性があったので，これはもう流れとしては今後も非常に増えていくのだろうと，実感しております。

松　村　私も個人株主として他社さまの株を所有しているので，その観点から。今回スマホの行使が増えたのは，QRコードが浸透したことが大きいと思います。実際，代行さまから送付いただいている長いパスワードをいっぱい入れてPCで行使しようとは正直思わなくて（笑）。そもそも私の周りでは株をスマホで買い付けています。最近では，LINE証券さんとか，簡易な画面遷移で買えるようになっていますし，ポイントで購入できるサービスもあります。そうすると，スマホだけで手続が完結する中，QRコードがあれば，それを読み込んですぐ行使ができる。コロナ禍で浸透したこともあり，数字に表れているように感じます。一株主の意見ですが。

武　井　ありがとうございます。ちなみにQRコード自体は郵便で来ないと見れないのですかね。

松　村　ユニークなQRコードでなければならないので，これを株主にどのように提供するかというのは論点になります。今のように紙で送るというのは１つの方法ですが，QRコード自体が紙である必要はないですね。

武　井　確かにパソコン開いてパスワード入れるとなると面倒ですよね。紙にQRコードがあったほうが楽ですかね。

猪越　そうですね。

松村　メールで送るという方法もありますね。

前田　当社の今回の総会の時の内訳なのですが，総会前日までの議決権行使比率は63％で，そのうち機関投資家は，株主数でいうと463人，議決権比率で言うと61％を占めていてその9割以上が電子行使です。

個人がどうかというと，**図表3－8**の②と③のパソコンとスマホで，スマホのほうが確かに圧倒的に多い，倍ぐらい多いのです。でもパソコンでも1700人ぐらいの人が行使します。スマホとかパソコンでアクセスして，このぐらいの人数の方がやってくださる。電子投票を構える意味は，プラットフォーム経由で，機関投資家の実質株主が行使してくれることが大きいですが，当日出席できない個人の行使の窓口にもなっています。

【図表3－8】

	株主数	議決権個数	比率
①プラットフォームでの議決権行使	463人	2,441,090	61.2%
②パソコンでの議決権行使	1,741人	28,692	0.7%
③スマートフォンでの議決権行使	2,839人	42,729	1.1%
合計	5,043人	2,512,511	63.0%

武井　なるほど。パソコン1800人，スマホ2600～800人で合計約4500人の個人株主が，電子行使を行っていて，そこが株主数ベースではものすごく大きいわけですね。

前田　そうですね。だから議決権行使を促進するためにQRコードを行使書に印字するというのはすごく意味があると思っています。これはもう，このサービスが始まった時から，当社は使っています。

2　スマホ行使の増加によって個人株主の行使率も大幅に上昇

武　井　議決権行使の電子化の促進が１つのイシューになっています。皆さん，機関投資家の電子行使のプラットフォームをだいたい思い浮かべますが，電子行使となると，個人株主の方のスマホ行使の使いやすさも重要なのだと思います。先ほど，ICJの比率が下がるほど，分母の個人のスマホ行使が増えているというおもしろい現象が起きているとのお話がありました。ICJ加入者数が減っているわけではないので，個人株主向けのスマホ行使がそれだけ増えたというわけですね。

中　川　電子投票を採用している会社の中で，ICJのプラットフォームを採用している会社の比率が下がっているというのは，要は分母が増えているということですね。

武　井　個人のほうの電子行使だけ増やしてる企業も多いということでしょうか。

中　川　機関投資家の比率がそんなに高くない企業さんについては，そういう傾向が見られるのだと思います。個人株主は，前田さんのお話のとおり１名１名の議決権比率は当然低いわけですが，それでも数パーセントの行使率の嵩上げになる。個人の議決権の行使率が高まってくるという効果もあります。

武　井　特に2020年はコロナで郵便は行いづらかった面はあるのですけども，郵便オンリーでの場合と比較すると，スマホ行使を入れることで個人の方の行使率がどのくらい増えていますでしょうか。

中　川　数字としてはかなり上がっております。三菱UFJ信託銀行では，2019年３月から電子投票制度を採用しているご委託会社についてスマホ行使を標準装備としたところ，2019年６月総会では，個人株主の電子投票比率が前年比4.4ポイント増の11.2%になりました。2020年６月総会では，さらに8.0ポイント増の19.2%まで上昇しています。また，個人の議決権行使比率もここ数年上昇傾向にあり，スマホ行使が全体の議決権行使比率を押し上げているという効果があると思います。

武　井　ありがとうございます。ちなみに頭の体操なのですが，機関投資家はスマホ行使は難しいのでしょうか。

中　川　いや，そんなことはないと思います。行使書にはちゃんとQRコードが付いているので，やろうと思えばできるとは思います。

前　田　ただ実質株主だと無理ですね。

中　川　そうですね。

武　井　ということですね。QRコードが名義株主に紐づいたものとなると，実質株主はなかなか難しいですかね。

中　川　仰るとおりで，議決権行使書にQRコードをつけていて議決権行使書が名義ごとに送られますので，そういうことになります。

武　井　ちなみにスマホ行使のインフラの費用面はどんな感じでしょうか。

尾　崎　QRコードはうちもやっていると思うのですが，費用はそんなにかからないですよね。

松　村　私もそう思います。

中　川　これは代行機関でちょっと扱いが違うのだと思うのですけれども。先行してやられていた代行機関さんは，多分スマホ行使をするためには一応費用がかかるのだと思います。当社の場合はスタートが1年遅れた関係もありまして，もうみんな標準装備でやったらいいのではないかという議論になりまして，電子投票を採用される会社さんについてはQRコードセットで特段そのあたりの手数料はいただくことはなしで，やらせていただいております。

武　井　QRコードのインフラは，代行さんが提供されるインフラなのですね。

前　田　そうです。

武　井　それは名義株主と紐づいてるからですね。

前　田　そうですね。議決権行使書に印字してもらうので。代行さんが行使書作る時に一緒に印字して送ってもらうってことです。

武　井　シャレたQRコードは代行さんが割り振っているわけですね（笑）。

清　水　QRコードとかもご提供しておりますし，スマホ行使もセールスをしております。全株懇調査のところではスマホ行使を導入しない理由というのも聞いており，それほど数が多いわけではないのですけれども，採用しない１つの理由は費用面ということにはなっております。

武　井　でも，これからデジタル化が進んでいくと，いろいろな他の費用が浮いてきますよね。

清　水　QRコードを利用していただくのは代行機関にとっても非常にありがたいというか，電子行使とかでやっていただければ紙ベースではないのでカウントしていく手間もあまりないということになります。QRコードは証券代行としても販促をより考えていったほうが良いと常々思っております。

3　改めて高まる個人株主の重要性

井　上　総論的なところで１つ申し上げたいのですけれども，コーポレートガバナンスの話にしても議決権行使の話にしても今まで過去10年，15年くらいは機関投資家の発言力が増して機関投資家の要望中心に動いていたと思うのです。政策保有株式の縮減の要求などはその１つの典型ですが，企業側が安定株主として考えていた，例えばメインバンクや取引先の株主とかも，以前に比べるともうほとんどいなくなっている状況でありますから，事業会社サイドにとっては個人株主の重要性はこれから増すのだと思います。

我々の会社は以前から分厚い個人株主層を持っていて議決権ベースでは30％ぐらいはいます。行使率も30％そこそこなのですが，賛成率は9割を超えています。どこの会社でも事情は似ているかと思いますが，個人株主というのは，その会社の「ファン」であることが多いのです。

今後の中長期での経営環境を考えますと，日本だと個人が直接株を持つことが容易なシステムになっておりますので，会社を支持してくださる有力な層としては，やはり個人株主というのは無視できない存在だと思います。そこをどう考えていくかというのはこれからの企業経営にとってもやはり重要な問題だと思いますし，その技術的な細かいところはQRコードなどかもしれませんけれども，企業と株主との関係ではもっと大きな話としてとらえなければいけないのかなと思いました。先ほどの話を聞いてそう思いました。

武　井　ありがとうございます。これまでデジタルデバイドの議論もあってやや見過ごされがちだったというか，機関投資家が電子行使するのだったら個人株主も電子行使の機会を与えられるべき，スマホ行使を認めるのが当たり前というぐらいなのかもしれませんね。QRコードの導入はそんなにコストは掛からないのですよね。

斎　藤　そのようなご認識でよろしいかと思います。また，私の感覚だと大体個人株主対策に関心のある会社さんはかなりのレベルでスマホ行使の導入など，個人株主向けの議決権行使促進策をやっていただいているという認識でおります。ただ，今まであまり議決権確保に懸念のなかった会社でも，今後のコロナ禍においては個人株主向けの議決権行使促進策の重要性は増してくると思います。あと，先ほど井上さんが仰っていた点で，これからコロナ禍においてバーチャル総会やスマホ行使など個人株主についてどういうことをしていくのかというのは，非常に重要ではないかと思います。

4　議決権行使促進策としてのお土産/クオカード/電子カード等の送付

武　井　ちなみにコロナを経て多くの会社さんがお土産をなくしています。個人株主との関係で，お土産をなくしたままで大丈夫でしょうか。

前　田　資生堂では，株主を当日集めないために，お土産をなくす考えもあったのですけど，いろいろ検討の結果，今回は議決権行使した人全員にお土産を送りました。当社の場合，お土産は当社商品をご愛用いただき，ファン株主になっていただきたいという考えが底流にある中で，当日出席見合わせを推奨しているのに，出席した方にお土産をお渡しして，当方の推奨に従って事前行使した株主には何も渡さないのかという話になりました。そこで，だったら議決権行使をした株主全員に送るしかないということになりました。この対応は2020年限りの予定です。

武井　なるほど。そう言えば2020年は議決権行使をすればクオカードとかを送るという事例も増えていましたね。

前田　ちなみに当社は2021年ハイブリッドの参加型でやることを検討しています。総会のライブ配信をウェブで閲覧に来られた株主は，株主番号等を入力いただいて認証するのですが，会場出席より，事前行使をしたうえでのウェブ参加を推奨するため，ウェブ参加の方にリアル会場にいらっしゃった方と同じようにお土産を送ることについて，検討しています。（最終的に，昨年と同様に議決権行使者全員に後送で決定。）

武井　バーチャル参加でも土産をお送りする選択肢ですね。

前田　そうですね。2020年は，会場出席株主を急遽，大幅に削減する必要があると判断し，その手段として，議決権行使全員にお土産を送付することにしましたが，あくまでも緊急対応で，単年の対応であることを株主にご説明していました。2021年は，リアル会場出席だけでなく，ウェブ参加でも，総会当日に参加された株主にお土産をお渡しすることを検討しているということです。

松村　弊社でも，資生堂さんの総会運営はいつも参考にしています。2020年，お土産を郵送で送付したと聞いて，弊社運営のヒントにさせていただきました。弊社でも例年お土産の配布や，アンケートにご協力いただけた株主への景品配布をしていましたが，今年はコロナの影響もあり，物品を直接渡すことは避けたほうが良いだろうという議論になりました。一方で，お土産や景品配布をすべて廃止してしまうのもどうかと。そこで2020年は，アンケートに答えてくださった方に，物品ではなく電子ギフトを提供するという取組みをしました。株主所有のスマホでアンケート回答から電子ギフト獲得まで完結できる仕組みを採用しました。個人株主の電子行使促進にも活用できるのではないでしょうか。こういったお礼やインセンティブも電子化することによって，今現在，スマホやPCをあまりご活用されていない方々がこれらを活用してアクセスするモチベーションにつながるのではないかと考えています。

尾　崎　実はオンライン出席の方へのアンケート回答のお礼は我々も少し考えていました。2020年はさすがにオンライン出席型の運営だけで精一杯だったので断念しましたが，アンケートに答えてくださった方へのお礼は考えていきたいなと思っています。

5　デジタルへのアクセシビリティを高めること（デジタルへの敷居を低くすること）

武　井　DXやデジタル化対応は2020年の一大テーマとなり，デジタルガバメントという話もかなり前に進んでいますが，総会関連でもデジタル化を進んでいく流れなのだと思います。

さきほど松村さんも仰った，「デジタルへの敷居を低める」というのはとてもいい視点だと思います。デジタルへのアクセシビリティを高める。その一環として，電子カードを送るとかそういうことをやってでも，デジタルデバイドの方をデバイドでなくすというのが，今の日本のデジタル化の流れの中でも重要な話なのだと思います。

2019年会社法改正で招集通知を電子化しようとしても，まだデジタルデバイドという話が出るので，日本ではNotice & Access制度に書面請求権がついたわけですね。書面請求権があるままだと真のデジタル化にはならないわけですね。法改正の議論はコロナ前でしたが，コロナ後でデジタル化の流れは大きく変わりました。その意味でも，デジタルへのアクセシビリティを高めることは大変重要なのだと思います。しかも平均3割という今の個人株主の行使比率がもっと上がると，それはそれでいろいろな意味でプラスですし，またその効果もデジタル化でもっと見えやすくなるかと思います。加えて2020年のコロナを経て総会の会場費用は減少傾向になるのでしょう。総会関連は元々予算が限られているわけですが，こういうデジタルのインフラ投資に予算を投入していく話ですね。

尾　崎　2020年６月総会におけるハイブリッド出席型の準備では，パッケージの商品がなかったため開発会社とゼロから開発していったのですが，通信障害のリスク分散と同じくらいに社長を含め気を遣ったのは，ユーザーインターフェース（UI）の観点でした。

UI，UXの観点，株主からの視点で，操作してて嫌になったりストレスになるようなものにはしないということに関しては，ものすごく神経を使いました。ヤフーのウェブデザイナー，エンジニアにも入ってもらい，とにかく簡単，シンプルにすることを命題として掲げ，作り込みました。

武　井　アクセシビリティを高めることですね。

尾　崎　はい。ただやるだけでは駄目だということをプロジェクトチームでは常に考えていました。

武　井　大変大事な視点ですね。

井　上　１つ現状を補足させていただきますと，上場企業約3,800社全体でみますと，株主総会のデジタル化への対応についてはまだまだという企業さんのほうが，圧倒的に多い状況ですね。

武　井　なるほど。

井　上　数十万人単位の株主がいる，ものすごく株主数が多い会社とか先進的なIT企業とかは，デジタル化への取組みを積極的に推進するということもありますけど，自社の会議室で総会を行って，いらっしゃる株主さんは四，五十人とかっていう会社が結構多いわけです。そうした会社さんとかでは，ハイブリッド出席型まで行うインセンティブはあまりないのではないでしょうか。要は担当者の気持ちになると，費用と手間がかかる上に，それだけならまだしも書類作成や当日の運営で間違えるリスクが増えるのが嫌だとか，そういうことで判断されてる方もいるのかなと思いました。しかし，日本企業における総会業務のプレッシャーを考えると，これは無理もないことなのですね。私もそのようなプレッシャーを味わった1人としてよくわかります。

武井　なるほど。

前田　あとオーナー企業だったりすると，個人株主の議決権についてあまりコストを掛けて行うことはしないですよね。

武井　ちなみに議決権行使についてブロックチェーンを導入した事例も出ていますが，いかがでしょうか。

松村　そうですね。バーチャル総会やります，そのシステムどうします，物理とインターネットの株主がいます，運営の準備をします，さて行使はどうしようか，ブロックチェーン使います……と，どんどんやるべきことやコストがアドオンにならないことが重要だと思います。ワンストップのシステムやサービスの中に組み込まれていれば，1つの良い仕組みになると思います。

井上　今の点を含めて，四，五十人しか来ない会社さんで，いろいろな対応で費用が大きくなると，もうとにかく適法・適正にやれば良いというだけで終わってしまう。そういう現状の企業は相当数あるかなと思います。

五　リアルの側の対応

1　事前登録制

武井　バーチャルオンリーでない限り，今後とも何らかリアルが残っていきます。その中でのリアルの側での対応について，次に議論します。例えば2020年のコロナで必然的に求められた入場者数の制限とか，それとの関連での事前登録とかがありました。リアルをどうやって確実に小さくするのかに取り組んだのが2020年のコロナ禍の下での総会でした。

尾崎　2019年までは，座席数約5,000人の東京国際フォーラムAホールで実施していました。元々国際フォーラムはオリンピック会場として予定されており，2020年は借りられなかったという事情がありましたので，実は都内に新たに出来た約8,000人収容のホールでの実施を考えていました。

武井　ちなみに例年はどのくらいの数の方が総会にいらしていたんですか。

尾崎　大体1,500人前後ですね。去年は1,751人でした。

武井　5,000人の会場というのは相当広いですね。

尾崎　そうですね。5,000人に対して1,500人前後なので，相当余裕はありますね。しかし2020年に関しては，入場者数の制限として事前登録制とし上限を20名にしました。場所は社内セミナールームにしましたが，もし8,000人のホールに20名とかですと，相当シュールなことになってしまいましたね。ちなみに20名にした趣旨ですが，社内セミナールームのキャパシティで，ソーシャルディスタンスを確保することを前提として，結果20名までは入れるだろうということで，設定しました。

【図表３－９】

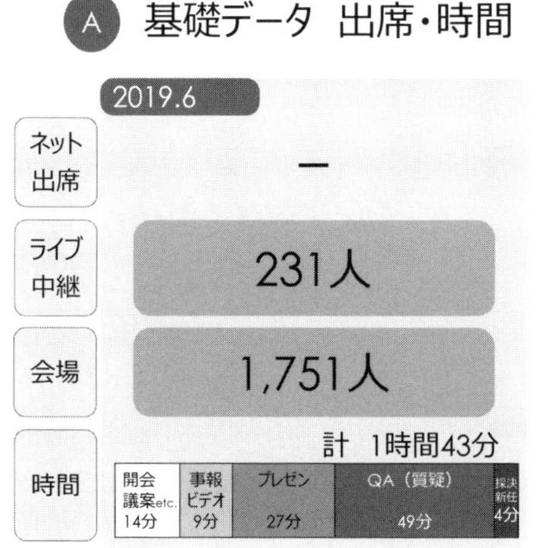

図表３－９をご覧ください。会場に関しては2019年は1,751人で，

2020年は18人の方がいらっしゃいました。会場の規模を縮小しますので事前登録してくださいとしました。事前登録で20名まで達すればそこで締め切りとしたのですが，実際に事前登録された方は9名のみでしたので，差し引き11名までは事前登録なしで直接お越しになった方にご入場いただくこととしました。当日は，事前登録9名のうち2名が開始時刻までにご来場されませんでしたが，いつこの2名が来場されるかはわからないので，事前登録なしの方で12番目以降の方はお帰りいただくこととなりました。

一方，ネット出席ですが，92名の方にログイン，ウェブサイトにアクセスして出席いただきました。そのうち，議決権行使までされた方が80名いらっしゃいました。

また，**図表3－9**の「ライブ中継」は，オンデマンドのことです。これは2013年からやっているのですけれども，ログイン不要，オープンで傍聴できる形式のものですけれども，これに関しては，2019年は231名でしたが，2020年は倍以上の567人の方にご覧いただきました。先ほどアクセシビリティの話もありましたが，ログインなどの手間はかけずに傍聴だけしたいという株主さま，あるいは弊社への投資を考えてくださっている株主ではない一般の投資家の方々など，そういう方もいらっしゃるだろうと考え，プレーヤーの再生ボタンをクリックするだけで傍聴できるよう，従来どおり弊社のウェブサイトに設置しました。

2　包括委任状の取扱い

武井　ちなみに，リアル会場を小さくするときに包括委任状の出席についてはどういう感じでしたでしょうか。

井上　大株主の包括委任状を持って会場にいる人は，2，3人程度の会社が多いのではないでしょうか。5人も10人もそういう人はいないと思いますが。

武井　その人はリアルで行くわけですよね。

井　上　そうですね。大株主やその包括委任状の受任者は，総会当日の議事運営上，大変重要な出席者なので，万が一のことを考えてリアル会場に出席したのではないかと推測しています。当社の2020年6月26日の定時株主総会の出席者は105人で，昨年2019年の777人に比べると，9割近く減少しました。席自体はソーシャルディスタンスを十分に確保するということがまずありきで，収容人員が1,000名程度の会場に300席くらいしか設けませんでした。

ちなみに当社は事前登録制はとらなくて，招集通知に来場の自粛要請文言を入れて，総会の1週間前から報告事項のところだけを，自社のWEBサイトで流すということをしました。6月ですと大分コロナの状況も落ち着いてきて，みんな総会に行こうという雰囲気ではないけれども，ソーシャルディスタンスが確保されている会場だったら行っても良いかという株主さんもいらっしゃるというぐらいの感じだったので，その他は自然体で進めました。ソニーさんの総会出席者のデータを見ても，去年の出席者と2020年を比べた出席率は当社の比率と大体一緒なんですね。ですから，多くの会社で出席者数8割以上減というのが2020年の6月総会の自然なトレンドだったと思います。

六　事前質問の受付

1　事前質問の受付も2020年から新しい時代に

武　井　次に2020年は，事前の質問の受付が結構いろいろな意味で相当進んだ年でもありました。会場に当日来れない分，事前に質問を受け付けることは1つの合理的手段になったかと思います。

尾　崎　株主との対話を，目的事項や成長戦略に関するものになるなど，より充実したものにしたいということの取組みの1つで，実は2000年代の初頭から，事前質問の受付をやっておりました。

事前質問があまり集まらなくなった時期，2016年から2018年までの3年間中断期間があったのですが，徐々に株主総会において個人的なお困りごとの質問が増えてしまい，目的事項に関するご質問がされずに議場の雰囲気も良くないよねということもあり，2019年の６月総会から，事前質問を復活させました。当日に先立ち，会議の目的事項に関するご質問をぜひ送ってくださいということで，弊社のコーポレートサイトから質問を投稿できるように復活させました。

そして事前質問の中から，目的事項に関するご質問，ご関心の高い事項をピックアップし，当日，質疑応答の冒頭で回答をする。場合によってはスライドを交えて回答した上で，「さあ会場の皆様ご質問をどうぞ」としています。

ただ，事前質問の回答を行ったがために，当日の質問が押されてしまうのは本末転倒になりますので，事前質問を行っていなかった時代の当日質問時間と同等の時間を質疑応答に充てました。肌感覚ですけれども，成長戦略プレゼンテーションと事業報告ビデオの時間数を足した時間以上は最低限確保しておいた方がよいので，１時間程度，当日の質疑応答を行っていたという感じです。

2020年のハイブリッド出席型に関しては，コロナの影響による規模の縮小と時間の短縮を，あらかじめ招集通知や当日の議事進行でもアナウンスをしていましたので，準備段階では，事前質問を３つ，次いで会場からの挙手による質問を３つ，最後にウェブからの質問を３つ取り上げるというシナリオを描いていました。

あとは当日の状況を見ながら，フレキシブルにいこうという感じで，事務局で采配しました。結果，事前質問3問と会場からの質問３問はシナリオ通りでしたが，ネットからの質問に関しては，届いた７問とも全部取り上げて回答しました（**図表３－10**）。

武　井　ちなみにネット出席者からの質問は，その事前質問を答えるとか目の前の質問を答えている間に，ネットから質問がきて，最後に対応するっ

【図表３－10】

基礎データ　QA

出席・時間　質問

✓ ネット質問は、成長戦略や議案に集約されていた
✓ ひとり1問・200文字に、株主様ご自身がきれいにまとめてくださった

2019 ： 49分

－

会場　11問

成長戦略、事業戦略	5件
サービス固有	2件
株価、株主還元	2件
その他	2件

※事前質問除く

2020 ： 31分

ネット　7問

会場　3問

≪ネット≫

議案	3件
成長戦略、事業戦略	4件

≪会場≫

成長戦略、事業戦略	1件
サービス固有	1件
従業員持株会	1件

てそういう順番になるのですか。

尾　崎　そうですね。やはり会場に来ていただいた株主の方を先に扱わないといけないというところは，固めに運営したということです。

松　村　当社でも，2020年，初めて事前質問の受付を行いました。なぜ導入しようとしたかというと，対話の拡大のため，媒体や方法を増やして，多くの株主さまの声を受け付けることが目的でした。コロナ禍があって，入場制限をしたので，株主の納得感を得るためにも，質問を受け付ける機会を増やすという判断をしました。

実際，実施してすごく良かったと思っていて，ぜひ続けたいと考えています。理由はいくつかあります。総会当日，事前質問に回答したあと，リアル会場の株主さまから質問を受け付け，最後にインターネットの株主さまの質問に回答するという順番で実施したのですが，これは，インターネット株主の質問が，質疑応答開始時点で一斉に入ってしまうと捌く時間がないのではという懸念があったためです。選定基準に従い選定し，さらに回答を準備する時間がないのではと。その対策として，事前質問の回答をある程度シナリオで準備することで，質疑応答開始時点からインターネット株主様の質問受付まで，一定の所要時間を持つことができ，これが1点目の良かった点です。ちなみに，インターネット株主からの質問により余裕を持って対応できるように，総会冒頭で，今からでも質問の受付は可能という案内を併せて実施しています。

2点目は，事前質問への回答準備です。リアル会場のようにその場で回答を準備するわけではないので，必要に応じて事業側の責任者に確認することもできるので，入念な回答を準備することができました。当然，想定問答も用意はしていますが，その場で即時回答を行うよりもさらに適切な回答ができますので，対話の深化に寄与すると考えています。

3点目は，中長期的な視点も入ってしまいますが，株主との対話・コミュニケーションを総会当日ですべて完結しようとすると，例えばシステム障害へのリスクが必然的に高まる。それが株主総会の事前と事後の期間も利用し，対話の窓口や手法を分散させることによって，総会当日の運営コストもリスクも軽減できると実感しました。

2　事前質問受付は総会における質問の質の向上につながる

武井　日本はアメリカと違って総会当日の説明義務という法的規律を課してしまっていて，総会当日のことを重たくした法的仕組みになってしまっています。そのように当日を重たくしていればしているほど，システム障害のリスクへの対処がまた重たくなってコストもかかるわけです。欧米型のようなIR型株主総会にしていって，総会当日の重み，負荷が減って説明義務の解釈も厳しくなくなっていくことで，総会決議取消の懸念もより減っていくと思います。

猪越　以前から事前の質問受付をやっておりまして，始めた時の目的は，株主の方が，どういったことを総会でお聞きになりたいのか，あらかじめヒアリングして，その内容を議長やCFOからの事業報告等に反映させようということでした。

武井　総会当日のシナリオの事業報告に，ですね。

猪越　そうです，そこに盛り込む。株主の方が知りたいことをこちらから発信しようと，あらかじめどういったことが質問事項として多いのかを聞いてみようと思い，事前質問を開始しました。このような目的で始めましたので，招集通知には，「総会当日の事業報告の中で取り上げさせていただくかもしれませんのでご質問ください」と書いていました。

2020年の総会においては，感染予防の観点から，総会全体の時間は40分を目処にしようと決めておりました。当社は毎年，総会を大体１時間半ぐらいやっていまして，そのうち事業報告などが40分ぐらいあります。これを今回はなくす，あるいは短くしようということになりました。そうすると，事前にいただいたご質問を事業報告等に反映させることが難しくなりますので，いただいた質問にそのまま答える形にしました。そのため今回は，招集通知の記載を「総会でお答えさせていただきますのでご質問ください」に変えました。

結果として，議長が簡単に業績の説明などをした後に，事前にいただいた質問から４問，会場からも同じく４問の質問に対して回答をしました。当社では事前の質問受付の目的が，コロナの前と後で変わったと思います。

井上　私が株主総会担当になったのは1998年で，総会屋が活動していた本当に最末期の時代でした。その頃はまだ，総会の１週間前くらいに総会屋から，千本ノックみたいな質問状が来信していました。いまの人は想像できないかもしれませんが，計算書類に関する細かい質問が200問くらい記載されている，そんな質問状です。その時に何とか会社主導型でやれないかということで，企業側もいろいろ考えまして，株主総会の議事進行について，一括上程一括審議方式を採用しつつ，質疑応答に入った直後に，総会屋から来た質問状から説明義務に触れる重要問題を抽出して議長が一括して答えるというやり方がありました。それはあくまで企業防衛的な運営で，総会運営の適法性を確保するためやっていたわけです。要は説明義務違反を起こさないようにという文脈でやっていたのですけれども，今のお話を聞くと，事前質問を受け付けることの新しい意味づけができるように思いました。

一般の個人株主さんが関心を持っている会社経営上の重要問題でありますとか，説明義務に触れるような問題を抽出して，質疑応答の時間の冒頭に議長が答えることで，会社側から重複した質問を何回も答えるという手間も省けますし，その場でそういう重要問題に対する会社のスタンスを聞いて，また議論が深まるという効果もあると思います。これは当日の会議体としての総会を充実させるという意味でも，コロナをきっかけに新たなツールとして今後生かしていけるのではないかという感想を持ちました。

武井　確かにそうですね。

尾崎　それで言うと，さきほど「株主様との対話をもっと有意義にするために」と一言で済ませてしまったのですけど，実は我々もソニーさんと同じ趣旨でやっています。

つまり，株主総会とはこういう質問をする場なのだということが，事前質問に先にお答えすることで，会場にいらっしゃる株主さんがご理解する。その逆のことが起こったのが事前質問を復活する前の2018年の株主総会だったのですけど，トップバッターのご質問の方が，会員費の請求に関するパーソナルなご質問，個人的なお困りごとから始まってしまったので，割と会場の雰囲気がそちらに引っ張られ，その後もそういったご質問に終始したということがありました。

先ほど猪越さんが仰っていたことと大体重なるのですけれども，やはり最初に経営の重要課題ですとか成長戦略，議案に関する質問がされると，なるほどねと株主が刺激されて，それに付随した質問をしてくださるというような効果も，コントロールはできませんが結果としては明らかに出ているかなと思いますね。

武井　確かに会議体って最初の質問は大事ですものね。それがトーンというか流れを決めますしね。

松村　今お聞きしていて，事前質問をもっと早くやればよかったと思っています（笑）。数年前から質問の内容を会議の目的事項はもちろんのこと，経営や事業に関することを中心にしたいと考え，本会場に株主用の机を設置しました。その机にクロスをかけ，飲み物もちゃんとコップで用意し，数百人１人ひとりの株主さまにファイリングした資料を設置するなど，いわゆる『室礼（しつらい）』を会議体として充実させることで，「皆さまは投資家なんですから，変な質問しないでください」という雰囲気を醸成するという工夫をしていました。来場株主さまには大好評で，自分としても知恵を絞ったなかなかの施策と思っていましたが，それよりも事前質問を早く導入すればよかったですね（笑）。

七　総会当日のライブ配信と総会後のオンデマンド配信

1　ライブ配信

武井　先ほどの中川さんのご紹介で，オンデマンド配信が177社とありましたが，これはYouTubeとかで誰でも見られる形態でしょうか。

中川　この177社という数値は，オンデマンド配信で合算していますけれども，オンデマンドであっても，誰でも見られるパターンだけでなく，株主の認証はするというパターンもあります。

武井　そうですよね。

尾崎　ライブ配信も同様ですね。

武井　Ｚさんの，誰でもかれでも見られるという配信は，珍しいのではないでしょうか。

尾崎　そうですね。多分比率でいうと，株主認証を入れられている会社さんのほうが多いとは思います。ただそれほど少数派というわけでもないと思います。

武 井　Ｚさんはやはり投資をしていただく投資家の方のことも考えて，ということですか。

尾 崎　そうですね。そこもありますね。また，インターネットが世の中をより便利にしてくれる，活用されるということ自体が，当社の存在価値を高めるということからライブ中継を始めたということもありますし，もともと四半期ごとの決算説明会もライブとアーカイブで公開してきたこともあってアレルギーもなく割とノリで始めたとも言えます。

ただし，実は結構覚悟は要ります。誰でも見ることができますので，質疑の回答の際に下手なことは当然言えないですし，そのうえで誰にでもわかりやすい表現で納得感のある回答をするということや，質疑以外の総会の仕切りなどもスマートさが求められますし，相当緊張感はあります。ただ，割と経営層が，公開することもそれによる緊張感も当たり前だという感覚を持っていますので，これに関してはある意味恵まれています。

武 井　なるほど。インターネットに対する貴社の企業理念に合っているわけですね。

2　肖像権等への配慮

武 井　オンライン配信の場合には，肖像権についてもよく話題になります。株主の方も，自分の言ってることが世界にオンエアされてるってことをわかって出席してくださいということも，注意書きはされていますか。

尾 崎　はい。招集通知でもお断りを入れていますし，株主総会冒頭の議事の進行のところでも，かなり強く案内をしております。弊社の総会に毎年お越しくださる方なんかは大体熟知されてますが，名前を言わずに，株主番号だけを言えば良いということは結構慣れていらっしゃる感じです。

肖像権が一般的には指摘されていることは当然存じていますが，撮る側の我々がカメラワークを気をつければ良いのだと思います。

武井　肖像権を気にして，その瞬間発言者とか株主の方が映らないように気をつけて映されてるわけですね。

尾崎　そうですね，もともと議長をフォーカスして撮影していますし，よほどの大立ち回りをされる株主がいない限り，映り込みは起こらないですね。

武井　なるほど。株主側の発言は声だけ聞こえていると。

少し話が違いますが，肖像権に関して，誰でも見れるオンライン配信でなく閉じたパスワード型の株主総会のオンライン配信でも，やはり肖像権を気にする例が多いようです。しかし別にリアルだったら，みんなの前で名前を言って質問しているわけで，どこまで肖像権って気にするのかとは思うのですが。

尾崎　経験を積み重ねて映り込みが起こらないことはわかっていきましたが，やはり一番最初は気にしました。ちゃんとシナリオを作り込んで，万が一にもちょっとでも氏名を言いそうになったらカットインして氏名は言わないでくださいという事前のすり合わせはかなり入念にやりました。けれども，いざ蓋を開けてみたら，それが起こらなかったですね。むしろ株主番号すら言わずに質問をし始める方に，「株主番号を言ってください」というパターンの方が，恒例でした。

武井　リアルのほうでも株主番号も言わずに何か発言する人に対して株主番号を求めています。ネットになった瞬間に肖像権だと言って画像消して音声しか流さないという選択肢しかないのかというのだと，ちょっと違和感がありますね。

松村　私も武井先生の仰るとおりだと思います。Zさんは，ライブ配信を株主に限定せず，投資家にも配信するパターンですが，グリーの場合は，ライブ配信は株主限定としていて，おそらくこの先も株主限定で開催すると思います。

この場合において，リアル総会に出席している株主様は他の株主様の顔も服装もすべて会場内では見えているわけですので，ライブ配信においても肖像権についてはあまり気にする必要がないと考えています。そもそもバーチャル総会の基本設計を行う際，まずリアル総会で培った運営ノウハウをベースに，インターネット上でそれを再現するという方針で設計検討しました。物理でOKだったら，インターネットもOKではないのかがスタートラインです。ライブ配信を株主ではない投資家にも公開するとなると，基本設計の方針が崩れ，別の議論が必要となります。

武　井　なるほど。こういういろいろな例があるのがわかるのは大変重要だなと思います。

松　村　ただその代わり，総会が終わった後に，株主以外も閲覧することができるオンデマンド配信を実施しています。事後の総会配信は編集し，株主に限定せず，投資家の皆さんに広く配信するということでバランスを取ってます。

武　井　そのオンデマンドでは，肖像権については編集して対処してあるわけですね。気にして。

松　村　はい。映り込んだ場合はぼかしを入れるなどの対応をしています。以前，カメラマンが引きで議長とステージを映していたとき，会場後方のカメラマンと議長のライン上にある真ん中の通路を，カメラに向かって歩いて来られた株主様がいらっしゃいました。カットできない場面でしたので，ぼかしを入れました。

猪　越　当社は以前，株主限定でライブ配信をやっていたのですが，そのときはやはり株主の方は映していませんでした。もし声も流したくない株主の方がいらっしゃっても対応できるように，「ただ今，株主の方がご発言中です」というテロップを入れる準備をしていました。

武　井　そこまでやられたんですか。

猪　越　本当に慎重に慎重を重ねたというところですね。ただ実際には，そういったリクエストはありませんでした。

現在，当社は総会終了後に総会の模様をオンデマンドで配信しており，当社のIRサイトに掲載をしています。株主以外の方でも見られるようにしていますが，株主の方の映像や声を載せないように，株主の方からの質問はテキストにして掲載しています。テキストの部分をクリックすると，役員が回答をしている動画が立ち上がるような仕組みにしています。

武井　なるほど。アメリカのバーチャルオンリーでは，音声だけが流れていますよね。電話がかかってきて回答して。音声も消すという選択肢ですか。

猪越　そうですね，その辺はちょっと昔のやり方のままな部分があるのかなと思いますけれども。

武井　でもいろいろなやり方があってよいのだと思います。ありがとうございます。

3　機関投資家を意識したライブ配信

前田　資生堂が検討しているところをご案内しますと，まず普通に会場で話されてる日本語での総会の模様は，まさにグリーさんと同じように，株主の認証を経た人しか見ないので，これまで同様に発言者に名前を名乗らないでくださいという運営は考えていません。ただ一方で，同時通訳でですね，英語にしたライブ配信も今やろうと思っていて。

武井　そうですか，それはまたすごいですね（笑）。

前田　それを誰に見せるかということですが，まず実質株主の判明調査がありますので，その判明調査で判明した先ですね。それは認証するにしても株主番号等ないので，社名を入力いただいて履歴を取ろうと思っています。

武井　グローバル機関投資家を意識した同時通訳ということですね。

前田　そうですね。機関投資家でも当然国内の方もいらっしゃるので，そこにも知れたるところには実質株主でも入れるような道を作ろうと思って，それで今検討しています。

武井　今って御社の外国株主保有比率ってどのくらいなんですか。

前田　40％超です。

森田　株主限定というふうに仰られたんですけども，この株主は名義株主ではなくて実質株主ですね。

前田　そうです。だからそこは英語版は推定株主への提供ということになります。

武井　そういう意味ではIRミーティングの状況とかをネットで載せているものとのだんだん境界がなくなってきている話になってくるのですね。

八　ハイブリッド型バーチャル株主総会

1　2020年に大きく動いたハイブリッド型バーチャル総会

武井　では2020年にものすごく注目が高まったハイブリッド型総会の話に入ります。

2020年2月に公表された経産省さんのガイダンスは2－3年前から議論されてきていたもので，当時は「なぜこんなことを議論しているの」というリアクションが各所であったことを今でもよく覚えています。それが2020年のコロナとそれに伴うデジタル改革で，一気にメインストリームとして，社会課題を先行して解決する1つの重要なインフラとなりました。

ハイブリッド型には参加型と出席型があります。出席型はまだ数は少ないですけど2021年は増えるでしょうし，参加型はもっと増えると思います。ここからは，参加型も出席型も一緒に議論しましょう。まずは頭出し的に証券代行の皆さまから一言ずつお願いします。

斎藤　2020年は出席型までチャレンジされた会社さんがいらっしゃることについて，本当にすごいと思っております。ただまだ社数的には参加型が主力になっていくのではないかというイメージです。やはり結局のところ，何かあったときにどうするのかというところのハードルは出席型だとまだまだ高いのではないかと思います。しかしながら今後バーチャル総会に対する，総会担当者の懸念と世間の思いがだんだん違ってきて，一般感覚からすると，普通の会議がリモートでできるのに，総会がリモートでできないのはおかしいのではないかということで，今までの総会実務の常識が通用しなくなってくるのかもしれません。総会では採決にみんな拍手しているのはなぜといった一般的な疑問もあると思います。そのようなことも含めて，これは一気に変わってくるなという印象を持っております。出席型についても実施事例が登場したことで風穴も空いたという感じですね。

清水　今，斎藤さんの話もありましたけども，参加型のほうが多分，皆さんやるのだったらやりやすいと言いますか，あまり法的なことを考えなくていいというのもあると思います。

また，経産省さんが出されたガイド，武井先生も参加されていらっしゃいましたけれども，ガイドの中で結構オンラインのほうは付加型なので，結構制限してもいいというような話があって，あれもすごく良い整理だったと思うのです。

かたや本日ご参加の尾崎さんや松村さんのお話もお伺いしてみると，それは必ずしもそのリアル優先でオンラインの方を制限するっていうような感じではなくて，オンラインの方についてもリアルと同じような形で運営をなるべくするという形もされていたようなので，通常のリアルの考え方をもってしても，出席型っていうのは，やろうと思えばできると言いますか，そんなにハードル高くなくできますよというようなことをお示し頂けているのだと思います。ならばちょっとやってみようかなという形になって，どんどん先の形のほうへ進んでいけるのかなとも思います。

今日のこの場のご議論はいろいろな点で役に立つ有益なお話が多いわけですけれども，出席型のところはまだ決してそれほどバーが低いわけではありませんが，通常やっていることを，こういうふうに考えてやっていけば対応できるのですよっていうことがお示しいただけると，私たちもこれ，どうぞ見てください，結構できますよということをご案内できるのかなと思っている次第です。

中 川　同じような話ですが，やはりいろいろなご委託会社がありますので，積極的にバーチャル総会に取り組む，先行してやるのだという会社さんもあれば，安全第一で，何も急いで最初にやるのではなくて，一周遅れ，二周遅れで構わないのだって会社もあります。やはり数の上でいくと，そろりとバーチャル総会を考えてみようかなと，その大半がおそらく参加型というのが，2021年に向けての動きなのかなと思っています。

通信遮断への対応とか動議の対応とかいろいろ考えなくてはいけないことが出席型だと増えるので，まずは参加型ということなのです。一方で出席型をやられる会社も増えてくると思いますので，やはり今必要なのは経験値だと思うのです。動議をどうするとか，出席型にはいろいろ論点はあるわけなのですけど，落としどころがいまいち見えない箇所について，いろいろな実例が積み重なってくる事によって，この辺りまでやっておけばいいのだなという安心感ができれば，参加型から出席型に移っていく企業も増えるかと思います。その辺りは少し時間をかけてかと。そのためには，今日ご出席のＺホールディングスさんとかグリーさんとか，資生堂さんも参加型を次やられるということのようですけども，そういう会社さんにどんどん，できれば先を行っていただいて，そういう足跡というか，道筋をつけてもらえるとありがたいなと思っております。

2　ハイブリッド出席型への挑戦

武 井　ではまず足跡を語って頂こうかと思います（笑）。

尾 崎　そうですね，では今仰ったところはかなり意識して（笑）。今仰って頂いたところで言うと，やはりこの世界，オンラインでの株主総会のハードルを下げなくてはいけないなっていうのはかなり使命感を持っています。

武井　それこそまさに先ほどの貴社の企業理念ですね，ネットのアクセシビリティを高めるというのが。

尾崎　そうですね。簡単に安くできて普及するということは使命感を持って。社内のプロジェクトのメンバーとの会話でも，当初は，「やはり出席型だと，数千人の株主さんの会社とかは難しいね」といった話も自然と出る感じでした。特に，2020年は本当に何もお手本がなくゼロから作り上げていったので，かなり大変だったのですが，2021年にかけてはもっと簡単に，我々自身ももちろんそうしたいと思っていますし，簡単ですよというのが，うまく表現できるといいかなと。

先ほど話を伺いながら，オープン型で誰でも見られるライブ配信は，ハードルが高めかなという気はします。日産さんなどがYouTubeで日英で配信されているのを拝見し，勉強させて頂いていますけど，結構特殊事例なのかなと。ハードルをいかに下げられるかというのは考えていきたいです。

たまたま昨日，金融庁から公表されたコーポレートガバナンス・コードのフォローアップ会議の，12月８日開催分のスライドをざっと拝見したのですが，「質疑応答の双方向性・即時性の確保が重要」などと書かれてあり，なかなかハードルが高そうだなと思いながら拝見させて頂きましたが（笑），このハードルを下げられるような実績や発信を弊社としてもできれば良いなということで，引き続き使命感を持ってやっていきたいと思っています。

3　ディレイ問題/低画質にすること等

武井　出席型の総会運営で，2020年のご苦労とかは特にどういった点でしたでしょうか。

尾崎　準備の段階では，想定していなかったことが次々と起こったという観点で言うと，例えば株主さんがログインをするのに，弊社の場合は，

「郵便番号」「株主番号」「株数」の3つを入力してログインできるようなシステムにしたのですけれども，その株主データをまずシステム会社に渡すこと自体の個人情報のセキュリティの部分です。そこもかなり，きちんと事前に契約を締結して，慎重に共有しなくてはならないということですね。

あとは動画ですから，遅延の問題があります。ライブ中継だけの時は傍聴のみで双方向性を気にする必要はなかったのですが，動画の場合はリアルの会場から30秒程度は少なくとも遅延してしまいます。議場で社長が「では質問をどうぞ」と言った時に，それをネット出席で見ている人に動画が届くのが，早くて30秒後ということになります。

武　井　ディレイは株主側のWi-Fi環境等の問題とか，4Gや5Gの問題ではなく。

尾　崎　高画質なものを見せようと思うと，それだけ株主側の端末でバッファリングに時間がかかってしまうということです。低画質にすればするほど早めに読み込んで読めます。

武　井　ということは，株主側の受け取る環境によって，30秒が10秒になったり1分になったりするのでしょうか。

尾　崎　そこがまさに次の課題でして，まず映像を出す方の我々として，極端に高精細な映像を出すと，ネット出席の株主が一律で困ってしまうということで，視聴にストレスがかからない範囲でなるべく低画質の映像を出すと。ただ，あまりにも低画質では見る側のストレスも溜まる。

どこでバランスを取るのかということではありますが，どれだけ低画質にしても最低30秒は遅延が生じるということのようです。

次に，株主サイドでの苦労，困ったことですけれど，株主がプレーヤーで一時停止ボタンを押してしまうと，それを再開した時にさらにまた遅れるとか，そういう現象も起こります。

あともう1つが，YouTubeとかをイメージいただくと普通におわかりいただけると思いますが，全画面表示にされることもあるかと思うのですけれども，全画面表示にすると，いざ議決権行使をする時に賛否と送信のボタンがないとなってしまう。ご自身で全画面表示をしているのだから，ご自身で戻せるというのが普通に考えればそうなのですけど，本当にそこに頼ってよいのかといった話ですね。解決策として全画面表示を解除して下さいというのを，前日の最終リハーサルの時に，議長シナリオに入れました。2021年は全画面表示を最初から表示させないとか，今から作戦を練っています。

先ほど申し上げたディレイ問題の解決に関しては，質問してくださいという案内を，議長シナリオの冒頭でも言いますし，途中でも言いますし，特に入念に議長シナリオに入れました。「もう少しで質問が終わりますので，質問がある方はしてください」といったガイドの仕方です。Zoomなどのオンライン会議と同様，株主総会での会議ファシリテーションが重要になってくるなと思いました。

4　どのくらいのオンライン出席を見込むか

武　井　ちなみにオンライン出席のほうは，出席者数は限定していらっしゃらないのですよね。

尾　崎　していないですね。

武　井　何人乗ってくるか全くわからない状態でやっている。5,000人，8.000人でも確かに多いのですけど，ネットになったら何万人来るかもしれない。そういう点のケアとして何かすべき点はありましたか。

尾　崎　そうですね。そこも前例がなかったので，悩んだところの１つでした。大体毎年1,500人前後来場されますので，その４倍ぐらい，6,000人程度がネット出席すると仮定しました。この４倍というのは決め打ちですね，さすがにそれだけ確保しておけばいいだろうと。

そして，今度は議決権行使の場面ですが，2020年は弊社は４議案あったのですけれども，賛否を選択し，送信のボタンを押すわけです。6,000人が４議案を一気に送信しようとすると，システムにかかる負荷が４議案分になるので×４，それに耐え得るキャパシティを準備しました。

武井　ちなみに，御社以外の例えば6月集中総会の何百社が一斉に行ったら，通信インフラ的にはどうなるのでしょうか。

尾崎　そこはどうでしょうかね。1つ考えていたのは，このオンライン株主総会は，通信が集中することによるシステム障害がリスクであると結構言われているところではありますが，3月から4月にかけて我々が最大のリスクと考えていたのは，通信の逼迫よりも，感染拡大により株主総会が開催できないことでした。3月の臨時株主総会を経て，4月に入っていく中で，間もなく緊急事態宣言が出そうだと言われており，加えてオーバーシュートとか，あるいは現在のイタリアやスペインの状況が1，2か月後に日本に来るであろうというような議論がされていました。そうした中で，6月に株主総会が無事に開催できるかどうか，まずは我々自身や業者さんに感染が拡大して株主総会を開催できないというリスクをなくしていく必要がある。このリスクのほうが通信障害のリスクよりも格段に大きい，許容できないリスクであろうと。オンライン株主総会をやらないということのリスクが大きすぎる，どう考えてもやらないという選択肢は無いという事を，3月下旬に話していました。

かたや通信障害のリスクはどうかというと，例えば我々が日常生活の中でインターネットを使っていますが，10億とか100億とか，そういうレベルのアクセスが日々行われているので，それに比べて株主総会ではせいぜい何万人というレベルですから，社会的なインパクトとしてはそれほどでもないよね，桁違いに僅少だよねという発想で，そう考えていました。

武井　ちなみに貴社のその作られたシステムは，かなり相当テーラーメイド性が高いものなのでしょうか。

尾崎　はい。そうですね。

武井　各社は各社でテーラーメイドの設計をやはりやっていかなくてはいけないのでしょうか。

尾崎　そこはそうではないのではないかなと思っています。

我々が検討していた2020年３月の下旬から４月の上旬にかけては，出席型のシステムを提供されていたベンダーさんもあるにはありましたが，株主の出席数のキャパシティが50人とか100人というレベル感でしたので，それだとちょっと弊社のニーズに合わないということで，ゼロからの開発をシステム開発の会社さんとやるしかないということで決断をしたのですが，その後，グリーさんも2020年９月の総会で出席型をやられましたし，確か12月にユーグレナさんも出席型で実施されると思いますが，要はこの短期間でも日進月歩で進化してきている中で，2021年もゼロから開発というのはもはや選択肢としてはないという話を社内でしています。

5 事前の議決権行使の処理など

武 井 あと，議決権行使について，事前の書面投票を無効化するタイミングはいつにされたのですか。

尾 崎 事前の議決権行使をどこで破棄するのかという話を含め，発想の出発点は他も全部そうなのですけど，リアル総会の運用になるべく寄せることで迷いを最小限にしていこうと考えました。リアルの株主総会で，事前に権利行使をした人が当日来場されたときにどうするかというと，当日入口で議決権行使書を受付で提出して株主さんが中に入ると，受付が信託銀行さんの集計係に議決権行使書を回送して，当日集計に振り替えられますよね。いわゆる当日分の分母として当日出席分に振り替える。当社の場合，リアル会場については朝の９時にオープンしますので，ネット出席も同様に朝の９時以降にアクセスされた方についてはその時点で事前行使を無効として当日出席に振り替えるとしました。

武 井 ネット出席した段階で無効化していったわけですね。

尾 崎 そうですね。９時に無効化して当日の分母に入れるということですね。

武 井 あと，ネット出席株主からの動議はなぜ受け付けられたのですか。

尾 崎 動議対応は結構議論になりました。ネット出席株主は動議ができませんとしてしまうと，「動議をする方は会場にお越し下さい」と案内せざるを得ません。そうすると，一方ではコロナ感染拡大防止のために来場はお控えくださいというメッセージを出していますので，来てください／来ないでくださいとコンフリクトが起きてしまい，それは違うと。ですので，ネット出席株主からの動議の受付は避けられませんでした。

武井　例年そんなに動議が出ているのでしょうか。

尾崎　いいえ。動議らしい動議が出たことは，少なくとも私が携わっている2004年以降は一度もありません。

武井　なるほど。

尾崎「動議だ！」と挙手があり指名をしたら質問でしたというオチはありましたが…

武井　そうですね，あり得ますよね。

尾崎　そういう不規則的な発言は過去17年間で一度だけありましたけど，本当の意味での動議，議場に諮らなければならない動議というのはなかったですね。

6　双方向参加型と出席型の活用

武井　ありがとうございました。では次に松村様，お願いします。

松村　グリーでは，2019年に双方向参加型を実施し，2020年に出席型を実施しました。先日，それぞれ基本設計と論点を比較してみたのですが，たしかに参加型と出席型は，特に議決権行使の点で，運営に大きな差があり，会社側の運営負担は増えます。実際のところ，私も個別に情報交換していて，参加型を実施したいという声が多いと感じていて，先ほど代行さんのお話にもあったとおり，参加型が浸透して行くのではないかというのも肌感ですが感じます。ここでぜひお伝えしたいのは，参加型実施を検討される際，ぜひ双方向参加型も検討いただきたいということです。参加型の場合，会社からの情報提供は会社から株主への一方向ですが，双方向参加型では株主と複数回の対話・コミュニケーションが可能となります。インターネット参加の株主も，コメントを総会中に発信することで，総会に参加した実感を得ることができます。出席型を躊躇されるお会社は多いかもしれませんが，株主との対話の深化が実現できる双方向参加型はお勧めです。

武井 なるほど。

松村 先ほど尾崎さんのお話にもありましたが，双方向にしても議決権行使にしても，これらの仕組みが実装されたシステムはすでにあり，使用実績も着実に積みあがっています。洗練されてきている。そんなシステムを利用すればそこまで不安になる必要はないと思います。

それと，会社側の事務局体制ですが，双方向参加型も，出席型も，インターネット株主からの質問，コメントに対しては，今まで物理会場の株主に対応していた想定問答事務局に，スタッフを２人純増しただけなのです。インターネット株主からの質問を常時チェックする担当，そして，その質問に対する回答案を準備する専任の担当，これだけです。

あとは，物理会場の株主への回答と同様に，想定問答事務局の事務局長が回答を確認し，議長につないでいるので，質疑応答については，対話の深化が実現できるメリットに対し，運営の負担はそれほど大きくはありません。

また，出席型についてですが，グリーの出席型はフル装備で実施しました。集計結果の即時公開，動議など，できることすべて。ですので，グリー出席型の基本設計から，自社で実現したい株主総会にあわせて，実施しないものを引き算するという活用方法が可能です。このように設計していけば，出席型実施についても，それほど躊躇する必要はありません。例えば，動議は経産省ガイドラインに沿って物理会場のみで受け付けるとすれば良いわけです。即時集計についても，事前に賛否が決していれば，今までの物理会場の運営どおり，賛成率を即時公開しない運営肢ももちろん可能です。

先ほど双方向参加型と出席型を比較したとお話ししましたが，この２

つは出席型の引き算理論に基づいて，動議受付と賛成率の即時公開を引き算すると，実はそれほど大きな違いがないのではないかと実施してみて思います。株主から受け付けるものが，回答義務の発生する会社法上の質問か，回答が任意となるコメントかの違いはありますが，会社上の質問ではないからといって，双方向参加型の株主からのコメントも尊重する必要がありますし。会社法上の質問ではないということは万が一の場合の免罪符のような意味合いかなと。システムがさらに洗練され，出席型がより実施しやすい環境になっていくであろうことを考慮すれば，将来的に出席型を実施する可能性がある会社にとっては，その実現への１つのステップとして，双方向参加型の実施を経験しておくことは，大きな意味，意義があると思います。参加型の実施を検討しているお会社があるのであれば，ぜひ双方向参加型も検討してほしいと思います。代行さんからもお伝えいただけると，バーチャル株主総会の推進に寄与するのではないかと考えています。

7　本人確認方法

武　井　出席型のほうについては特に本人確認の論点があると思います。さきほどＺさんは郵便番号と株主番号と株式数でしたっけ。ちなみに郵便番号を使われたのはどうしてでしたでしょうか。

松　村　住所ですね。名簿上の。

武　井　住所の代わりなのですね。

松　村　株主名簿上の住所に，議決権行使書を郵送でお送りするわけですが，その議決権行使書に郵便番号も記載してあるので，株主様固有に送った情報として，株主様も入力にあたってわかりやすいだろうと思いました。

武　井　なるほど。この３点セットがないと，出席型の本人確認としてはいまいちなのですかね。

尾　崎　そこは割と，多分会社のポリシーにもなってくると思っています。何をログインのキーにしようかというのを話し合っていた時に，議決権行使書を眺めながらこの中で本人固有のもので，かつ本人にとってわかりやすいものは何だろうね，と議論を重ね，この3つに辿り着きました。

武井　なるほど，数字を眺めていた（笑）。

松村　ちなみにうちも同じです（笑）。

武井　数字が3つあったからこの3つの数字にしようと。3種類の数字。

尾崎　そうですね。加えて株主番号って三菱UFJ信託さんの場合は8桁ですけれども，8桁を全部同じボックスに入力するのではなくて，4桁ずつに分けてそれぞれ別の入力ボックスに入れることでセキュリティを一段高めました。

武井　そういうふうに分けたほうが，セキュリティが高まるのですか。

尾崎　あくまでも8桁を1つのボックスに入力するか，4桁を2つに分けるかの比較ではありますが。

武井　なるほど。

8　バーチャル総会の事前登録制

松村　一点，皆さんにお伺いしたい点があります。2020年は事前申込み制を導入した会社が多くありました。将来的にインターネット，バーチャルを推進する観点から考えれば，先ほど尾崎さんと武井先生もお話ししていた，ネットだったら何万人アクセスするか分からない問題にも繋がると思うのですが，事前申込み制という制度は効率的運営の面で良い制度ではないでしょうか。

グリーでも2020年は事前申込制を採用しました。招集通知に申し込み方法のご案内を掲載しましたが，数人の株主様が事前申込をすることなく会場に来場してしまい，入場をお断りするということがありました。今後，コロナ禍の懸念がなくなっても，事前申込制を維持し，事前申込みをしてない株主の来場を断るということについて皆さんどう思われますか。

武井　事前申込制は，ネットの方ですか。リアルのほうですか。

松　村　両方です。2020年，グリーは両方採用しました。

武　井　なるほど。ネットのほうについて，事前登録した人がネットでアクセスできますとされている例が結構ありました。Zさんの事例は結局ここも青天井になっていて，2万人でも来いっていうさすが日頃から何億人もの情報をネットで取り扱っていらっしゃると。ただ多くの企業さんにとって何万人まで，何万人まで来いっていうのが割り切れるかというとどうか。特に6月の集中時期の総会だとか，システム壊したらどうしようとか。ネットのほうも人数制限があってよいのではないかと。

松　村　ネットのほうも断れるのかですが。

武　井　合理的理由があることとフェアな取扱いがされていることおよび事前の明記で，断ること自体は可能だと思いますが。

井　上　リアルのほうは，事前登録制とかをやって，例えば今まで5000人来ていた企業が50人にさせてもらいますというわけですね。このリアルのプラクティスは，コロナが全くなくなった状況でも続けられますか。

武　井　そうですね，コロナがまったくなくなるまでにはまだ年数を要することもありますが，今後とも，今回のデジタル化が不可逆的に進んでいくのだと思います。ネットのほうである程度アクセスを確保してやっていることで，リアルのほうで必要な規模も縮小していると。先ほどからのいろいろと根本的前提が変わっていくという話の通り，よほどの委任状合戦とかの総会でない限り，ネットのほうで一定のインフラを整えていくことで，事前の合理的予測を超えた規模のところはリアルでも断れる世界が出てくるかと思います。

松　村　2020年のグリーの出席型総会では，事前申込をせずに来場してしまった株主について「入場を断るのか，断らないのか」については，総会当日まで検討し続けました。事前申し込みの期限が過ぎてしまったが申し込めないか，というお問い合わせに対しては断ったのですが。

武　井　仰るとおりでして，株主平等の観点からも断ってよいと思います。行けないと思って申し込まなかった人とか，申し込んで落選した人がいらっしゃるわけで，それなのに当日ふらっと来た人を入場させるのは，株主平等の扱いとしてかえっておかしい面があります。

松村　そうなんです。それこそ断らないとかえって不平等なのではないかと。

武井　すべて事前に明記しておくことによって，断ってよいと思います。当日ふらっと来た者を基本的に入場させないといけないという一部の保守的議論には，私も違和感がありました。

松村　仰るとおりです。

尾崎　先ほど申し上げました，20人の枠に対して９人の申し込みがあり，差し引き11人分だけ枠がありますと。９人中お２人が株主総会開始時刻までには来場されませんでしたが，総会開始後もいついらっしゃるか分かりませんので，当初決めていた方針どおり11人までは入場を認めましたが12人目，13人目は入場をお断りしました。

武井　そうですね，その２人分は少なくとも空けておかないといけないですね。

あとネットのほうの人数制限についてはどうでしょうか。ネットでの事前登録ですね。Ｚさんは全く人数制限せずやってらっしゃいましたけれども，他の企業さんはどう考えるか。

尾崎　これは，インターネットでやるからこそ株主にとっても良いのであるということが言えるようでないと，多分バーチャルオンリーの制度化の話も進んで行かないのではないかということだと思っていました。そもそも場所の制約をなくすというネットの優位性が発揮される点ですし，キャパシティが足りないならベンダーさんにサーバー容量を増やしてくださいと言えば良いのかなとは思っています。

武井　松村さんのネットの事前登録のほうは，ネットの出席を当日しようと思ったら事前に手続を踏んでくださいっていうことですよね。

松村　そうです。

武井　ネットの手続を経てくださいと。その当日の９時10時までに経てなかった人は出れないのでしたでしょうか。

松村　事前申込みを受け付ける期間を設けました。招集通知に書いて。その期間に物理で出たいのか，インターネットで出たいのか，事前の申込みをしてもらいました。

武井　そこでネットに申し込まなかった人は総会当日ネットにアクセスしても，ネットの総会には出れないということですね。

松村　そうです。

尾崎　当社では，事前のネット出席なのか，あるいは会場出席なのかを，事前登録をして下さいという事はしましたが，この事前登録をしていただいた目的は，ネット出席自体が初めての試みなので，一体どれぐらいの人がネットで出席する意向があるのか，万が一キャパシティが逼迫したら拡張しないといけませんので，事前に計りたかったのです。ですので，前々営業日の夕方6時頃までを目安に，事前登録をお願いしました。だからといって，当日ネット出席を断ることはしませんでした。この事前の登録は，2020年にやってみてネット出席数の肌感もなんとなくつかめましたし，それこそ事務的な話ですけど，事前登録のためのページを作らないといけないという手間もあるので，ネット出席の事前登録は2021年はやめようという話で社内ではすでにまとまっています。

武井　なるほど。いずれにしても，企業によって対応が分かれる点だと思います。委任状合戦とかやっている本当に揉めている総会と言いましょうか，当日の投票が本当に大事であるという総会が多分全体の1％あるかないかだと思うのですけれども，それ以外の99％の総会については，ネットについてもある程度制限することは，その点の情報をあらかじめ明確にしたフェアな取扱いをしていれば，否定されるものではないと思います。

松村　仰るとおりだと思います。賛否が拮抗した場合は，リアル総会を開催するか検討すべきですし。賛否が事前に決しているほとんどの会社の総会は効率的な開催ができるように，意識が醸成されると良いなと思います。

9　デジタル化の活用による個人株主も見据えた新たな戦略

武井　そうですよね。その上で本当は欧米と同じようなIR型総会になっていくべきなのでしょうね。また逆にそのほうが何かいろいろな総会という場も個人向けのIRの一大イベントになって情報が出る。ネットの取り扱いなんかも多少システムダウンしようと，すみませんと言って，後で復旧しますで済むのだったら，出席型含めてやりやすくなります。また，ご存知のとおり，アメリカの総会では当日，動議も修正提案も出せません。法的な説明義務もないので完璧なIR型総会なのですよね。こうした点の違いが，日本でバーチャルオンリー総会を入れることの制度的ネックにもなりえます。

尾崎　そうですね。今回，出席型のオンライン株主総会を実施して，その前後くらいからずっと考えているのですが，スチュワードシップコード（SSC）とコーポレートガバナンスコード（CGC）は両輪だとよく言われます。これが始まったのが2014年とか2015年。ですがこれは機関投資家との対話，法人株主のケアですよね。個人株主との対話のケアが後回しになっていましたが，ようやくこれについてもコーポレートガバナンス・コードの文脈に入ってきた，現在進んでいるCGコードのフォローアップ会議の資料を拝見し，私はそう感じました。例えが正しいかわかりませんが，自分の中ではクルマをイメージしておりまして，前輪の両輪が機関投資家と企業とのSSCとCGC，後輪の両輪で個人株主と企業とのSSCとCGCの対話という想像をよくしております。個人株主版スチュワードシップ・コードもあると良いのでしょうか？（笑）。海外からいろいろな制度やソフトローを輸入するトレンドになっていますが，個人株主の人数規模や株主との向き合い方なども欧米やアジアとはおそらく違うでしょうし，こま切れで入ってきている事も相俟って，多少歪みも生じているのかなという印象を感じます。

武井　先ほどの井上さんからのご指摘にも通じる点ですね。

井　上　企業活動というのはすべからく，お金を集めて何かに投資して製品やサービスを提供して，お客様からお金をいただいて投下した資金を回収するプロセスを延々とやっているわけです。当たり前のことですが，企業というのは，こういうプロセスの中にあって，財・サービス市場と資本市場との両方に向き合っています。労働市場のことはここではひとまず措いておきますが。日本企業は戦後昭和の高度成長期に成功しましたけど，様々な要因によって資本市場との対話があまり必要でなかったという点で，ある意味，効率的な経営ができたわけです。効率的というか，資本市場を，特にエクイティの市場を気にしないで良かったから，従業員も含めて貴重な経営資源を財・サービス市場に集中することができた。しかし今，そういう状況ではないわけですね。私は企業が市場と向き合うというときは，財・サービス市場と資本市場と向き合う姿勢は基本的に変わらないと思うのです。財・サービス市場では大口顧客から個人のお客様でまで幅広く存在します。資本市場の方も同じように大きな機関投資家から個人の株主さんまで存在します。

皆さん容易に想像できるのでしょうが，確かに財・サービス市場おいても，大口顧客に対する対応と個人に対する対応は違うわけです。大口顧客にはその顧客専門の部署があり，個人顧客に対してはリテールの部署でまとめて対応するなどです。資本市場はデットとエクイティがありますけれども，事実上，大口の機関投資家への対応を優先するというのは普通のことかと思います。でも，個人も集団となれば，株主層としてかなりポーションを占めるわけで，企業としても決して軽く扱っていい層ではない。その1人ひとりとどういう向き合い方をして，どういうケアしていくのかということは，根っこのところでは，財・サービス市場における向き合い方と変わらないと思います。どの会社さんもポーションとして個人株主の占める割合がある程度あるわけですが，近年その人たちとどう向き合うかについては議論があまりされてこなかった嫌いがあります。スチュワードシップ・コードおよびコーポレートガバナンス・コードのダブル・コードの時代においては，主に機関投資家に対してどう向き合うという話をしてきましたけれども，個人株主をどうしますかという話は若干背後にひいてしまった感じがします。企業が顧客にどう向き合うかっていうことと方法は違うとは思いますが，製品やサービスを購入してくださるお客様に対する対応と同じように，資本市場の資金の出し手に対しても向き合うっていうことが必要だと思うのです。これが，個人株主をどう考えていくのか1つのものの考え方なのだと思います。

武　井　そうですね。個人株主は日本社会に所在している比率が高いわけで，日本社会，さきほどのESGとかのいろいろな流れ，公益資本主義だの社会を良くしようって流れも，日本社会の利害が出てくるわけです。個人株主はその多くが日本社会と共存しているわけですので，そういった方を1人ひとりやはり大切にしなければならないのだと思います。

また，財市場のお客さんでありながらも個人株主であるという方も相当数いらっしゃるわけです。そういう意味でも，やはり個人株主さんをきちんとケアすることが重要となります。資生堂さんのように，個々の比率は低いが，やはりちゃんとケアすること。これを今後より考えていかなければならないのでしょう。

あと行使率を上げることですね。デジタルに対するアクセシビリティを高めていく環境にしていくこと。デジタルデバイドの議論でデジタル化から遅れるのではなく，個人株主向けの環境整備をやはり全体で進めていかないといけないのだと思います。

井　上　そうですね。

前　田　当社は，2021年の3月総会は，ハイブリッド出席型でなく参加型にすることを検討しています。出席型にすると，ウェブ出席されている方の議決権数というのは，議案ごとに賛成・反対のボタンを押せば，正確に株主番号何番の議決権何個持ってる方がこの議案には賛成しましたということが記録されます。一方で，リアル会場にいる人たちは，前日までの議決権行使の状況で，全議案の可決が確認できている状況を議場に説明した上で，拍手で賛意を表していただいているわけです。そこが非常にアンバランスになってしまう点が気になっています。

完全に全部をバーチャルオンリーにするのであれば，当日の議決権数もすべて正確にカウントできて，事前のものと合体させて，合計の議案ごとの賛成反対が綺麗に出せるのですけれども，いわゆるハイブリッド型でリアル会場を残しつつ，当日のウェブ出席も認めて，その議決権をカウントするようになると，リアル会場出席者の議決権の扱いだけが宙に浮いてしまうところが，出席型の１つの懸念点です。

また，当社のように上場歴の長い会社には，ご年配の株主さんも非常に多く，そういうご年配の方々は，年１回社長がフェイストゥフェイスで，事業の状況をご説明するという今の総会の場を楽しみにされています。それを一気になくしてしまってバーチャルオンリーに行けるかというと，なかなか行けないわけですね。

そういったところを考えると，やはり実務の中で，ハイブリッド出席型総会でのリアル会場出席の方の扱いをどうするかっていうところの議論をもう少し待たないと，なかなか出席型には踏み切れないなと思い，2021年はまずは参加型にしようというところです。

武　井　なるほど，ありがとうございます。

松　村　2020年の当社の出席型では，リアル会場の株主様も，拍手ではなく投票用紙を用いて議決権行使していただきました。インターネット出席株主の議決権行使結果と合わせて集計し，賛成率を総会中に発表しました。この賛成率の即時公開については，グリーの目指すバーチャル総会のあるべき姿を実現する一環としてこだわりをもって実施したのですが，やってみたら意外にできたっていう点だけお伝えします。非常に難しいと思われるかもしれないですが，2020年は入場人数の制限と事前申込制を採用していたこともあり，来場株主の人数や議決権数は事前に分かっているので，その株主用の投票用紙を事前に用意し，投票していただきました。これは来場人数が増えたら大変ではないかというお声もあったので，リアル会場の株主様にも，会場内でご自身のスマホ等を使ってインターネット経由で投票できるようなツールを準備し投票してもらえば良いのではないかと考えています。

武井 リアルを含めた人数制限を行うことが，こうした点でも円滑さを生み出すわけですね。

10 事前の議決権行使結果の振り替えのタイミング

猪越 松村さんにお伺いしたいのですが，事前に議決権行使をした場合の振替の対応はどうされましたか。

松村 物理出席，インターネット出席，ともに議決権行使の集計締切時刻に対応しています。締切時刻において，事前行使をされていない株主においては当日の議決権行使結果を単純に算入し，事前行使をされている株主においては事前行使結果を減算するとともに当日の議決権行使結果を算入するという集計を同時に行いました。なお，締切時刻において，議決権行使をされなかった株主に関しては，当日の議決権行使結果は「棄権」として扱いました。

武井 投票時に振り替えるという選択肢だったのでしょうか。

松村 そうですね。わかりづらい説明だったとは思いますが，実質的には投票時に振り替えています。

武井 そういうことですね。当日に賛否をリアルタイムで正確に出されていますが，そこまでのものを出さないようにするのだったら別の選択肢もあるわけですね。賛否さえ確定しているのであれば，議決権行使結果の正確な数字はあとで良いとすれば，議決権行使の投票時点で，事前の議決権行使結果を振り替えるということでも良いわけですよね。

松村 そうですね。

猪越 ちなみにそのエクセル処理って，御社のどなたかがされたのですか。

松村 事前行使分と，物理出席の当日投票分，そしてインターネット出席の当日分を統合する作業は当社担当者が実施しています。事前行使分は代行さんに協力いただき，インターネット出席分はベンダーさんに協力いただき，当日スムーズに集計ができるようにデータ様式を揃えていただきました。事前に何度もリハを繰り返し，結果，臨報と同じ数字の賛成率を当日発表しています。

武　井　ちなみに，総会当日に明確な確定数を言わなければ，そこまで不要ですね。

松　村　そうです。先ほども申し上げたように，グリーの出席型から引き算をしていただく運営方法があり得ます。

武　井　ハイブリッド型ガイドラインを策定する議論の際にも，出席型であっても，朝の10時なり9時にいったんアクセスしただけで，もう事前の議決権行使が棄権なり否定になることには，私自身どうしても違和感があり，こだわりました。そこは株主側の意思もどうなのか。ネット出席している人だって，総会の時期にもよりますけど集中日とかに出ているかただと，4社から5社を兼ねて同時アクセスしているかたもありえるわけですね。総会の画面を開いて。各社の総会の投票のタイミングをそれほど注意深く見ている場合ばかりではないのではないか。「今ここで投票」というタイミングをずっと注意して見ていようという気持ちがない人もいるときに，ネットでの投票のタイミングで事前行使結果を切り替えない限り，事前の書面行使の意思が生きているという取扱いも，株主の合理的意思に十分適っているのではないかと。また事前にネット出席が本当に何人来るか分からない状態で当日のネット出席で総会の前日までの行使結果がすべて，棄権など不確定になることは，総会関係者にとっても相当抵抗があるように思います。グリーさんの場合には，ネット出席者も事前にある程度把握されてましたし。

尾　崎　松村さん，棄権にされた上で，賛成率を求めるときの分母には当日算入するのですよね。

松　村　はい。

尾崎　そうですよね。そこはおそらく当社と同じで，棄権って何かと言うと，賛成ではないわけです。だから，少なくとも会社側の意思に恣意的に傾かない。つまり，分母には入るけれども，分子の賛成票に入らない。

武井　棄権で反対票扱いになるわけですね。

尾崎　そうです。実質的に反対票と同じ扱いです。

武井　常に反対票というのが，果たして正しいのかな，という点ですね。

尾崎　そうですね。仰るところは，一度賛成したんだからっていうことと理解はしています。

武井　物理的出席ですと１社しか来てないわけですが，ネットだと５社も10社も同時に，ネットで株主さんも出れるわけです。事前に議決権行使までしている人が，朝10時から10時半までの話を聞いて，結論を本当に変えるつもりでもなく，とりあえず話を聞いておこうぐらいな気軽な気持ちのかたで，しかも事前に議決権行使しているというアクションまでわざわざしていらっしゃるのに，それを本当にひっくり返すとか棄権にするとかの意思がネット出席者全員にあるといえるのかというのが，私には法的にも疑問なのです。

松村　わかりました。今度，武井先生の論理で検証します！（笑）。

武井　すみません。こうした点は，ネット出席とリアルの物理的出席とでは違う点ではないかと思うのです。

尾崎　ほかの部分もそうですけど，まず2020年はリアルに寄せてやってみたわけですよね。

松村　そのとおりです。

尾崎　だから，例えば事前に議決権行使をした人が，当日リアル会場に来た，例年のパターンですね。例年どうしていたかって言うと，リアルに，会場に個人の方が来た場合は，拍手はするけれどもその人の賛成と反対はカウントしていません。そこと，2020年に関しては平仄を合わせたということです。

武井　ハイブリッド型の実施ガイド策定の議論の際に，この点は私も相当こだわった点です。開始10時の時点でネット出席の人全員の事前の議決権が吹っ飛ばなきゃいけない，というリアルと同じ取り扱いをデフォルトにするのはおかしいのではないか。すっ飛ばさない事例も今後出てくるのだと思います。

尾　崎　そうですね。

11　リアルタイム集計

尾　崎　中長期的にはたぶん松村さんと同じ思いなのですが，リアルタイムの集計ができるように，ベンダーさんであろうが，開発会社さんであろうが，そこは毎年，とにかく協議して進めていこうと。当日にパッと出る，賛否がちゃんと出るっていうことをこだわっていきたいところです。それがネットの良さ。先ほど言った，どこにいても，場所の制約なく出席できますという点です。

武　井　貴社の「どこでもオフィス」だけでなく「どこでも総会」ですね（笑）。

尾　崎　移動する時間がなくても出られます，ですね。そこに通ずるところかなと。ネットの良さを高める1つが議決権行使。小さくても，少しの議決権行使であってもやはり議決権は株主権の頂点ですので，そこがリアルタイムで集計できるようになるっていうのはすぐにはできないとしても，今後，中長期的にはやはりこだわっていきたいところであるのは間違いないです。

12　役員のネット出席

森　田　株主だけでなく，役員についてもバーチャル出席された例もありました。

松　村　グリーは役員もハイブリッドです。一部檀上，檀上以外の役員はZoom出席でした。

武　井　Zoomだったのですね。それでZoomで繋いで，質問があったらその人が答えると。

松　村　そうです。

森田　Ｚホールディングスさんも，役員がバーチャル出席をされています。このような対応は，特にコロナ禍のようなときは，他社でもされたほうが良いのではないかと思っています。議長や，監査役１人は議場にいたほうが良いとか，いなくても大丈夫だとか，いろいろ議論はありますけれども，役員もバーチャル出席に踏み切られたところの背景をお聞かせいただけますでしょうか。

尾崎　**図表３－11－Ａ**は株主総会会場の図です。社内のセミナールームになります。隣の部屋に音響・映像などの技術系を詰め込んでおり，テレビモニタや映像の制御などをしています。向かって左側，同じフロアの別部屋に常勤取締役がそれぞれ入る。常勤取締役は回答する可能性がより高いので，ここは通信障害のリスクを勘案し，各部屋を有線で繋ぎました。

あと，実際には使いませんでしたが，プランＢも考えていました。議長が株主総会の会場にいないパターンです。コロナの状況がさらに悪化したときに備えて検討していたのがこのプランＢですね。このプランＢを，映像配線にフォーカスして図示したのが**図表３－11－Ｂ**です。

武井　プランＢの場合は，本会場には，尾崎さんプラスアルファしかいらっしゃらないということですよね。

尾崎　プランＢの場合は，本会場には案内役のみです。

武井　尾崎さんすら本会場にはいらっしゃらないわけですか。

尾崎　はい。我々は，議長と同じ部屋になります。

武井　設備がある場所が総会の場ということなのでしょうね。

尾崎　そうですね。常勤取締役は同じフロアの別部屋です。非常勤の取締役はZoomからの出席でした。あとは，映像の配信先としてオープンライブ中継と，クローズドライブ中継を図示しています。

実際にはプランＡで行いました。

武井　プランＢは要するに株主総会の場所はパブリックビューイングなのですね。

尾崎　はい。

【図表3－11－A】

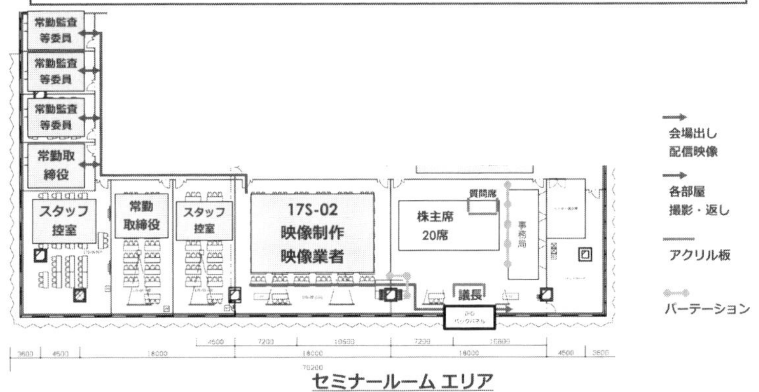

【図表3－11－B】

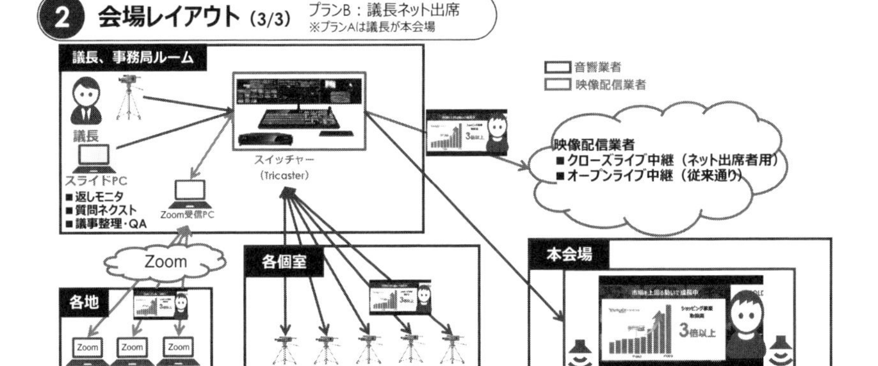

武井　なるほど。

中川　役員さんがバーチャルで出席をするという場合，役員さんも株を持っているケースが多いはずで，株主としての出席のところってどういうふうに取り扱われたのでしょうか。

武井　ログインするのではないでしょうかね。郵便番号と名前で。

手元のスマホでぽちっとやられるわけですか。

尾崎　はい，ログインしてアクセスしていれば集計に入れますし，アクセスしなければ，集計されてないということになります。

中川　なるほど。わかりました。ありがとうございます。

13　6月集中時期の回線インフラ

斎藤　何かいろいろ皆さんのお話をうかがっていて，出席型もやればできるのだと改めて感じました。これまでグリーの松村さんやZホールディングスの尾崎さんのお話もお聴きするにつけ，これならばできると意を強くいたしました。これまでの総会実務は保守的に考えがちですが，懸念点を１つひとつクリアしていけば本当にできるのだなと改めて感じました。今後バーチャル総会がより広がっていくためには実施事例の積み上げが必要となりますので，我々もバーチャル総会について引き続きサポートしていきたいと思います。

清水　私も同じです。例えば先生が先ほども仰っていた，松村さんが仰っていた入場制限ができるのかどうかという点も，リアルではそういう制限は難しいのではないかと保守的に思っていたりしていましたので，やはりそこは合理的に考えるといったお話はすごく勉強になったと思いました。それからやるにあたっての回線の問題とか，そんなパンクはしないのでしょうが，それも制限してもあまり問題なく，非常に使いやすいといったお話ができるのかなと思いました。非常に為になりましてありがとうございます。

武井　日本の６月の集中時期に回線がパンクしませんかという懸念はずっと

あったわけですね。2020年は急にテレワークになった皆さんさえ繋がりにくくなっているとかのときに，6月の集中時期に回線は大丈夫か，という抽象的な不安については，どのように対処されたのか。

松　村　グリーは9月総会で集中時期ではないので，そこまでリスク検討はしていませんでした。

武　井　6月の3週目4週目に集中してパンクするリスクはどうでしょうか。各社が，何百社もやったら，本当にパンクするのかどうか。

尾　崎　あとはベンダーさんならベンダーさんがシステムをどれぐらい冗長化といいますか，容量を確保されるのか。そこが鍵になるのではないかと思います。

武　井　なるほど。それは利用される企業数との兼ね合いなり，マーケット環境との兼ね合いになるのでしょうか。コストはQRコードよりも高いのでしょうが。

尾　崎　あとあるとしたら例えば，弊社のニュース・トピックスに個社のニュース記事が掲載されると個社のサイトにアクセスが集中しパンクしたといった話がありますよね。

武　井　なるほど，みんなアクセスしてしまうからですね。

尾　崎　想定していなかったぐらいの株主様が自社の株主総会にネット出席したときにパンクするわけですね。ですので，その会社ごとの株主総会のサーバーをどれぐらいの容量とするのかということになってくると思います。ある会社さんの場合は例えば3万とか4万とかキャパを持ちますけれども，例えば株主数が5,000人の会社さんであれば，マックスで5,000人になるわけです。5,000人を捌けるようなサーバーをその会社さんの出席型の総会では，ベンダーさんと話して準備しておけばいいのではないかと思います。

武　井　ソニーさんの40万人だとどうするのですかね（笑）。

猪　越　ある程度提供できるベンダーさんは限られていますよね。当社もご相談したところ，今すぐ仮押さえしてくれないとできませんとの回答もあって，もしかしたら，バーチャル総会実施の可否がベンダーさん次第ということも起こりうるのではないかと考えることもあります。

武井　ホテルに代わる新たなインフラ確保の話だということですね。

猪越　仰るとおりです。結局インフラの話になってしまうのですよね。

九　リアルとバーチャルとの適切な融合が重要

武井　皆さん，本日は活発な議論を誠にありがとうございました。株懇会長の井上様から，締めのお言葉ではないですが，最後に一言お願いします。

井上　武井先生，森田先生，このような機会を設けて頂きまして本当にありがとうございました。何かまだまだ皆さん議論が尽きない感じですが，まとめに入りたいと思います。

　これから社会のあらゆる場面で，リアルとバーチャルの融合っていうことがテーマになってくると思います。それはデジタル化社会をどう進めるかということにも密接に関わると思うんですけども，それが如実に出てくるのが株主総会の在り方なのだと思います。

　会議体としての当日の株主総会の在り方については，コロナのような感染症でありますとか天災や大規模な災害の発生のことを考えますと，やはりバーチャルオンリー総会もきちんと制度化すべきだと私は思います。ただ何か雰囲気的にバーチャルのほうが良いんだといった空気に流される議論ではなく，リアルとバーチャルの均衡点と言いますか，最適な融合がどのあたりにあるのかを理論的・実務的観点から整理してしっかり考えていくことが重要だと思います。

　この均衡点とか融合も，それぞれの会社の具体的な株主構成やビジネスのやり方に即して考えるべきで，各社の総会の状況にグラデーションがあって良いのだと思います。要は，これからは総会の価値ある多様性を目指すことが重要なのだと思います。

会議体としての株主総会ということでいいますと，経産省の在り方研究会の報告書にも出ておりますけれども，座長の尾崎教授がおっしゃっていましたが，中長期的な企業価値創造に向けた事業活動につなげるための結節点であるという考え方が１つの手がかりになるのではないかと思います。私はこの「結節点」という考え方が気に入っています。やはりけじめけじめで，１年間の企業活動の総括をちゃんとやる。１年に一度の株主総会を目指して株主さんに報告して恥ずかしくない経営をやって次の年度につなげていく。そういうことを強く意識する会社さんもあっても良いと思いますし，実際優良企業といわれている会社の経営者のかたはそういう考えをお持ちではないでしょうか。もちろん，会社ごとに株主総会の位置づけは変わっていいわけですから，日本の上場企業全体としては株主総会の価値ある多様性というのを目指すということに繋がっていくのかなと思います。会議体としての株主総会は，それが制度としてある以上は，やはり経営サイクルの一環として，意義あるものにしていかなければならないと私は考えています。

会議体というのは，最終的には議論を通じた論点の集約と問題の単純化というところに意味があると思いますが，それを当日の会議体だけで完結させようと思うと無理なわけで，総会プロセスという考え方をとり入れることによって，当該企業の経営における論点の集約と問題の単純化っていうものを株主さんと一緒にやっていくという点において，やはり株主総会というのはまだまだ意味のある制度だと私は思っています。日本企業においては往々にして社内会議は論点の拡散と問題の複雑化で終わって，時間だけ費やして，何をやっているかわからないっていうこともままありますが（笑），株主総会はそうではなくて決まった日にちに必ず決着します。

明治の商法以来，株主総会の法律上の制度面，あるいは社会経済上の位置付けとか個人株主の意識の背後にある，企業に対する国民感情とかということを考えると，会議体としての総会については，単純にコストとか効率性とかに還元できない領域というのがあるのではないかと私は思っています。その関連で，今回のディスカッションでも話題になりました，個人株主とどう対していくのかという論点も含めて，これからリアルとバーチャルの融合というものを株主総会の場においても進めていくことが肝要であると思います。先ほどから申しておりますように，やはり企業価値創造に資する，株主総会の価値ある多様性というものを目指すことです。全株懇，東京株懇としても，企業実務家の皆さんとともに頑張っていければと，このように思っております。以上です。

武　井　株懇の会長さんとして，今日の一連のお話の見事な締めをいただきまして誠にありがとうございました。今日はすごく有益な議論ができたのではないかと思います。2020年はデジタル化の第一歩となりましたが，この流れは2021年以降も不可避的に継続していくかと思います。今後とも皆様よろしくお願い致します。長時間にわたり誠にありがとうございました。

［2020年12月収録］

（了）

第 4 章

バーチャル株主総会（オンライン総会）インフラ編

今給黎成夫…………株式会社ICJ代表取締役社長

坂東　照雄…………株式会社ICJエンゲージメント ソリューション部長

砂金　　宏…………株式会社ICJエンゲージメント ソリューション部 シニアマネージャー

武井　一浩…………西村あさひ法律事務所　弁護士

森田多恵子…………西村あさひ法律事務所　弁護士

（敬称略）

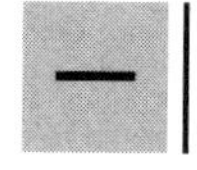

一　株主総会プロセスのDX対応

1　株主総会プロセスのDX対応

森田　武井と共に司会を務めます森田です。バーチャル株主総会は2021年以降さらに実務が進展するかと思います。

そこで本日は，株主総会デジタル化のインフラとなるサービスを提供されているICJの皆様にお集まりいただきまして，いろいろと議論をしていきたいと思います。

まず今給黎社長から，ICJという会社のご紹介と，株主総会のデジタル化等への取組みについてお話をお願いできますでしょうか。

今給黎　武井先生，森田先生，本日はお時間をいただきまして誠にありがとうございます。

まずは当社の取組みと株主総会のデジタル化について，過去と現状と今後の展望について，簡単に私からアイスブレイクとしてお話をさせていただければと思います。

社会全体のデジタルトランスフォーメーション実現という大きな流れがあるなかで，その中の一部ではございますが，株主総会プロセスもデジタルトランスフォームすべきではないのかというのが私の基本観です。ちょうどコロナ禍の中で，株主総会についても今年は一部バーチャル株主総会が行われましたし，9月に発足した菅政権においては，デジタル庁の設立など，社会全体のデジタル化が政策課題の大きな柱の1つであるというような話が出ております。そういった中で，株主総会プロセスについてもデジタルトランスフォーメーションを進めていくべきなのではないかと考えております。

2　ICJの概要

当社の概要でございますが，東証とBroadridgeが半分ずつ出資している会社でございまして，事業開始から15年経ったところです。

株主総会プロセスにつきましては，総会前，総会当日，総会後の３つに分けて考えられると思います。当社としては，元々総会前の事前の議決権行使を電子化していこうということで事業を始めましたが，現在の我々のミッションとして，株主総会プロセス全体を徹底したデジタルトランスフォーメーションによって抜本的に見直して，発行会社と株主との間で効果的かつ効率的な対話を促進して企業価値の向上を図ることで，日本の資本市場の競争力強化に貢献していきたいと考えております。

これまで当社は，総会前の議決権の事前行使というところに特化した形でやってきましたが，バーチャル株主総会についても，当社の親会社であるBroadridgeが北米等で取り組んでいるということもあり，これまでにも海外の動向について調査したり，また，経済産業省の研究会にも

【図表４－１】

1．株主総会プロセスDX

● 株主総会プロセスを徹底したDXにより抜本的に見直し、発行会社と株主との効果的かつ効率的な対話を促進し、発行会社の企業価値向上を図ることにより、日本の資本市場の競争力強化に貢献する。

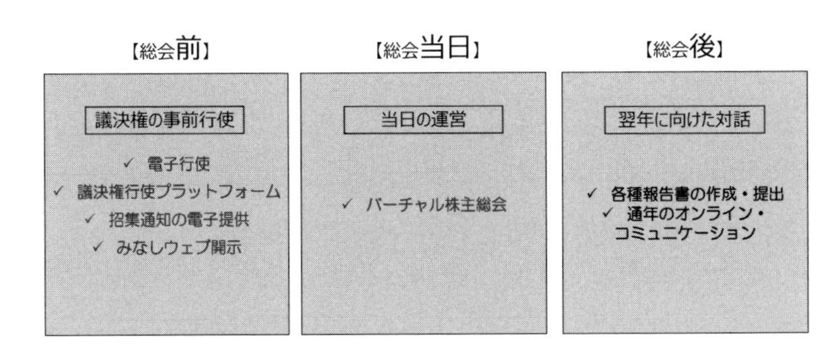

オブザーバーとして参加させていただいておりました。バーチャル株主総会はまだ少し先の話かなと思っておりましたが，コロナ禍となってしまったことと，その前から経済産業省で議論されていたガイドラインが公表されたということで，それをベースに日本でもバーチャル株主総会が開かれるようになりました。海外では，日本よりも多くのバーチャル株主総会が行われたこともございますし，2021年もまだコロナ禍の状況は続く可能性もございますので，バーチャル株主総会についても何かできることはないか，当社としても検討を進めているところです。

二　ICJにおけるバーチャル株主総会への取組み

1　議決権電子行使プラットフォーム

今給黎　当社の取組みとして，これまで進めてきた議決権電子行使プラットフォーム事業についてざっと概観いたします。

紙と郵便による議決権行使では，往復で法定14日のところ，特に，末端の機関投資家まで議決権行使のための招集通知を届け，信託銀行がその指図を受け，集計して返送するという手続きに非常に時間がかかります。そのため，機関投資家による株主総会議案の精査の時間が極めて短い，ここを何とかしたいというところがそもそもの当社の事業の出発点でした。

15年経ち，仕組みとしては，発行会社を起点に，末端の，名義株主の背後にいる実質株主の機関投資家までネットワークでつなぎ，機関投資家の議決権行使をプラットフォーム経由で，株主名簿管理人と発行会社の皆様に電子でお届けするという枠組みを提供しています。

現在約1,100社の上場会社の皆様にご参加いただいています。招集通知の電子提供につきましては，今般の2019年度会社法改正で2023年まで

【図表４－２】

2．株主総会前のプロセス：事前の議決権行使（紙と郵便）

● 紙と郵便による議決権行使

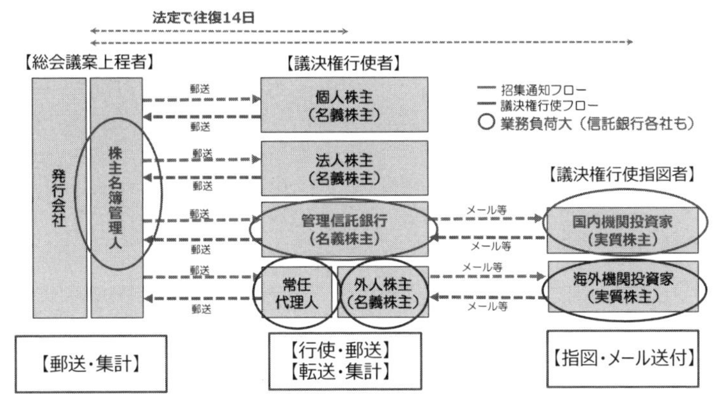

※管理信託銀行：国内の資産管理信託銀行。「管理信託銀行信託口」等の名義で保有。
※外人株主：海外の資産管理銀行（グローバルカストディ銀行）名義で保有することが多い。
※常任代理人：外人株主の国内常任代理人。サブカストディ銀行。
※国内外機関投資家：信託銀行、投資顧問会社、投資信託会社などの資産運用会社。

【図表４－３】

2．株主総会前のプロセス：事前の議決権行使（電子行使）

● 電子とネットワークによる議決権行使

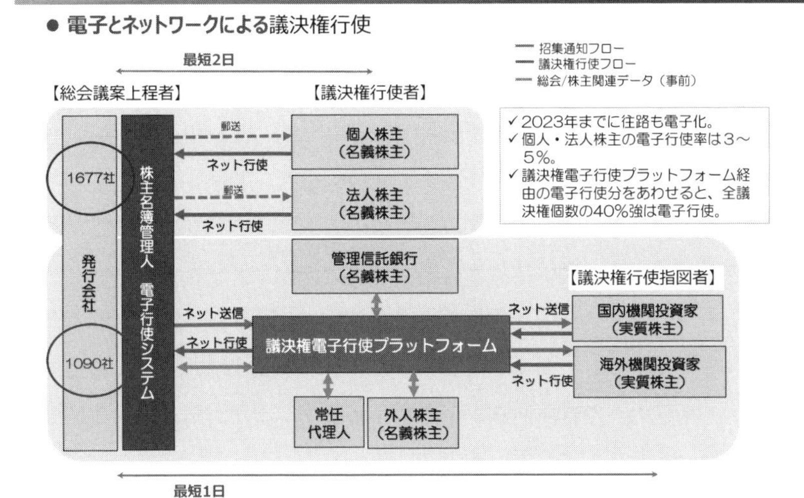

※　1,677社は，電磁的方法による議決権行使（会社法312条）を採用する会社数を指す。
※　1,090社は，プラットフォームに参加している会社数を指す。

には電子化されるということですので，さらに電子化が進んでいくと思っています。

2　往路と復路の全体の電子化

今給黎　現状，当社のプラットフォームの中で，議決権の電子行使は，およそ4割強で5割には達していないのかなというところです。海外では8～9割という中で，日本は遅れているというような声もあり，この数字をもう少し増やしていく必要はあろうかと思っております。

株主総会前のプロセスについては，利用者の拡大というのが引き続き大きな課題と認識しております。往路である招集通知の電子提供は会社法改正によってほぼ義務化されるということですが，往路・復路共に電子化しないと全体のプロセスが効率化していきませんので，そこを早期に実現させていきたいと思っています。法改正を待っていてはまだこれから数年かかります。ソフトローのコーポレートガバナンス・コードなどで対応していくという案もあるのではないかと思っています。

3　機関投資家側の議決権行使の電子化

今給黎　機関投資家側の議決権行使については，アセットマネージャー各社に徐々にご参加いただいているところですし，生保等の名義株主も，議決権行使の取組みをさらに強化するなかで，いくつか参加の打診も頂いているところです。

また実務面では，経済産業省の研究会（2020年7月公表「新時代の株主総会プロセスの在り方研究会報告書」）でもいろいろ議論をいただいた点ですが，アセットマネージャーのプラットフォーム参加にあたりアセットオーナーの書面同意が引き続き必要かどうか，信託協会と調整を進めているところでございます。

もう1つ最終的にどうしても避けて通れない課題というのが，株主は確実に電子行使をしてくれるのかという点です。書面行使が残っていると，なかなか電子行使に移行していただけないのではないかというところもあろうかと思っています。上場会社側はすべて電子行使には乗ったのだけれども，機関投資家や株主の皆さまは，引き続き書面で行使をする世界が残ってしまうのではないかという懸念を持っています。

１つ例として申し上げますと，プラットフォームにご参加いただいているある上場会社で，電子行使も採用されていましたけれども，実際に行使をしようとしていた機関投資家側は，パスワードを失念し，アカウントがロックされるとパスワードの再発行に時間がかかり，結果行使できなくなるのではないかということを恐れて郵便を利用していたというようなことがあったと聞いております。そのあたりをどう解決し，株主側での議決権行使をいかに電子に移行させていくかということも課題の１つと思っています。

4　Straight Through Processing（STP）

今給黎　総会前プロセスのあり方としては，プラットフォーム開始から15年経ち，1,000社以上の上場会社の皆様にご参加いただいておりますが，いわば15年前の技術あるいは実務に依存した形で15年間やってきておりますので，ここを今のテクノロジーであったり，今の実務に即して再検証していく必要があると思っております。

最終的には，本当の意味でのストレート・スルー・プロセッシング（STP）を実現させていきたいと思っております。海外ではVote confirmation，要は自分が行使した行使結果がちゃんと上場会社に届いているのか，あるいは最終的に株主総会の議決にカウントされたのかというところも非常に関心を持たれているところですが，電子行使を普及させていくことによって，このVote confirmationも含めた形で，招集通知の発送から議決権行使が戻ってくるところまですべてSTPで結ぶというのが最終的に目指すべき形だと思っております。もちろん，EUの株主権指令（SRDⅡ）で規定されましたように，その過程では実質株主の発行会社に対する開示についても取り組んでいく必要があると考えております。

したがいまして，株主総会前のプロセスについても，まだ道半ばであり，引き続き多くの課題は残されていますが，最終的には，STP実現を目指して当社としても取り組んでいきたいと思っております。

5　バーチャル株主総会への新たな取組み

次に，総会当日のバーチャル株主総会についてです。

これはご案内のとおり，コロナ禍で注目をされ，日本では今年およそ100社の総会が実施されました。海外では4,000ぐらいの総会がバーチャル株主総会で実施されたということですが，昨今の感染拡大状況を見ますと，2021年も総会でのバーチャル対応というのは不可避になりつつあるのではないかと見ております。2021年は日本でも300社から400社ぐらいはバーチャル株主総会を実施するのではないかという報道もされているところです。

いろいろ皆さまのお話を伺っていますと，類型としてはハイブリッド参加型のバーチャル株主総会が多く，出席型はまだまだ限定的という見方が多いようですが，出席型が増えていく過程では，現在挙手や拍手で行っている当日の採決についても，いずれ集計が必須になっていくのではないかと思っています。

バーチャル株主総会にはどうしても通信障害ですとか，システム障害といったリスクを懸念する向きがありますので，システムの堅牢性が非常に重要になってまいりますし，訴訟リスクにも留意が必要ということかと思います。特に今後バーチャルオンリー型が認められていく中で，そのあたりをいかに担保するかについては，サービス設計上，非常に難しい課題と認識しております。

当社は，Lumiというイギリスのベンダーが海外で展開をしているバーチャル株主総会のサービスを日本に持ってこようと準備を進めています。

海外の場合ですと，「当日の議決権行使があるのがバーチャル株主総会」という定義ですので，出席型も可能な仕組みですし，バーチャルオンリー型も視野に入れた形で検討を進めています。サービス提供にあたっては，株主名簿管理人の皆さまといろいろなデータのやりとりがありますので，各社と協力しながらサービスを展開していきたいと考えているところです。

それと，１つおもしろいなと思っているのが，機関投資家がバーチャル株主総会についてどう見ているかということです。これまでは機関投資家というのは，事前に議決権行使をしているので，株主総会にはそれほど関心もなく，総会に参加することはほとんどないと言われていましたが，例えば，９月に国際的なガバナンスの団体であるICGNが出したバーチャル株主総会に関する意見書では，株主による取締役へのアクセスやマネジメントに対するチャレンジができるのかとか，意義のあるディスカッションができるのかということについては，バーチャル株主総会では懸念があるということが言われています。一方で，バーチャル株主総会実施により株主総会への株主の参加が増えるであろうから，できればハイブリッド型のほうが良いのではないかというようなコメントもされています。機関投資家も同趣旨のことを言われており，機関投資家の皆さまにどういった形でバーチャル株主総会を展開していくのかということも１つの課題と認識しています。

6 音声のみで円滑に行われている海外でのバーチャルオンリー型株主総会

今給黎 ではハイブリッド型でなければ本当に意義のあるディスカッションができないのかということについては，今年，アメリカで大手コンシューマーメーカーＰ社が初めてバーチャルオンリー型の株主総会を実施し，一部録画の映像を使っていましたが，原則いわゆるオーディオオンリー，音声のみで行われていましたのでご紹介いたします。

アメリカの株主総会は，まず議案採決をしてそのあと質問1～2問，20分から30分ぐらいでおしまいという形が多いのですが，P社の株主総会は，比較的日本に近い，1時間半ぐらいきちんとやっていくというような形でしたので，参考になるかなと思い，ざっとどのような流れだったかというのをご紹介します。

まず，議長であるCEOが開会を宣言して総会に関する注意事項の説明があり，歌の上手な社員が国歌を歌い，出席取締役を静止画像で1人ずつ詳細にキャリアを含めて説明し，監査法人担当，集計担当も静止画像で紹介すると，その後，すぐに議案の採決に入り，ポールオープンが宣言されました。

行使に際しての注意事項として，画面の下に行使ボタンがあります，事前に議決権行使を行った株主は，行使内容を変えない限りは再行使をする必要はありませんという説明があり，すぐに議案の説明に入りました。議案ごとに説明があり，質問を受けるという形で進み，実際に取締役選任について質問があったので，オペレーターの人が質問を代読し，CEOが音声で回答していました。

株主提案もあり，提案者が，名前を名乗った上で3分ほど音声によりプレゼンをし，会社側はそれに反論，3つ出た質問はオペレーターが代読し，会社側は一括して回答するという形でした。全議案の説明と質疑が終わると，すぐにこれをもって議決をクローズしますと宣言され，配当の説明の間に集計が行われ，1分後には，集計の結果が公表され，何％で可決/否決という説明がありました。ここで，いわゆる機関決定が必要な株主総会は終わり，次に事業に関する質問セッションへと進みました。

まずCEOの事業報告のプレゼンが，録画された動画で20分間行われた後，質疑が開始されました。ここでもすべてオペレーターが質問やコメントを代読するという形で進行し，あのCMは最高でしたといったコメントも含めて，質問等が11個ありました。オンラインでのテキストでの質問のあとに，次は電話で質問を受けますと進み，ここでは本人が電話で質問をしていました。最後にまたオンライン質問に戻って質疑とコメント紹介で終了となり，全体で87分でした。

他にも今年初めてバーチャルオンリー型の株主総会を実施した大手飲料メーカーや大手製薬会社の事例も公開されていたので視聴しましたが，CEOのプレゼンの時間が多少異なる程度で，およそ同じような進行でした。これらのバーチャル株主総会を視聴した限り，特にストレスを感じることもありませんでしたので，バーチャルオンリー型，音声のみ，原則動画なしということでも十分に双方向で即時の対話というものは実現できているように感じられました。海外では，一部の団体，機関投資家から，動画をもっと活用すべきというコメントもあるようですが，P社のようにバーチャルオンリー型でしかも音声だけでも十分に双方向の対話ができるのではないか，アメリカでできるのであれば日本でもできるのではないかというのが率直な感想でした。

7　DXによりディスラプションが起きている株主総会

今給黎　株主総会プロセスで言うと，総会が終わったあとにいろいろな報告書を作ったり提出したりする実務がありますし，年間を通じた株主との対話が重要だと思います。通年でコミュニケーションができるようなプラットフォームを構築していきたいという構想はありますが，これは今後の課題として取り組んでいきたいと思います。

経済産業省のガイドラインがつくられた時には，バーチャル株主総会はもう少し先の話として考えておられたかと思いますし，アメリカの場合も2019年は300社しか実施しておらず，2020年も400社ぐらいと見ていたようですが，2020年はコロナ禍で一気に2,500社になったという状況です。これはもう完全に社会のディスラプションが起きているということだと思います。これを契機として日本の株主総会のあり方も，10年後が一気に目の前にやってきたと頭を切り替えて，ゼロベースで再検証していくべきではないかと考えております。

またこの点もかねがね武井先生も仰っておられますが，株主総会で機関決定するところとそれ以外のところをきちんと分けて議論すべきではないかという論点や，株主総会には相当な社会的なコストがかかっているので，それに見合うよう，合理的・効率的な形にしていくという論点もあるのではないかと思っています。

8　DXを活用した透明性が高い最先端の株主総会

今給黎　仕組みを作る以上は，世界最先端の株主総会プロセスを構築していくべきではないかと思っています。日本はデジタル化が遅れていると言われがちなのですが，案外そうでもなくて，例えば議決権電子行使プラットフォームでいうと，アメリカの場合，電子行使は８割～９割はもちろんあるのですが，上場会社の手元に届くのは株主総会の直前であって，その時に賛否の結果がわかっても何も手が打てないという状況です。一方で，日本の場合は，日々積み上がる賛否の票がわかりますので，それに対して上場会社側が補足情報の提供などの対応ができるといったアメリカよりも進んでいる面もあります。現在の状況を踏まえて，DXを使った世界最先端の株主総会プロセスのモデル構築を実現すべく，当社としてもできる限りの貢献をしてまいりたいと思います。

長くなりましたが，冒頭のアイスブレイクとしては以上でございました。ありがとうございました。

森　田　全体像に渡る貴重なお話をありがとうございました。従前の取組みからバーチャル株主総会の取組み，アメリカの事例および今後の展望まで，広くご説明いただきましてありがとうございます。

坂　東　世界最先端という点では，私どもの議決権行使プラットフォームでは，発行会社は機関投資家による投票結果を招集通知発送日の翌日から毎日確認することができます。米国では，総会開催日から逆算した所定日が到来しなければ確認することができません。グローバル市場の中でも機関投資家の反対行使をいち早く確認できる環境が整備されている点で，日本は最も進んでいると言えるように思います。

武井　ありがとうございます。加えて，欧米で進んでいるいわゆる「実質株主の見える化」の点ですが，アメリカでは一定規模以上の機関投資家に一定の開示義務が制度によって求められて「見える化」しており，判明調査などでも重要な礎となっています。また，ヨーロッパではEU株主権指令を経て会社に実質株主確認の請求権が付与されています。日本では電子化の仕組みによってアセットマネージャーも見える化し得ると思います。こうした点も含めて，仰るとおりいろいろな形での最先端，デジタルが可能にする透明性という意味での最先端が達成されていくかと思います。

今給黎　はい。何とかそこを目指してやっていきたいと思っております。

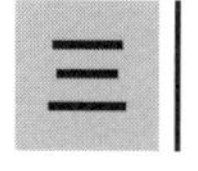

三　Virtual Shareholders Meeting（VSM）システム

1　バーチャル株主総会を可能とするVSMシステム

武井　では具体論として，2020年12月23日に貴社からプレスリリースされました「Virtual Shareholders Meeting（VSM）」の仕組み[1]の概要についてご説明をしていただけますでしょうか。

坂東　まず，当社ではバーチャル株主総会のシステムを，VSMプラットフォームと名付けました。バーチャル株主総会という，グローバルに使われている文言をそのまま用いました。今後の課題ともいえますが，国内外の投資家が日本の株主総会にアクセスする時代の到来を念頭に置き，海外で浸透する名称を用いて周知していきたいとの願いがあります。

1　http://www.icj.co.jp/news/information/3220/

当社は今般，Broadridgeではなく，イギリスのLumiホールディングスのVSM採用を決定し，2020年12月23日付で基本合意に関するリリースを行いました。採用の決め手になったのはスムーズな日本語対応です。その他にも，日本の株主総会実務との親和性を重視しました。Lumiにおいては修正動議が提出された場合でも，バーチャル出席する株主は標準搭載の機能で採決に参加することが可能です。

またユーザー管理の面で，LumiにおいてはID，パスワードの任意設定が可能です。株主名の登録に加えて，現状の日本のバーチャル株主総会実務において使用されている番号体系をIDあるいはパスワードとして設定することも可能です。

以上のような点を総合的に判断して，Lumiプラットフォームの採用決定に至りました。

2　ログイン画面

坂東　このVSMの仕組みについて，主な画面を紙芝居的にご案内します。

図表４－４は，ログイン画面です。初めに９桁の数字で構成される総会番号を入力します。総会番号はグローバルベースでシステムを通じて自動付番されます。株主向けにはQRコードを設定して案内することが可能です。当社のVSMプラットフォームは，パイロットとして2020年12月に定時株主総会を開催した東証一部上場会社にご利用いただきましたが，その際にもQRコードを用いた案内を実施しました。画面にはLumiのロゴが表示されていますが，将来的に当社，あるいは証券代行機関のコーポレートカラーやロゴを用いてカスタマイズすることも念頭に置いています。

3　議決権取扱い等に関する留意事項

坂東　総会番号を入力すると**図表４－５**の免責事項に関する画面が表示されます。議決権取扱い等に関する留意事項について自由に記述することが

【図表４－４】

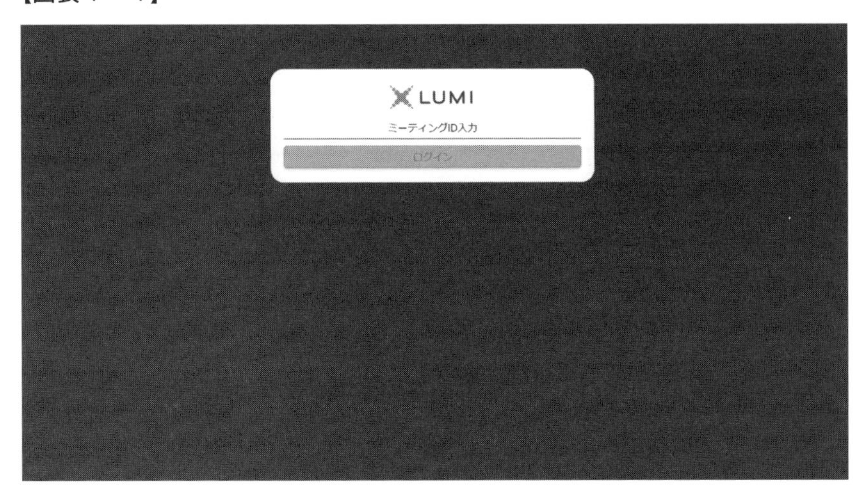

【図表４－５】

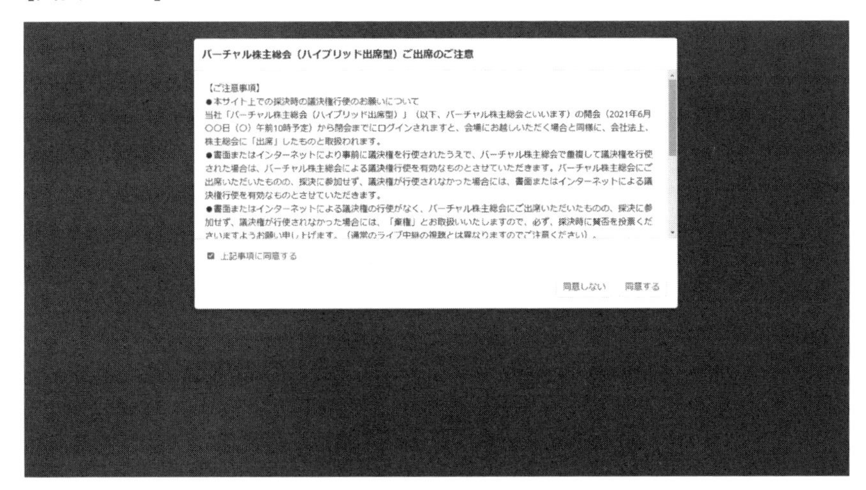

可能です。

4　IDおよびパスワードの入力

坂東　記載事項に同意すると，**図表４－６**のIDおよびパスワードの入力画

【図表4－6】

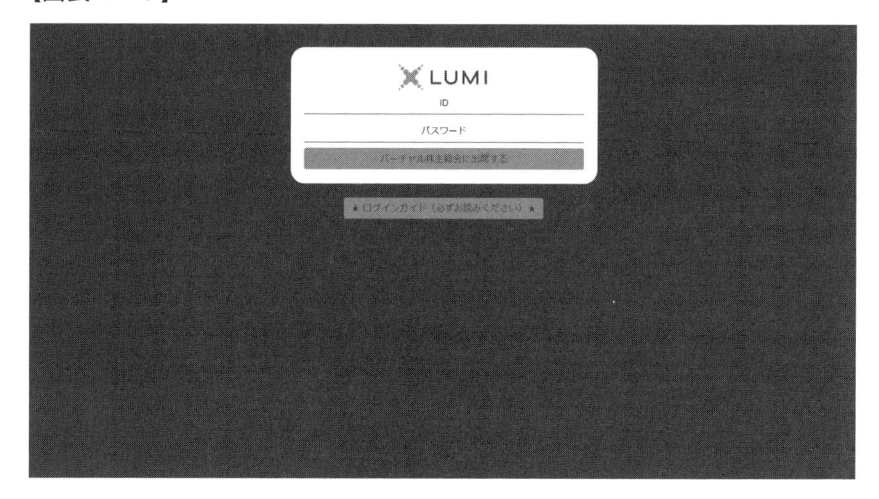

面が表示されます。例えば，株主番号と郵便番号の組み合わせのように任意に決めたIDおよびパスワードを使用することができます。

また，欄外には，例えば動議等の取扱い等に関する説明を設けることが可能です。IDおよびパスワードに関する今後の課題としては，株主が仮パスワードを本パスワードに変更する機能の実装について，現在Lumiと検討しているところです。

5　総会情報画面

坂東　ログインが完了すると，**図表4－7**の株主総会情報とライブ配信の画面が表示されます。左半分の総会情報画面には各社のロゴや，議決権の取扱い等を含めた留意事項を任意表示することが可能です。右半分のライブ配信画面には議場中継等を表示することが可能です。

画面に表示されるアイコンは，①総会情報，②質問入力，③総会書類，④ライブ配信（動画配信），そして⑤議決権行使の5つです。

【図表４－７】

【図表４－８】

	総会情報	株主番号，議決権数，開催日時，議決権行使のお願い，ライブ配信映像に関するFAQ，視聴不具合等に関するお問合せ，ご注意事項を掲載しています。
	質問入力	質問の入力画面です。ご質問の際には，画面に表示されている＜事務局よりご案内＞を必ずお読みいただいてからご入力ください。
	総会書類	株主総会招集ご通知，株主総会招集ご通知に関するインターネット開示情報を掲載しています。
	ライブ配信（動画再生）	総会のビデオやスライドは約　30　秒後に表示されます＊。表示位置はご利用のデバイスによって異なります。ウィンドウは最大化または最小化できます。＊インターネットの回線速度によって異なります。
	議決権行使	**このアイコンは採決時に自動的に表示されます**。案内に従い，受付時間内にすべての議案について議決権行使を行ってください。

アイコン右肩の「通知ドット」（●）は，未読の情報がある場合に表示されます。

6　質問入力・総会書類画面

坂東　質問と総会書類はPC画面においては株主総会情報と同じく画面の左半分に表示されます。株主は右側に表示されるライブ画面を見ながら質問したり，総会書類を確認することができます。

なお，質問には全角1,000字以内という文字数制限があり，発行会社が希望する任意の字数制限の設定には対応できておりません。今後の課題の1つとして，Lumiと協議する事項の1つとして位置づけています。

【図表4－9】

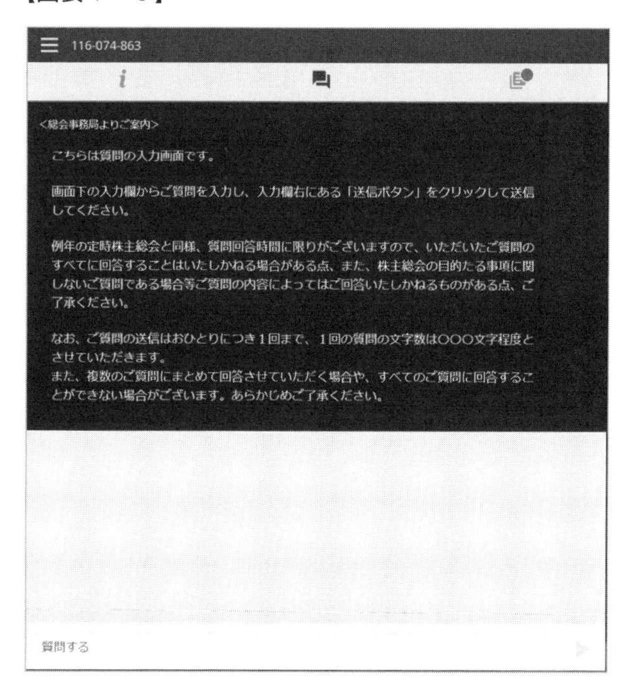

【図表４－10】

7　ライブ配信画面

坂東　続いて，**図表４－11**がライブ配信画面です。映像配信業者にhttpsで始まるURLを発行してもらい，管理画面の所定欄に入力することで，指定の映像が株主向けに表示されます。配信業者の編集により，議長が話す様子とプロジェクター用スライドを同一画面に組み合わせて配信することが可能です。

一般的には撮影と配信をセットで提供する配信業者の利用が想定されますが，VSMプラットフォームではZoomの映像音声をつなげることが可能です。例えば議長を含む取締役等がZoomを通じて出席し，その映像音声をプラットフォーム経由で株主に配信するやり方です。海外のバーチャル株主総会においても，PCを使ってリモート参加する取締役

【図表4－11】

の映像を容易に表示することが可能になりました。

武　井　ちなみにこの配信は，音声だけという選択肢もあるのでしょうか。

坂　東　そうですね，音声だけという選択肢も可能で，静止画あるいはスライドに音声を乗せるやり方です。アメリカで主流となっているオーディオオンリーの株主総会にも対応可能です。

武　井　この画面は，パソコン，タブレット，スマホのどの媒体でもよいわけですね。

坂　東　はい。この画面イメージはパソコン画面ですが，いずれの媒体も対応しています。

8　議決権行使画面

坂　東　続いて，議決権行使画面です。

バーチャル出席する株主は，**図表4－12－A**のような画面を通じて議決権行使を行います。採決時に，株主が別画面を開いている場合でも，この画面が自動的に前面表示される仕組みになっており，議決権行使の機会を逃すことにならないよう，配慮がなされています。採決が終了するまでの間，株主は行使内容の変更や取消しが可能です。

図表4－12－Bは採決終了時に表示される画面です。ボタンの色が変わると，株主はそれ以降の変更や取消しができなくなります。株主総会の開会時点から投票を可能にしておくのか，あるいは採決の時間に限定するのかについては，バーチャルならではのシナリオの選択が考えられるように思われます。今後，事例が増えていく中で選択肢が多様化することを期待しています。

武 井 これはバーチャル出席型のパターンですが，ちなみにバーチャル参加型の時にはどんな感じの画面になりますか。

坂 東 バーチャル参加型の場合ですと，この左半分の議決権行使画面は表示されません。ですので，リアル会場の議長が議事進行する様子が見えるのみとなります。

武 井 なるほど。

坂 東 事務局が使用する画面では，バーチャル出席した株主の行使結果をリアルタイムに集計することが可能です。ただし，事前行使を含むすべての投票結果を即座に合計し，リアル会場で数字を示すところまでは対応できておりません。今後の機能強化の過程で検討していきたいと考えています。

武 井 あと，ハイブリッド出席型の中には，事前登録をしてもらった株主にバーチャル出席してもらうというパターンもあります。そうした対応は株主番号とかによるログインのところでやるということになりますか。

坂 東 そうですね。申込みがあった株主だけがログインできるようにシステムに登録する方法が想定されます。同じサイト内に事前登録の受付画面を作成し提供することが可能です。

武 井 なるほど。ちなみにバーチャル出席型の場合，この画面を見る人は全員バーチャル出席にならないといけないのでしょうか。バーチャル出席する株主さんと，単に画面を見たい，参加したいだけの株主さんの両方

【図表4－12－A】

【図表4－12－B】

が共存するようなやり方もありえますでしょうか。

坂東　その場合ですと，ゲストとしてログインさせる処理が可能です。その場合，採決の時であっても，議決権行使画面は表示されません。

【図表４－12－Ｃ】

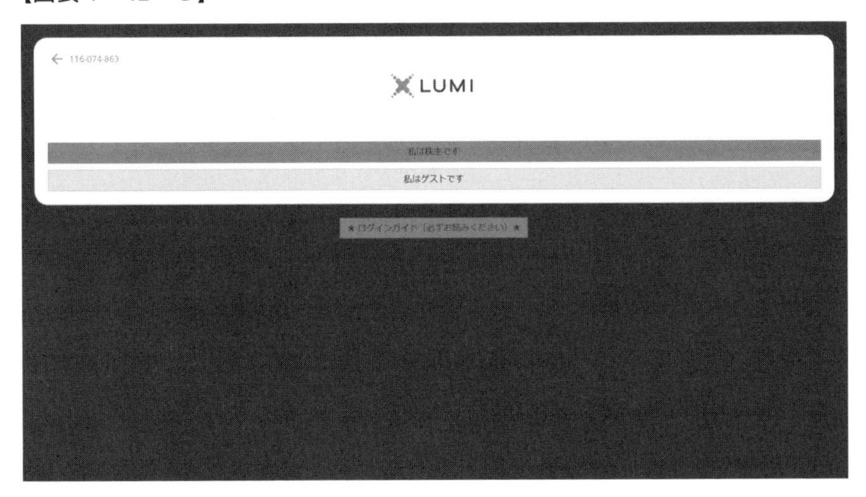

武　井　出席型と参加型のハイブリットをやりたいという企業がもし現れた場合に，システム対応上はやろうと思えばできるのですね。

坂　東　可能です。

9　株主からの質問のハンドリング

武　井　VSM経由で入ってくる株主からのご質問は，スムーズにハンドリングされますでしょうか。

坂　東　そうですね。たくさん質問が入ってきても，逐一読み上げるというより，こういう質問が複数寄せられましたという形でまとめて回答することでスムーズに対応できます。

武　井　リアルで開催するとなかなかでてこない，株主側からの良いコメントや感想を幅広く聞けるメリットも，ハイブリッド型にはあるわけですね。

　総会の目的事項に関係ないものはもちろん答える必要がないわけです。質問も来たものを全部答えないと会社法上の説明義務違反だという話ではありません。アメリカではそもそも決議が終わってから質問を聞いています。

株主の声をより聞いて距離を近くする取組みなので，その中で意味のあるコメントとか，インスパイアーするコメントとかも会社がわかるということは，デジタルが為せる技というか，リアルとは異なる良い点が確かにあります。リアルで時間を区切って，一対一の会話をリアルでやると，1人が喋っていると他の人が喋れなくなりますので。

坂東　実出席の株主にはアンケート用紙を配って質問を書いてもらい，それを回収するという方法もあるように思います。

10　株主にとってもわかりやすい機能

坂東　パイロット利用いただいた株主総会では，バーチャル出席する株主向けにA4判両面に収まる内容の利用ガイドを作成し，プラットフォーム内の株主画面に掲載しました。操作方法に関する問い合わせに備えましたが，証券代行機関のコールセンターからICJにエスカレーションされてくるような質問はありませんでした。バーチャル出席した株主には概ねスムーズにご利用をいただいたという認識です。

11　証券代行との役割分担

武井　証券代行さんとICJとの本件のVSMに関する役割分担について，簡単にご説明していただけますでしょうか。

坂東　ICJはこれまでご紹介したプラットフォームを提供し，利用に際してのサポートを担当します。証券代行機関には，ダウンロードされたバーチャル出席株主の議決権行使データに，必要に応じて当日のリアル出席株主の集計を加えて，事前行使データと合算し，臨時報告書用の最終集計を対応いただくことを想定しています。その他，アクセス方法に関する問い合わせがあった場合の一次的な窓口としてコールセンター対応をお願いしたいと考えています。

四　バーチャル株主総会の仕組み（各論）

1　出席型/参加型/ライブ配信のすべてに対応

砂金　続いて，機能面のご説明をさせていただければと思います。

まず出席型，参加型双方への対応です。冒頭，今給黎が申し上げたとおり，出席型，参加型，日本で言うライブ配信，この3つに対応することができるシステムになっております。

また，ログインユーザーを特定すること，特定しないことのどちらも対応可能です。これは先ほどご質問にもありましたけれども，株主（出席型または参加型）と，ゲスト参加（ライブ配信）を同時に実施することが可能です。また，ライブ配信のみの時に共通のIDでみなさんにログインしていただく多重ログインという設定も可能です。ここはいろいろなバリエーションが可能かと思います。

2　株主の本人確認方法

砂金　次に，株主本人の確認方法とログイン方法です。IDとパスワードによるログインということになっています。

証券代行さんによれば，バーチャル株主総会は，電子行使を採用している発行会社が採用することも多く，すでに電子行使用のID・パスワードが議決権行使書に印字されている状況です。そこで，電子行使用のID・パスワードと，バーチャル株主総会用のID・パスワードとを，間違って使ってしまうというケースが想定されます。

そのため，現在電子行使用のID・パスワードは，従来通りの乱数表的なパスワードにしていますけれども，このバーチャル株主総会については，議決権行使書に印字をしている株主固有の情報ということで，株主番号をログインID，郵便番号をパスワードにされる会社が多いと理解しています。

これも先ほど坂東が申し上げたとおり，今後日本の運用に合わせて仮パスワード，本パスワードの運用というのをやっていこうというふうに考えています。

森田　そうすると，今年のID・パスワードと来年のID・パスワードは一緒ということになるのですか。

砂金　そうですね。同じ株主さんの場合ログインのID・パスワードが同じになる前提になりますが，総会番号という9桁の数字が変わってきますので，去年と同じ総会番号ではログインすることはできません。

3　コメント・質問の受付

砂金　次に参加型でのコメントの受付です。

コメントの受付についてはテキストによる入力でご提出をいただくというのが前提になっております。音声による入力について，今給黎が冒頭申し上げたとおり，アメリカでは電話などで質問を受け付けることもやっていますが，弊社の仕組みでは音声での受付はできないということになります。現時点でこちらの機能単独では，音声による質問の提出はできないということです。そして提出可能な文字数がシステム上の上限である全角1,000文字までとなっていますので，提出可能な文字数の制限機能を検討しているところです。また，提出回数の制限というのも今のところありません。

しかし，Zoom連携も可能になっていますので，Zoomを使うことによって，株主にZoomに入っていただいて，質問を音声でお話しいただくということも可能です。また電話会議システムのようなもので電話をかけていただいて，その音声をこのシステムに繋ぐということも可能です。なお，Zoom連携はライブ配信の一種として使用することになりますので，ライブ配信とZoomを併用することはできません。

出席型での質問ですが，これは文字入力により提出いただくことが可能です。動議の提出を受け付けることも可能ではあります。

4　投票への対応

砂　金　次に，投票のところです。投票については，バーチャル出席型限定の話です。管理者画面でバーチャル出席したどのぐらいの方が採決に参加をされているかがわかり，バーチャル行使のリアルタイム集計が可能となっております。また，この採決時間についても，事務局の画面で議決権行使のボタンのオン・オフの切替えが自由にできます。2020年12月のパイロット総会では議決権行使の時間を３分と設定しましたが，これを総会の開始からオンにしておき，議長が任意のタイミングで，それではそろそろ採決を終了しますということでオフにすることも可能となっています。

次に，事前行使分の取扱いですが，現時点では事前行使分を取り込む機能はありません。そのため，この事前行使については，証券代行機関の当日受付・集計システムに連携し，そこで振替処理等を行っていただくことを想定しています。そこで事前行使，およびリアル（当日）出席の方とバーチャル出席の方との突合の上，処理をすることになります。システム的に仕様が複雑にならないように，今後証券代行機関とも調整しながら，当日受付・集計システムの取込みの仕様について固めていくことになります。

武　井　そうですね。VSMを使ってちょっと立ち寄ってみましたという株主さんが，それが実は出席型で簡単に事前の議決権行使が無効になるというのは，株主さんのご意向にも合ってないのだと思います。

森　田　どの議決権行使をカウントするかに関し，投票された分だけ証券代行さんのシステムで取り込むという点ですが，その投票された分だけというのは，例えば１号議案と２号議案は投票して３号議案は何もしなかった人については，１号議案と２号議案のバーチャル行使結果だけ送って，１号議案と２号議案の事前行使結果だけ消してもらえるという理解でよろしいでしょうか。

砂金　はい，そこについては出力するエクセルシートで，1が賛成，2が反対，何も行使しない人はブランクとすることができますので，証券代行さんに1または2の出力があるところだけ消し込んでもらって，ブランクは消込みをせずに不行使という形にするなどの対応を決めておく必要があるかと思っています。

森田　対応を決めればブランクのところは事前の議決権行使をそのまま有効にするというのもできるということですね。

砂金　はい。そこはできます。

5　事前登録・事前質問への対応

砂金　事前登録，事前質問への対応ですが，これはこのシステムの事前行使機能にあるテキスト入力機能を利用して対応可能です。同様に，総会の事後アンケートといったものにも利用することも可能ですので，総会前・総会後のいずれにも利用可能と考えております。議決権の事前行使については日本ではすでに証券代行機関がご対応されていますので，当社ではその機能を他の目的に利用するというものです。

なお，例えば50名様の締切りのところで定員に達したとして自動的に締め切るといった機能はありません。そのため，そのような締切り設定はマニュアルで発行会社に対応していただくことになります。

6　デジタルのアクセス環境で留意すべき点

砂金　デジタル環境の状況に関してですが，お取扱いしたパイロット総会の参加人数は，2020年のハイブリッド出席型バーチャル株主総会の中で最多となりました。サイトを開局してから，サイトにすぐログインをしてすぐログアウトしたり，総会が始まって採決ぐらいの時間でまたログインをするとか，いろいろな方がいらっしゃいました。アクセスの平均時間は2時間弱でしたので，ほぼ総会時間の全期間，かなり長い時間ログインをされていた方が大半でした。

武井　本件のような動画をずっと視聴するとなると，株主側はWi-Fi環境じゃないと厳しいでしょうか。

砂金　そうですね。長時間となると，タブレットやスマートフォンよりPCが主になるかと思います。ただ株主側の利用環境についてですが，2002年に電子行使が採用された頃にはWebブラウザーのバージョンや，画面の解像度など，かなり細かく推奨環境について案内をしていました。招集通知にもかなり細かく各発行会社が記載していました。しかし今回は株主のご質問も減ったので，機器面などのリテラシーはかなり変わってきているかと思います。

7　リアル会場とライブ配信とのタイムラグ

砂金　あと注意しておくべき点が，リアル会場とライブ配信のタイムラグです。30秒から40秒，環境によってはそれ以上になることも考えられます。株主総会が始まり議長がリアル会場で宣言をして，30秒経たないとバーチャルの方にはその映像が届かないことになります。何が起こるかというと，リアル会場の議長の発声に合わせて，バーチャルの側でそれでは採決を始めますと言ったとしても，バーチャルの方にはまだそのところまで映像が進んでいない状況となります。そのため，この投票ボタンのオン・オフのタイミングは，リアル会場の音声ではなくて，ライブ配信の映像上の音声に合わせてボタンのオン・オフを操作するというのが必要となります。採決ボタンも，すべての議案を一括でグループ行使としたほうが円滑となります。ライブ配信のタイムラグを考えた運用は留意点です。

武井　30〜40秒のタイムラグはなぜ出るのでしょうか。

砂金　撮影した映像をインターネット上に配信するために，エンコーディングという作業があるそうです。配信のために収録した映像を配信可能な形式へ変換するというものです。

坂 東　海外のバーチャル株主総会ではオーディオオンリーが多勢ですが，一部ビデオを選択する会社もあります。その場合も同様にタイムラグは発生しているようです。世界最大の証券代行機関としてグローバルに事業展開するオーストラリアのコンピュータシェア社は，自社や委託会社のバーチャル株主総会にLumiのプラットフォームを採用しています。同社のユーザーガイドには，30秒程度のタイムラグが発生する旨のアナウンスがあり，日本でも同様の明記をしていくことが有効であると考えられます。あとは，先ほどの話のとおり，バーチャル出席の株主が見るタイミングに配慮しながら採決の開始，終了のボタンを操作することが求められるように思われます。

武 井　グループ行使ですが，ネット行使がグループ行使であっても，リアル行使のほうもそれにあわせる必要はなく，リアルのほうは1号議案，2号議案と分けることもあり得るのでしょうね。

8　事前質問対応を含めたワンストップのプラットフォーム

森 田　株主から来た質問を事務局ではどのように対応することになりますか。

砂 金　事務局はリアルタイムで質問を管理者画面で確認することができます。例えば事務局の方が議長後方または別室で，質問が来た時点で画面に表示された内容をあらかじめ用意した質問管理票のようなものにコピーして，そこで想定問答と合わせて回答を準備するような作業が考えられます。

武 井　そうした作業は，事務局の方も，会社とか会場にいる必要はないことになりますでしょうか。

砂 金　社外からVPN接続等を利用して社内ネットワークにアクセス可能であれば，作業できるかと思います。

武 井　ちなみに株主からのご質問には，真摯な真っ当な質問も多いという傾向が見られますか。

砂 金　はい。パイロット総会では，ハイブリット総会は地方からも参加できるので続けてほしいというお褒めのコメントも含めて，多数ご質問をいただきました。

武井　事務局側が大変でなければ，総会前から質問サイトを開けておくと，事前準備ができて良い面もありますね。VSMでは，予約された方は事前の質問もできるという設定もできるのでしょうか。

砂金　事前登録制にして，事前登録の方だけにユーザー，ログイン情報をご連絡することにすれば，その方だけサイトにログインして質問を入れていただくことが可能です。

武井　事前質問も含めたワンストップのプラットフォームになるということですね。

坂東　武井先生が指摘されたように，デモをご覧になった発行会社さんからは，同じ仕組みの中で完結できるのは非常に分かりやすいとの評価もいただいております。

武井　事務局側にとっても，質問対応のプラットフォームとして一覧性があるということですね。

砂金　そうですね。このVSMのサイトで，先ほどご説明した事前行使機能にはテキスト入力機能があります。テキスト入力していただき，例えば毎日エクセルデータをダウンロードして，今日の質問，明日の質問というように見ることも可能となります。

武井　それは効率的で，事務局も助かると思います。

9　株主向けイベント等とのリンクも可能

坂東　ちなみに，VSMプラットフォームは，株主総会以外の株主イベントにも活用することができます。例えば，総会終了後に続いて開催される株主向けの商品販売会にご利用いただくことも考えられます。

五　通信障害等の回避

1　システム容量

武井　事前の会社側の準備の観点で重要となります，システムの容量等をどのくらい準備しなくてはいけないのかという点についてご説明いただけますでしょうか。特に6月の総会集中時期にシステムがパンクしてしまうのではないかという点は，各社さんとも関心が高いかと思います。

坂東　弊社がまず重視しているのは，同時アクセスする株主の人数です。

VSMプラットフォームは，アマゾン社のクラウドコンピューティングサービスであるAmazon Web Service（AWS）を利用しています。Lumiはサーバーのストレステストによって，1万人による同時アクセスを実証済みですが，問題はその人数を超える場合です。

今後の利用社数の増加に備えて，株主数をどれだけ見立てるのかにもよりますが，それに応じてサーバーを増強する計画です。サーバー増強はLumiが担当します。

仮に多数の株主を有する発行会社が利用を希望し，しかも6月の第1集中日もしくは第2集中日に総会を開催している場合，Lumiと調整して，日本に複数設置するサーバーだけでなく，アジア他拠点のサーバーリソースをその日だけ日本に振り分けるといった対応をしていくことを想定しています。

武井　常時の増設ではなく，必要となる日だけ確保することができるのですね。

坂東　そうです。アマゾンのAWSの利点として，柔軟にリソースの分配を挙げることができるように思います。

武井　サーバーが必要と事前にわかっていることで，借りてくることで対応できるということですね。

坂東　少なくとも当社のサービスについてはそのとおりです。

武井　ということは，事前に問い合わせさえいただければ，その枠は調達できますということですかね。リアルのホテルであっても相当前から予約していますので，その点ではあまり変わらないとも言えますね。

坂東　はい。むしろボトルネックになるのは，撮影・配信業者の確保なのかもしれません。しかしながら，高品質の映像にこだわらなければ，Zoomをうまく使いこなすことで問題はクリアできると考えています。

武井　音声オンリー，Zoom等のWEB会議システム，撮影の三択があるわけですね。

坂東　そうですね。

武井　アメリカではさきほど冒頭でご紹介があったとおり，音声オンリーでやっているわけです。総会のコストも考えると，株主とのインターフェースをやるのに，ここまで壮大なイベントを物理的に毎回やっている必要があるのですかという問題提起なので，やはりデジタルの中でそれが自然に変わっていく話だと思います。バーチャル株主総会で何ができますかという部分は，これまでの総会実務の常識だと思っていることが，相当常識ではなくなってくるという話ですね。

坂東　おそらく，デジタル化は，コスト削減をはじめとする新たな変化をもたらすのではないかと思っております。

2　高画質の映像配信にこだわらないこと

坂東　通信障害については，当社の仕組みでは２種類に分けて対応策を検討中です。１点目はサーバーやウェブサイトといったプラットフォームに起因する障害であり，２点目はそれらを繋ぐネットワーク回線に起因する障害です。

前者については，先ほどご説明したとおり，AWSのサーバーを利用計画に従い増強することで対応していきたいと考えています。

後者については，電話会議システムやZoom等の発行会社としてすでに利用中のツールをバックアップの選択肢として組み合わせることを念頭に置いています。

　それらを対応策として，総会シナリオにもきちんと組み込んでいくことがポイントだと考えています。

武井　ちなみに，回線のバックアップのところはどんな感じでしょうか。

坂東　例えば，最もアクセスが集中するであろう6月総会の第1集中日の午前10時頃の株主総会ビデオ配信がどうであるかについては，まだ見極めがついていない部分もあります。コロナ禍の影響で，株主総会以外の各種イベントも軒並みバーチャル開催となっていますが，ライブ配信の途中停止は決して珍しい事態ではないと感じています。本格的な映像の撮影と配信を前提に考える発行会社からすれば，大規模な株主総会のバックアップとしてZoomを位置付けるのはやや軽装備であるように思われてしまうかもしれませんが，予算とニーズに見合った対応策を策定し実行する必要があるように思います。

武井　これは経験則からやっていくしかないでしょうか。

坂東　そのような気がしています。ここで改めて申し上げたい点として，株主総会については，必ずしも高品質なビデオ映像にこだわる必要はないということです。1社でも多くの発行会社がスムーズにバーチャル株主総会を開催できることを株式市場全体の共通目標として掲げるのであれば，最も集中する6月の開催であればこそ，さらには午前10時の開催であればこそ，音声とスライドを組み合わせたオーディオオンリー型の形態を検討するとか，開催中のすべての時間でビデオ撮影を行うのではなく，冒頭の開会挨拶や閉会挨拶に限るといったような判断も必要ではないかと考えています。

武井　一定以上の品質の映像は使用しないようにするとかですね。

坂東　はい。オーディオオンリーとビデオのそれぞれの場合を比べた場合でも，データ容量は全然違ってきます。

　Zoom利用によるビデオ会議を例にみても，パワーポイントスライドの画面共有中心のミーティングを録画した際の容量と，話し手の映像中心のミーティングの録画容量は大きく異なります。出席者が多ければ多いほど，ネットワークに対する負荷も大きくなります。特に総会シーズンにおいてはこの点についても考慮していく必要があります。株主総会だからといって午前10時開催に拘る必要はないように思われます。当社プラットフォームのパイロット総会は午後１時からの開催でしたし，2020年３月総会にも，夕方開催という例があったかと思います。こうした分散化の取組みは市場全体でもっと強調していっても良いのではないかと考えます。

武井　株主数が圧倒的に多いところとかでは，オーディオオンリーを真剣に考えないと，全体に負荷をかけるかもしれないですね。

坂東　そうですね。その点では経団連さんも言及されているオーディオオンリーは検討に値する施策です。今給黎が冒頭に申しましたように，工夫次第でオーディオオンリーであっても，スライドをご覧の株主の満足度を高めることが十分可能であることを周知していく取組みも必要ではないかと考えます。

武井　そうですね。

砂金　ちなみに通信用回線を増幅する事例もあります。専用線を引くとなると，通信業者さんが実地調査をする等，少し余裕を見て２，３か月程度の期間を要します。

武井　いろいろな費用対効果を踏まえた検討になりますね。

砂金　あと，自社開催でなくホテル開催だとインターネットの回線は慣れているので，正副の両線を引くインフラを持っている場合もあります。

坂東　役員の顔を画面表示する時間を極力短くして，あとはカメラ非表示にするような感覚で回していくとか，そのようなシンプルな構成でもバックアップ回線は必要という結論になるのかもしれませんが，うまく分散を図るという視点が必要かと思います。

武井　映像じゃなきゃいけないとか，音声ではダメだとかいう議論は，おかしいですね。

3　発行会社のネットワークセキュリティ

砂金　通信障害ではないのですが，発行会社側のネットワークのセキュリティの重要性もあります。セキュリティに関しいわゆるブラックリストとかホワイトリストというような運用がありますが，ホワイトリストという方式で「このサイトしか見てはいけない」という対応をしている発行会社さんもいらっしゃいます。

そうした場合，Lumiのサイトにアクセスできるかを，管理者画面と株主画面と両方で事前にご確認をいただくということも必要となります。

武井　最近のサイバーセキュリティとかの関連ですね。

砂金　はい。そのため，Lumiのサイトにアクセスできるように設定を変更していただく必要があります。また，海外にはアクセスさせないという発行会社さんもいらっしゃいますので，まずはLumiのサイトにアクセスできるかどうかを事前にご確認いただくということが前提となります。

坂東　AWSサーバーについては，日本国内に設置する計画です。少なくともLumiに接続できない理由がその点にある会社さんについては，問題ないかと思います。

六　バーチャル株主総会に向けた今後の展望

1　バーチャル株主総会への支援体制

坂東　バーチャル株主総会実施に対する株主からの評価として，遠方から総会に出席できる機会を設けていただいて大変助かります，引き続きバーチャル開催を希望しますといった好意的なコメントが寄せられています。

当社のVSMプラットフォーム利用に際しての支援体制についてです

が，総会当日や準備段階の支援は証券代行機関に対応をお願いしたいと考えています。株主総会運営を熟知する立場から発行会社の支援をしていただき，当社はLumiとの調整役としてモニタリングとメンテナンスに徹するという役割分担です。多くの発行会社がバーチャル株主総会を開催できるようになる上で，証券代行機関の役割は非常に重要です。まずは，証券代行機関の関係者の方々にプラットフォームに対する理解を深めていただけるよう，トレーニングを含む導入支援を着実に推進することを検討中です。

また，機能強化については，先ほどご説明したような，仮パスワード変更，事前行使を含む即時集計，質問の文字数制限の任意設定等，ニーズに合わせた機能強化を課題に位置づけています。また，機関投資家の総会参加についても，バーチャル株主総会であれば移動の負担が大きく軽減されることもあり，視聴のニーズが出てくるように思われます。そうしたニーズに備える適切な仕掛けづくりも将来的な課題です。

発行会社が機関投資家の総会出席を検討する場合，全国株懇連合会の「グローバルな機関投資家等の株主総会への出席に関するガイドライン」が参考になるかと思いますが，現在，日本でバーチャル株主総会に出席できるのは，今般の当社プラットフォームを含めて名義株主に限られます。したがって，ガイドラインに定めるAからDまでの４つのルートのうち，機関投資家はルートAの名義株主としての届出変更ができない場合，選択肢はルートBの傍聴に限定され，ゲストを認める場合を除いて，機関投資家は実質株主であってもバーチャル株主総会にアクセスすることはできません。

先ほど話したとおり，当社では今回はBroadridge VSMの採用を見送りましたが，Broadridge VSMにおいては，実質株主としての機関投資家もバーチャル出席が可能です。先ほどのガイドラインでいえば，ルートB以外にもルートCを選択する際の技術的なハードルが下がり，株主としての視聴や質問の機会を得る可能性が増すことになります。Broadridge VSMの機能は，バーチャルオンリー型の株主総会が多い米国において，機関投資家から一定の評価を得ていると聞いています。

日本では，事前行使については，発行会社が議決権電子行使プラットフォームに参加することで，機関投資家は電子行使できるようになりますが，このプラットフォームはBroadridgeのシステムを利用しています。個人株主が利用しやすいLumiのVSMシステムに，機関投資家のバーチャル出席を可能にするBroadridgeのVSMシステムをうまく接続することで，機関投資家から出席希望がある場合でも，発行会社が選択肢を提供できる環境を早期に実現したいと考えています。

武　井　今お話があった株懇さんのグローバル機関投資家の総会出席ガイドラインは弊職らも深く関与して整理させていただきました。先ほどの話に絡みますが，傍聴をしかもネットでやるだけの時には，より柔軟な選択肢が生まれると思います。

2　通年対話のためのプラットフォーム

坂　東　今後の抱負として，まずは最初の総会シーズンにおいて発行会社の期待に応えるサービスを提供することですが，将来的には，通年対話のためのプラットフォームを目指してまいります。

プラットフォーム自体は，株主総会以外にも，株主説明会や機関投資家向けのスモールミーティング，さらには株主限定商品販売会のようなイベントでも同じウェブサイトを提供することができます。そのため，発行会社の実務担当者の方も，あるいは個人株主の方も，使い慣れたインターフェースを通じて，対話の充実に向けたいろいろな試みができる，投資先企業に対する理解を深める，そうした可能性が広がるように思います。

当社においても，今後，通年対話の事例を考案し，積み重ねていくことで，発行会社さんの取組みを支援していきたいと考えています。

森　田　本日のお話をお伺いして，今回のICJさんのVSMの機能は，現時点で考えられる，想定されるものについては，大半のことに応えられる仕組みになっていると感じました。こういう仕組みがなかった2020年３月総会，６月総会では，本当に各事業会社が，事前の登録はどうしよう，事前の質問はどうしよう，それこそライブで配信ってどうしようというのを手探りでされていたところを，ワンストップですべて解決されるというところも画期的だと思います。当日集計のところを工夫すればすぐに証券代行機関のシステムとの連携ができるところも良いですね。

通信障害への不安に対して，早い者勝ちではなく，アマゾンのAWSのサーバーを再分配することで対応することができるというのも，今までは誤解があった点ではないかと思います。一方で，動画配信のために回線を引いてくる必要があるとなると利用のネックになり得ます。音声やスライドの活用も含め，より使い勝手の良いものに，コストがかからずにサーバーの安定性等も含め安心して使えるようになったら，利用がさらに広がってくるのではないかと思いました。

今給黎　ありがとうございます。本日ご示唆いただいた点やご指導いただいた点を踏まえ，当社のサービス内容につきましては，より皆様に使っていただけるような仕組みを作っていきたいと思っております。冒頭でも申し上げましたけれども，株主総会プロセスのDX化を推進していくという中で，当社としても主導的に貢献していきたいという気持ちがございますし，その過程では，今あるアナログの仕組みをデジタルにただ単純に移行するのではなくて，せっかく新しいテクノロジー，オペレーションがありますので，それを使った上で株主総会自体もより合理的，効率的，効果的な仕組みに移行していく，進化させていく必要があると思っております。その点についてはまた武井先生，森田先生にもご指導を頂きながら，より良い株主総会プロセス，仕組みを作っていきたいと思っておりますので，引き続きご指導のほどよろしくお願いいたします。

武　井　今日のクリスマスイブにふさわしい締めの言葉をありがとうございます。株主総会のDX化の進展に向けて，サンタクロースがいろいろなものを置いてきてくれた，そういうお話だったかと思います。本日はありがとうございました。

［2020年12月収録］

（了）

ハイブリッド型バーチャル株主総会の実施ガイド

2020年２月26日策定

経済産業省

目次

1．　用語の定義等

本ガイドにおける主な用語の定義・説明は、以下のとおりである。

株主総会プロセス

- 招集通知の発送から株主総会開催日までの過程のみならず、株主総会前の議案検討期間等も含めた、株主総会に係る年間プロセス全体を指す。株主総会を通じた会社と株主の関係構築・対話について、株主総会当日だけでなく、そこに至るまでの経緯全体を視野に入れてその在り方を検討すべきとの考え方に基づく概念。

インターネット等の手段

- 物理的に株主総会の開催場所に臨席した者以外の者に当該株主総会の状況を伝えるために用いられる、電話や、e-mail・チャット・動画配信等のＩＴ等を活用した情報伝達手段をいう。

リアル株主総会

- 取締役や株主等が一堂に会する物理的な場所において開催される株主総会をいう。なお、本とりまとめにおいては、このような形態の株主総会のみが開催される場合の当該株主総会だけでなく、下記のハイブリッド型バーチャル株主総会における物理的な開催場所をも「リアル株主総会」ということがある。

バーチャル株主総会

- 下記のハイブリッド型バーチャル株主総会及びバーチャルオンリー型株主総会を併せていう。

ハイブリッド型バーチャル株主総会

- 下記のハイブリッド参加型バーチャル株主総会及びハイブリッド出席型バーチャル株主総会を併せていう。

ハイブリッド参加型バーチャル株主総会

- リアル株主総会の開催に加え、リアル株主総会の開催場所に在所しない株主が、株主総会への法律上の「出席」を伴わずに、インターネット等の手段を用いて審議等を確認・傍聴することができる株主総会をいう。

ハイブリッド出席型バーチャル株主総会

- リアル株主総会の開催に加え、リアル株主総会の場所に在所しない株主が、インターネット等の手段を用いて、株主総会に会社法上の「出席」をすることができる株主総会をいう。

バーチャルオンリー型株主総会

- リアル株主総会を開催することなく、取締役や株主等が、インターネット等の手段を用いて、株主総会に会社法上の「出席」をする株主総会をいう。

リアル出席・リアル出席株主

- リアル株主総会に出席すること・する株主をいう。

バーチャル出席・バーチャル出席株主

- インターネット等の手段を用いて、バーチャル株主総会に出席すること・する株主をいう。

2. はじめに

（１）ガイドのスコープと目的

① ハイブリッド型バーチャル株主総会とバーチャルオンリー型株主総会

現在、上場会社が開催する一般的な株主総会は、物理的に存在する会場において、取締役や監査役等と株主が一堂に会する形態[1]で行われている（リアル株主総会）。他方、近年のＩＴの発展を踏まえれば、株主総会にはＩＴ等を活用して遠隔地から参加する方法も考えられ、その具体的な在り方については、複数のパターンが考えられる。

一つは、リアル株主総会を開催する一方で、当該リアル株主総会の場に在所しない株主についても、インターネット等の手段を用いて遠隔地からこれに参加／出席することを許容する形態である（ハイブリッド型バーチャル株主総会）。

もう一つは、リアル株主総会を開催せず、取締役や監査役等と株主がすべてインターネット等の手段を用いて株主総会に出席するタイプである（バーチャルオンリー型株主総会）。

取締役会の開催方法としてはすでにテレビ会議等の方法が認められていることや、昨今のＩＴの発展や生活への浸透度に鑑みると、バーチャルオンリー型株主総会についても、中長期的には、企業と株主との建設的対話の深化のための選択肢の一つとなり得ると考えられるが、現行の会社法下においては解釈上難しい面があるとの見解が示されている[2]。

そこで、本ガイドでは、上場会社をはじめとする、株主が地理的広範に分散している株主総会を念頭に、株主総会へのＩＴ活用の第一歩として、ハイブリッド型バーチャル株主総会における法的・実務的論点を明らかにする。

---

[1] 相澤哲＝葉玉匡美＝郡谷大輔編著「論点解説　新会社法」（商事法務、2006）362頁～363頁において、取締役会については、電話会議やテレビ電話、インターネットによるチャット等による開催も可能とされている。

[2] 第197回国会　法務委員会　第2号（平成30年11月13日）において、小野瀬厚政府参考人（法務省民事局長（当時））から、「・・・実際に開催する株主総会の場所がなく、バーチャル空間のみで行う方式での株主総会、いわゆるバーチャルオンリー型の株主総会を許容するかどうかにつきましては、会社法上、株主総会の招集に際しては株主総会の場所を定めなければならないとされていることなどに照らしますと、解釈上難しい面があるものと考えております」との見解が示されている。

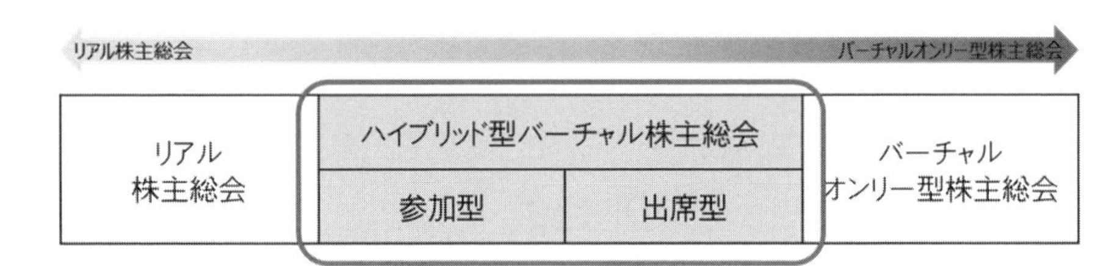

② ガイドの目的と位置づけ

会議体としての株主総会をどのように開催するかについては、会社の業態や規模、発展段階、及び株主構成等の状況を踏まえて、各会社において望ましい手法が検討されるべきである。その観点から、本ガイドは、会社の株主総会の在り方として、必ずしもハイブリッド型バーチャル株主総会が望ましいという方向性を提示するものではない。あくまでも、会社が自社の株主総会の在り方を検討するときの追加的な選択肢を提供することを目的とするものである。

本ガイドでは、ハイブリッド型バーチャル株主総会の実施を希望する企業が、実施に当たり問題となりうる法的・実務的な論点を明らかにする。法的・実務的な論点の検討にあたっては、リアル株主総会においてこれまで積み重ねられてきた解釈や実務をベースとしつつ、インターネット等の手段を用いた株主総会への参加／出席という新しい行為態様における特異性等を踏まえて検討を行った。また、我が国においては、インターネット等の手段を用いた参加／出席を可能とする株主総会の実施事例はあまりないため、海外のプラクティスを参考にし、商業上利用されている現在の技術を前提とした。

その結果、これまでとは異なる新しい解釈が妥当と考えられる場合については積極的に取り入れ、その上で望ましいと思われる対応を「具体的取扱い」として提示した。複数の解釈がありうるものについては、「法的考え方」において両論併記しているが、今後のプラクティスが積み重ねられる際の検討の視座となるよう記述している。

（2）法的・実務的論点整理の方向性

日本においては諸外国に先駆けて、株主総会における書面投票制度（会社法（以下、「法」という。）311条）及び電子投票制度（法312条）が法律上設けられている。これは、株主総会の審議に参加しない株主にも議決権行使を認めることで、会社の意思決定に株主意思を直接反映するためのものと考えられる[3]。その結果、大多数の会社では、株主総会を開催する前に議案の賛否についての結論が事実上判明しているというのが実態である。これは、事前の情報提供の充実や、機関投資家との個別の対話機会の拡大等により、株主総会がプロセスとして機能していることの成果ともいえ、安定的な株主総会の運営、さらには安定的な会社経営に資するという一面も指摘されている。

インターネット等の手段の活用は、株主総会への参加・出席の機会をさらに拡大し得るものである。他方で、上記事前の議決権行使との関係では、取扱い方法如何によってはその制度趣旨とコンフリクトが生じうることが考えられる。その点については、できる限り株主意思を尊重しつつ、実務の中で現実的に取り入れることができる方向で整理することとする。

（3）類型整理、メリット・留意事項

① 参加型と出席型

ハイブリッド型バーチャル株主総会の法的・実務的論点を整理するに当たっては、インターネット等の手段を用いた株主総会への関与が法律上の「出席」として扱われるか否かによって、「ハイブリッド参加型バーチャル株主総会」と「ハイブリッド出席型バーチャル株主総会」に分類して検討することとする。

ハイブリッド参加型バーチャル株主総会

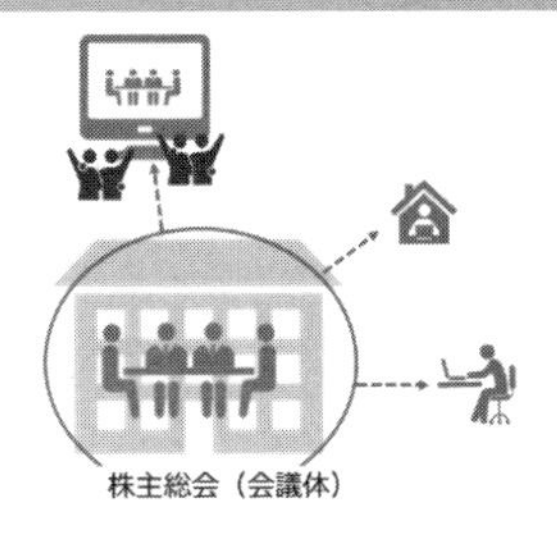

ハイブリッド出席型バーチャル株主総会

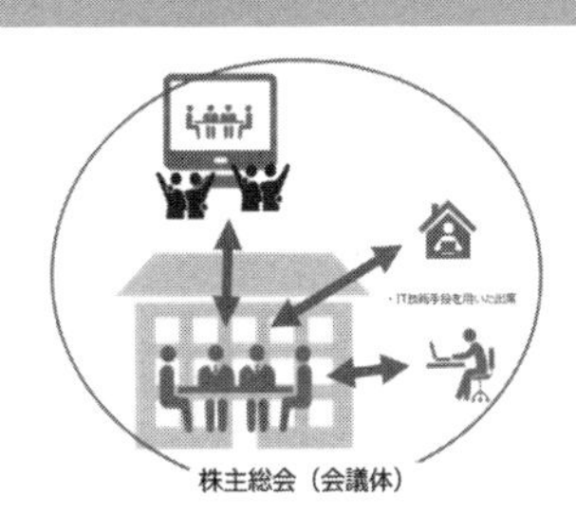

[3] 前田庸「会社法入門（第13版）」（有斐閣、2013年）405頁

② それぞれのメリットと留意事項

ハイブリッド参加型バーチャル株主総会（以下、単に「参加型」ともいう。）及びハイブリッド出席型バーチャル株主総会（以下、単に「出席型」ともいう。）それぞれのメリットや留意事項は、以下のように考えられる。

【ハイブリッド参加型バーチャル株主総会のメリットと留意事項】

メリット	留意事項
・遠方株主の株主総会参加・傍聴機会の拡大。 ・複数の株主総会を傍聴することが容易になる。 ・参加方法の多様化による株主重視の姿勢をアピール。 ・株主総会の透明性の向上。 ・情報開示の充実。	・円滑なインターネット等の手段による参加に向けた環境整備が必要。 ・株主がインターネット等を活用可能であることが前提。 ・肖像権等への配慮 （ただし、株主に限定して配信した場合には、肖像権等の問題が生じにくく、より臨場感の増した配信が可能。）

【ハイブリッド出席型バーチャル株主総会のメリットと留意事項】

メリット	留意事項
・遠方株主の出席機会の拡大。 ・複数の株主総会に出席することが容易になる。 ・株主総会での質疑等を踏まえた議決権の行使が可能となる。 ・質問の形態が広がることにより、株主総会における議論（対話）が深まる。 ・個人株主の議決権行使の活性化につながる可能性。 ・株主総会の透明性の向上。 ・出席方法の多様化による株主重視の姿勢をアピール。 ・情報開示の充実。	・質問の選別による議事の恣意的な運用につながる可能性。 ・円滑なバーチャル出席に向けた関係者等との調整やシステム活用等の環境整備。 ・株主がインターネット等を活用可能であることが前提。 ・どのような場合に決議取消事由にあたるかについての経験則の不足。 ・濫用的な質問が増加する可能性。 ・事前の議決権行使に係る株主のインセンティブが低下し当日の議決権行使がなされない結果、議決権行使率が下がる可能性。

3. ハイブリッド参加型バーチャル株主総会

ハイブリッド参加型バーチャル株主総会は、遠隔地等、リアル株主総会の場に在所しない株主が、会社から通知された固有のIDやパスワードによる株主確認を経て、特設されたWEBサイト等で配信される中継動画を傍聴するような形が想定される[4]。

参加型において、インターネット等の手段を用いて参加する株主は、リアル株主総会に出席していないため、会社法上、株主総会において出席した株主により行うことが認められている質問（法314条）や動議（法304条等）を行うことはできない。

しかしながら、日本の大多数の会社では、株主総会を開催する前に、議案の賛否についての結論が事実上判明している中で、当日の株主総会に参加する株主は、質問や動議を行うよりも、経営者の声や、将来の事業戦略を直に聞くことに意味を見出している場合が多いのが実態である[5]。したがって、ハイブリッド参加型バーチャル株主総会は、株主に対して経営者自らが情報発信するなど、株主が会社の経営を理解する有効な機会として、積極的に評価されると考えられる。また、ハイブリッド参加型バーチャル株主総会を実施することにより、株主にとって参加機会が広がるとともに、会社にとっては会場の選択肢を広げる可能性がある。

（1）運営上の論点

各社がハイブリッド参加型バーチャル株主総会の実施を検討するに際して留意すべきポイントを整理する。

[4] 株主以外も含めて広く中継動画を提供するような形態も、同様の意義を有する場合があると考えられるが、ここでは、株主総会は株主による会議体であることを踏まえ、参加型においても株主に限定したものについて整理を行う。

[5] 複数の会社が実施する株主向けのアンケートにおいて、株主総会に参加する理由や期待する内容として「経営者の声を聞く機会」や「今後の事業展開」といった回答が見られる。
https://www.mitsui-kinzoku.co.jp/wp-content/uploads/94shareholdersmeeting05.pdf
https://www.resona-gr.co.jp/holdings/investors/ir/disclosure/hd/pdf/06m_mini/mini06_22-23.pdf
https://www.mizuho-fg.co.jp/investors/stock/meeting/pdf/questionnaire_15.pdf

① 議決権行使

参加型の場合、当日、インターネット等の手段を用いて参加する株主は当日の決議に参加することはできない[6]。したがって、議決権行使の意思のある株主は、書面や電磁的方法による事前の議決権行使や、委任状等で代理権を授与する代理人による議決権行使を行うことが必要であり、その旨を事前に招集通知等であらかじめ株主に周知することが望ましい。

② 参加方法

株主のバーチャル参加を認めるにあたっては、動画配信を行う web サイト等にアクセスするための ID、PW を招集通知等と同時に通知する方法や、既存の株主専用サイト等を活用する方法などが考えられる[7]。いずれの手段を用いる場合でも、事前に参加方法を株主に通知する必要がある。通知方法としては、招集通知の中に記載する方法や、招集通知に同封する方法などが想定される。

③ コメント等の受付と対応

参加型の場合、インターネット等の手段を用いて参加する株主は、会社法上、株主総会において株主に認められている質問（法 314 条）や動議（法 304 条等）を行うことはできない。

---

[6] ただし、会社によっては、その置かれている状況により、インターネット等の手段を用いて審議を傍聴した株主が傍聴後に議決権を行使することを可能にするような選択肢を検討することも考えられる。法 298 条 1 項 4 号は、株主総会の招集に当たって決定すべき事項として、「出席しない」株主のために電磁的方法による議決権行使を認める場合には、その旨を定めるべきことを規定しており、電磁的方法による議決権行使の期限は、同法施行規則 63 条 3 号ハにおいて、会社が事前に「特定の時（株主総会の日時以前の時（後略））」を定めることとされている（定めがない場合には、同施行規則 70 条において、「株主総会の日時の直前の営業時間の終了時」とされている）。この点に関し、「株主総会の日時以前の時」とは、株主総会の開始時（法 298 条 1 項 1 号の「株主総会の日時」）以前の時であり、株主が審議を傍聴した後の行使は想定されていないと解されるとの考え方がある。他方、この点について、事前の議決権行使の期限を株主総会の日時以前の時と定めているのは議決権行使結果の集計に係る会社の便宜のためであり、会社の判断で採決に入る時まで事前の議決権行使を受け付けることを会社法が許容していないとは考えにくいとの指摘もある。後者の考え方に立つと、同施行規則 63 条 3 号ハにいう「株主総会の日時以前の時」とは株主総会における採決時以前の時と解すこととなり（法 298 条 1 項 1 号にいう「株主総会の日時」とは、条文の趣旨の相違から異なって解することが可能）、取締役が事前に電磁的方法による議決権行使の期限を株主総会における採決時と定めた場合には、中継動画等を傍聴した株主が、その様子を確認した上で議決権行使を行うことも可能となる。

[7] なお、中継動画等を株主以外にも広く配信するような場合には、ID・パスワード等による株主の本人確認は必要がない。

しかし、それらとは別のものとして、株主総会の会議中にインターネット等の手段による参加株主からコメント等[8]を受け付けることについては工夫の余地があり、株主とのコミュニケーション向上に資すると考えられる。たとえば、以下のような取扱いが考えられる。

✓ リアル株主総会の開催中に紹介・回答

多くの株主の関心が高いと思われるコメント等について、事業報告や議案に係る役員等の説明や、その後の質疑において、リアル出席株主との質疑の状況もふまえつつ、議長の裁量で議事運営上可能な範囲で紹介し、回答する。

✓ 株主総会終了後に紹介・回答

株主総会終了後に、インターネット等の手段により参加した株主によるコメント等を紹介し、回答する。例えば、株主総会後に開催される株主懇談会等の場を活用することも考えられる。

✓ 後日 HP で紹介・回答

後日、会社の HP 等で回答とともに紹介する。例えば、後日 HP 等で動画を公開する場合などに併せて掲載するといった工夫も考えられる。

また、上記の例の他にも、株主総会開催中ではなく、事前にコメント等を受付け、当日の会議における取締役等からの説明の中で、それらに回答するといったことも[9]、中継動画の配信と組み合わせることにより、株主への情報提供やインタラクティブな対話を促進する取組であると考えられる。

なお、上記のようにコメント等の紹介についてタイミングを選べるのと同様、会社は、コメント等の取り上げ方についても、リアル株主総会での審議の状況や、事前の情報提供の内容等に応じ、株主に資すると考えられる適切な方法を選択することが可能である。

---

[8] ここでは、法 314 条において株主に認められている質問と区別するため、敢えて「コメント等」と表記している。
[9] このような取扱いは、事前質問への一括回答としてすでに行われている実務と同様と考えられる。

4.　ハイブリッド出席型バーチャル株主総会

ハイブリッド出席型バーチャル株主総会は、遠隔地等、リアル株主総会の場に在所しない株主が、インターネット等の手段を用いて株主総会に出席し、リアル出席株主と共に審議に参加した上、株主総会における決議にも加わるような形態が想定される。

現行の会社法の解釈においては、ハイブリッド出席型バーチャル株主総会を開催することも可能とされている。ただし、開催場所と株主との間で情報伝達の双方向性と即時性が確保されていることが必要とされている。

また、出席型におけるバーチャル出席株主は、自らの議決権行使についてもインターネット等の手段を用いてこれを行うことが想定されるが、これは法 312 条 1 項所定の電磁的方法による議決権行使ではなく、招集通知に記載された場所で開催されている株主総会の場で議決権を行使したものと解される点には留意が必要である。

総会におけるリアルタイムなインターネット投票　（298 条関係）

株主総会について、インターネットを通じて、リアルタイムで、株主総会の状況を画像で送信し、株主も、質問権や議決権の行使ができるようなシステムを採用することができるか。

【A】

1. 株主総会の開催場所と株主との間で情報伝達の双方向性と即時性が確保されているといえる環境にあるのであれば、個々の株主が、インターネットを使って株主総会に参加し、議決権を行使することは可能である。
2. なお、その場合の議決権の行使は、電子投票（298 条 1 項 4 号）ではなく、その株主が招集場所で開催されている株主総会に出席し、その場で議決権を行使したものと評価されることとなる。
3. なお、この場合の株主総会議事録には、株主総会の開催場所に存しない株主の出席の方法を記載する必要がある（施行規則 72 条 3 項 1 号）。同号は「株主の所在場所及び出席の方法」等という規定を置いているわけではなく、株主の所在場所は議事録に記載することを要しない。
   ただし、出席の方法としては、開催場所と株主との間で情報伝達の双方向性と即時性が確保されている状況を基礎づける事実（ビデオ会議・電話会議システムの使用等）の記載が必要である。
4. なお、取締役会議事録において開催場所にはない取締役の出席方法（施行規則 101 条 3 項 1 号）についての記載についても、上記と同様、当該取締役の所在場所を記載する必要はない。

（資料）相澤　哲、葉玉　匡美、郡谷　大輔『論点解説　新・会社法　千問の道標』株式会社商事法務（2006.6）

（1）基本的考え方

会社によるハイブリッド出席型バーチャル株主総会の採用は、株主の株主総会への出席方法について、リアル株主総会の開催場所へ実際に臨むという方法に加えて、インターネット等の手段を用いての出席（バーチャル出席）という選択肢を追加的に提供するものである。ハイブリッド出席型バーチャル株主総会の運営の在り方の検討に当たっては、リアル株主総会で一般に行われている実務を応用するということを基本に考えつつも、バーチャル出席という態様から考えられる特異性や、新しい技術の発展を前提に、論点を整理しておくことが必要と考えられる。

現在、多くの会社において、株主総会の運営については、決議の取消事由（法第831条1項）[10]があるとして訴えが起こされることのないよう慎重に行われているのが実態であり、これまで積み重ねられてきた裁判例・実務等も踏まえ、法的に安定的な議事運営の在り方が、「あるべき実務」として広く共有されている。ただし、この「あるべき実務」が前提としている会議体は、基本的には、株主や取締役等が物理的な会場に一堂に会して実施される会議体（リアル株主総会）である。

他方、ハイブリッド出席型バーチャル株主総会は、その出席形態として、物理的な会場に実際に臨むだけでなく、インターネット等の手段を用いた出席をも含む新しい会議体の形であり、必ずしも、これまで形成・共有されてきた「あるべき実務」をそのまま当てはめることができない。

また、会社法上、株式会社に開催が義務づけられている株主総会は、リアル株主総会を適法に開催することで足りるところ、ハイブリッド出席型バーチャル株主総会は、リアル株主総会の開催に加えて、追加的な出席手段を提供するものであり、株主は、常にリアル株主総会に出席するという機会が与えられているという点にも留意が必要である[11]。

もっとも、追加的な手段ではあるものの、オンライン等の手段を用いた「出席」として提供する以上、会社は、株主総会において株主に認められた議決権行使を初めとする諸権利の行使に係るリアル株主総会との違いについて、事前に説明を行うなど、適切な対応を行う必要がある。

---

[10] 法第831条1項において、株主は、「1. 株主総会等の招集の手続又は決議の方法が法令若しくは定款に違反し、又は著しく不公正なとき。2. 株主総会等の決議の内容が定款に違反するとき。3. 株主総会等の決議について特別の利害関係を有する者が議決権を行使したことによって、著しく不当な決議がされたとき。」について、訴えをもって株主総会決議の取消を請求できるとされている。

[11] 会社がハイブリッド出席型バーチャル株主総会を実施するにあたって大きな追加負担が生じる場合には、かえって株主が有する株主総会への期待から乖離する可能性があることも考慮に値すると考えられる。

これらを踏まえ、ハイブリッド出席型バーチャル株主総会の実施にあって企業側に求められる具体的な対応策を示す。

（２）前提となる環境整備

■考え方

バーチャル出席を認める場合には、株主がインターネット等の手段を活用するため、サイバー攻撃や大規模障害等による通信手段の不具合（以下、「通信障害」という）が発生する可能性が考えられる。前述したように、ハイブリッド型バーチャル株主総会の実施に当たっては、開催場所と株主との間で情報伝達の双方向性と即時性が確保されていることが必要であることから、会社は、会社側の通信障害について、予め対策を行うことが必要である。加えて、株主が容易にアクセスするために、会社は一定の情報提供等の対策を取ることが望ましい。

なお、会社の管理が及ばない株主側の問題に起因する不具合によって株主がバーチャル出席できない場合も考えられる。交通機関の障害によって株主が総会会場に出席できないことと同様に、こうした事態は株主総会の決議の瑕疵とはならない。

■具体的取扱い

具体的には、会社は、次の対策を取ることが必要と考えられる。

○　会社が経済合理的な範囲において導入可能なサイバーセキュリティ対策。
○　招集通知やログイン画面における、バーチャル出席を選択した場合に通信障害が起こりうることの告知。
○　株主が株主総会にアクセスするために必要となる環境（通信速度、OS やアプリケーション等）や、アクセスするための手順についての通知。

＜法的考え方＞

・　ハイブリッド出席型バーチャル株主総会を実施した場合において、会社側の通信障害が発生し、その結果、バーチャル出席株主が審議又は決議に参加できない事態が生じた場合には、法 831 条 1 項所定の決議取消事由に当たるとして、決議取消の請求がなされる可能性も否定できない。

・　しかし、ハイブリッド型バーチャル株主総会を実施する会社の株主は、バーチャル出席でなくリアル出席をするという選択肢があり、バーチャル出席を選んだ場合は、リアル株主総会において株主が全く出席の機会を奪われるのとは状況が異なる。法 831

条1項1号の決議取消に係る要件の充足性についても、リアル株主総会を前提にして成立した解釈とは異なった解釈が可能と考えられる。

・ 従来の法解釈では、決議の方法の瑕疵が客観的に存在すれば会社法831条1項1号の要件は満たされ、会社が瑕疵の防止のため注意を払っていたといった事情は、裁量棄却の判断において考慮されるにすぎないと考える向きが多かったと思われるが、それは、もっぱらリアル株主総会を念頭に置いた議論である。ハイブリッド出席型バーチャル株主総会では、株主にはバーチャル出席でなくリアル出席をするという選択肢があり、会社から通信障害のリスクを告知されながらあえてバーチャル出席を選んだ場合は、リアル株主総会において株主が全く出席の機会を奪われるのとは状況が異なる。

・ すなわち、会社が通信障害のリスクを事前に株主に告知しており、かつ、通信障害の防止のために合理的な対策をとっていた場合には、会社側の通信障害により株主が審議又は決議に参加できなかったとしても、決議取消事由には当たらないと解することも可能である[12]。

・ 上記のように解しなければ、会社が株主の出席機会を拡大するためにバーチャル出席を認めると、かえって決議の取消しリスクが増大することになり、会社が株主の出席機会を拡大する動機がなくなってしまうという点も考慮すべきである。

・ なお、会社側の通信障害によりバーチャル出席株主が審議又は決議に参加できなかった場合であって、法831条1項所定の決議取消事由に当たると判断された場合であっても、例えば、会社は通信障害の防止のため合理的な対策を講じていた場合であって、かつ、バーチャル出席株主は審議に参加できなかっただけで決議には（その時点までに通信が回復したため）参加できたか、又は、バーチャル出席株主は決議にも参加できなかったが、そのような株主が議決権を行使したとしても決議の結果は変わらなかったといえる場合は、手続違反の瑕疵は重要でなく、かつ、決議に影響がないものとして、取消しの請求は裁量棄却（法831条2項）される可能性が十分あると考えられる。

---

[12] なお、通信障害の問題について法制度上の対応（立法論・解釈論）を考える上では、ドイツ株式法243条3項1号において、株主総会に電磁的な方法をもって参加する権利の行使が技術的な事故（通信の中断）によって妨げられたことは、会社に悪意又は重過失がない限り、株主総会決議の取消事由に当たらないものとされていることが参考になる。

（３）株主総会の運営に際しての法的・実務的論点

株主総会という会社の機関としての機能発揮という面や、解釈上の要件として挙げられている情報伝達の即時性、双方向性という観点から特に以下の点について整理を行う。

① 株主の本人確認
② 株主総会の出席と事前の議決権行使の効力の関係
③ 株主からの質問・動議の取扱い
④ 議決権行使の在り方
⑤ その他（招集通知の記載方法、お土産の取扱い等）

① 本人確認

■考え方

株主総会に出席し議決権を行使できる株主は、基準日現在で議決権を有する株主として株主名簿に記載または記録された者に限られる。ハイブリッド型バーチャル株主総会においては、当日の出席者の本人確認について、リアル出席株主とバーチャル出席株主それぞれに対して行うことが必要である。

■具体的取扱い

<株主>

○ バーチャル出席株主の本人確認にあたっては、事前に株主に送付する議決権行使書面等に、株主毎に固有のIDとパスワード等[13]を記載して送付し、株主がインターネット等の手段でログインする際に、当該IDとパスワード等を用いたログインを求める方法を採用するのが妥当と考えられる。

<法的考え方>

・ 会社法上、株主総会に出席する株主の本人確認の方法について特別な定めはない。リアル株主総会の実務においては、日本の信頼性の高い郵便事情を背景に、株主名簿上の株主の住所に送付された議決権行使書面を所持している株主は、通常は当該株主と同一人であるという経験則を適用し、本人確認を実施していると理解できる。

[13] 例えば、米国のバーチャル株主総会においては、16桁の管理コードが用いられている。

- 事前の電磁的方法による議決権行使（法 298 条 1 項 4 号）における本人確認については、上記と同じ理由により、事前に株主名簿上の住所に送付された議決権行使書面に、株主ごとに固有の ID とパスワードが記載されており（または固有の QR コードのこともある）、それを用いてログインをする株主は、通常は株主名簿上の株主であるとして本人確認を実施していると考えられる。

- したがって、バーチャル出席時の本人確認についても、基本的にはこの取扱いを取ることが相当と考えられる。

＜代理人＞

バーチャル出席の場合、場所の制約がなくなり、移動に係る時間も省けることから、リアル株主総会への代理人出席に比べて、代理人のバーチャル出席の要請は少ないと考えられる。しかし、要請があった場合に備え、以下の取扱いが考えられる。

○ 代理出席の取扱いに当たっては、代理人の出席はリアル株主総会に限るとすることも、妥当な判断と考えられる。そのような取扱いをする場合、代理人の出席はリアル株主総会に限るという旨について、予め招集通知等において株主に通知しておくことが必要である。

＜法的考え方＞

- 会社法では、株主が議決権を行使する方法として、代理人が株主総会に出席して議決権を行使する方法が認められている（法第 310 条）。この点については、会社は、代理人がリアル株主総会に出席することを認めていれば、法第 310 条に違反しないといえる。

- また、バーチャル出席という態様の特性を考えると、代理人による出席を認める必要性が乏しいことに比して、本人確認等に付随する処理は実務上煩瑣であり、事務処理コストが大きいことが考えられる。

- したがって、ハイブリッド型バーチャル株主総会にあたっては、代理人の出席はリアル株主総会に限るとすることも妥当な判断と考えられる。

なお、会社が代理人のバーチャル出席を受け付けると判断した場合には、リアル株主総会への代理人出席の場合の本人確認に準じた取扱いが望まれる。リアル株主総会への代理人出席の場合、一般に、上場会社は定款で代理人の数および資格を「議決権を有する他の株主 1 名」に制限しているところ、株主総会当日または前日までに、①委任状と、委任者の本人確認書類（委任者の議決権行使書）を会社に提出し、さらに、②代理人本人の議決権行使書を提出することで出席を認めている。[14]

したがって、代理人のバーチャル出席を受け付ける場合には、委任者からメール添付等の何らかの方法で委任状を受領した上で、代理人による委任者の議決権行使を可能とする必要がある。

■留意事項

<なりすましの危険性について>

リアル株主総会の受付における議決権行使書面の確認は、株主の住所に送付された議決権行使書面の体裁が目視で確認されるなど、人間の知覚作用を介して行われているが、バーチャル出席株主の出席確認を ID とパスワードのみで行う場合には、そのような追加的な確認はされないことになる。事前の電磁的方法による議決権行使時における本人確認の際にも同様の指摘が妥当しうるが、株主総会への出席の場合には、議決権行使に加え、審議における質問等を行うことが可能であることを踏まえると、なりすましの危険が株主総会の運営に与える影響は相対的に大きい可能性がある[15]。

したがって、なりすましの危険が相対的に高いと考えられる具体的事情がある場合などであって、比較的低コストで確実な本人確認手段が利用可能となった場合は（例えば、二段階認証やブロックチェーンの活用などが考えられる）、会社の規模やバーチャル出席株主の数等によっては、当該手段を用いることが妥当な場合も考えられる[16]。

---

[14] 法人株主の職員に対する委任などについても、同様の取扱いがなされている場合がある。

[15] その他、リアル株主総会に出席している株主の ID・パスワードを用いて、別途（または同時に）バーチャル出席されてしまうという懸念もありうるため、そういった場合の対応をあらかじめ定めておくといった対応も考えられる。

[16] また、法人株主の ID・パスワードの管理を容易にするための工夫として、議決権行使書面等で ID・パスワードの記載面を再貼付が不可能なシールで覆うといった工夫も考えられる。

② 株主総会の出席と事前の議決権行使の効力の関係

■考え方

リアル株主総会の実務においては、受付を通過する際に、出席株主数のカウントを行い、議場における株主数・株式数を確認するのが一般的である。ここで、当該株主が事前に議決権を行使していた場合には、実務上は、この受付時の出席株主数のカウントをもってその効力が失われるものとされている。しかし、バーチャル出席する株主については、株主総会開催日の予定が流動的で、リアル株主総会の会場には足を運べないものの、移動の時間とコストがかからないのであれば、偶然空いた限られた時間において、インターネット等の手段を用いてログインしてみるといったように、急な決断による出席の可能性が、リアル出席株主に比べて相対的に高いと考えられる。また、このような予定の流動的な出席株主については、途中参加や途中退席の可能性も相対的に高いものと考えられるところ、バーチャル出席株主が事前の議決権行使を行っていた場合、リアル株主総会の実務と同様に、ログインをもって出席とカウントし、それと同時に事前の議決権行使の効力が失われたものと扱ってしまうと、無効票を増やすこととなり、株主意思を正確に反映しない可能性がある。したがって、バーチャル出席株主についての出席のカウントと事前の議決権行使の効力の関係については、株主意思の尊重という観点から、リアル株主総会の実務とは異なる取扱いも許容されると考えられる[17]。

■具体的取扱い

株主意思をできる限り尊重し、無効票を減らすという観点から、以下の取扱いが考えられる。なお、これらの取扱いについては、あらかじめ招集通知等で株主に通知することが必要である。

○ 審議に参加するための本人確認としてのログインを行うが、その時点では事前の議決権行使の効力を取り消さずに維持し、当日の採決のタイミングで新たな議決権行使があった場合に限り、事前の議決権行使の効力を破棄する。その場合、ログインしたものの、採決に参加しなかった場合には、当然事前の議決権行使の効力が維持される。なお、そもそも事前の議決権行使判断を変更する意思のない株主のために、出席型ログイン画面の他に、参加（傍聴）型のライブ配信等を準備するといった工夫も考えられる。

---

17 ハイブリッド型バーチャル株主総会の導入の過渡期であって利用者が少ないなど、実施するためのコストとの兼ね合いにより、他の取扱いが望ましい場合もありうると考えられる。

＜法的考え方＞

- 法298条1項3号の書面投票又は同項4号の電子投票の制度は、「株主総会に出席しない株主」が書面または電磁的方法により議決権を行使することができるものとする制度であるところ、株主が、ひとたび株主総会の審議中にログインを行った以上、そこで株主総会に「出席」したことになるため、事前の書面投票又は電子投票の効力もその時点で当然に失われるのではないか、という異論がありうる。

- しかし、株主総会の議事は、審議と決議とに分けることができるところ、書面投票又は電子投票は、総会当日の決議に参加しない（その機会のない）株主に事前の議決権行使を認めた制度である、とその趣旨を理解すれば、同項にいう「出席しない」とは、「決議に出席しない」ことを意味すると解釈することも可能である。

- このように解すれば、株主が審議の時間中にログインをしたが、決議の時までにログアウトし、結果的に議決権を行使しなかった場合には、当該株主は、同項にいう「株主総会に出席しない株主」として、事前の書面投票又は電子投票を有効と取り扱うことが可能になる。

- 以上の解釈に対しては、現行のリアル株主総会の実務において、株主が会場に入場する段階で出席の確認を行い、決議の時点では改めて出席の確認をしない処理が一般的であることと平仄がとれないのではないかという疑問がありうる。しかし、リアル株主総会においては、途中退席を把握することは煩瑣であることから、便宜上、決議の時点でのカウントを省略するという取扱いがされているように、株主の出欠席の確認方法については、会社の事務処理の便宜にも配慮し、合理的な範囲で会社による選択が認められていると解される。

- したがって、リアル株主総会において現在一般的な株主の出席確認方法を適法と解しつつ、ハイブリッド出席型バーチャル総会における株主の出席の判断をそれ以外の方法で行うこともまた適法と解することも可能であると考えることができる。

③ 株主からの質問・動議の取扱い

■考え方

リアル株主総会では、質問や動議については挙手した株主を議長が指名するスタイルが一般的であるが、時間等の都合によっては挙手した株主が必ずしも発言できるわけではない[18]。また、議長は、株主が発言するまで質問等の内容を把握することができないことから、議案に関係のない質問が出されることもある[19]。一方、バーチャル出席株主からの質問等を受け付ける場合には、テキストでの受付が想定されるところ、議長が指名してから打ち込まれることになると議事運営に支障が生じることから、予め質問内容が記入されたものを受け付けることが現実的である。その場合、議長がその質問内容を確認した上で当該質問を取り上げるか否かを判断することが技術的に可能になる。このようなプロセスを経て、より多くの株主にとって有意義な質問を取り上げることは、株主との建設的対話に資すると考えられる[20]。もっとも、議長において上記判断が可能になることをよいことに、例えば、現経営陣に対して敵対的な質問であるという理由のみで殊更にこれを取り上げないなどの、恣意的な議事運営が許されないことはいうまでもない。

他方、バーチャル出席株主については、リアル株主総会の出席者に比べて、物理的に議長と対峙していないことや、他の株主の動向や挙動について確認が困難であるなど、その出席態様の違いにより、リアル出席株主と比べて、質問や動議の提出に対する心理的ハードルが下がると考えられる[21]。さらに、バーチャル出席については、質問や動議の内容についてコピー＆ペーストが可能であることから、議事運営を妨害するといった不当な目的で、同じ質問や動議を複数回送ることが容易になり、また、複数社の株主総会に同時に出席して（バーチャル出席の場合にはそれが可能になる。）、会社による違いを踏まえず複数社に対して同じ質問や動議を送信することも可能になるなど、質問権の行使や動議の提出が濫用的に行われる可能性も否定できない。特に、動議について

---

[18] 質問について、リアル株主総会では、質疑時間に挙手した株主を議長が指名するスタイルが一般的であり、株主総会白書（2019年版）図表134、135、145によると、運営上の必要性から、発言時間に制限を設けることや、発言一回当たりの質問数に制限を設けるといった工夫をしている会社もみられる。また、質疑に要した時間や人数等を考慮の上、質疑を打ち切る場合もある。

[19] 2019年度全株懇調査報告書～株主総会等に関する実態調査集計表～（2019年10月　全国株懇連合会）21頁によると、「事業報告・付属明細書」「ESG、SDGs」「コーポレートガバナンス」「株価」といった質問内容に係る具体的な選択肢が複数ある中で、「その他　議案に関係なし」を選択した会社は回答会社（いずれも上場会社）全体の47.9%となっている。

[20] 澤口実＝近澤諒「米国におけるヴァーチャル総会増加と我が国における適否」（旬刊商事法務2140号、2017）32頁、岩村充＝坂田絵里子「我が国における株主総会電子化の可能性と課題」岩村充＝神田秀樹編「電子株主総会の研究」（弘文堂、2003）76頁においても、このような指摘がされている。

[21] 北村雅史「株主総会の電子化」（旬刊商事法務2175号、2018）12頁においても、オンライン参加の株主には質問や動議の提出にあたっての躊躇が希薄になる可能性が指摘されている。

は、直ちに議場に諮るという対応が必要な場合もあり[22]、質問に比べて審議への影響が大きいというそれ自体の性質があるところ、濫用的な行使による弊害は増大する可能性がある。

これらを踏まえ、具体的取扱いについて現実的な対応が必要である。

■具体的取扱い

質問や動議を取り上げるための準備に必要な体制や時間を考慮し、リアル出席株主とバーチャル出席株主の出席する株主総会を一つの会議体として運営するために、以下のような取扱いが考えられる。

【 質問 】

○ 1人が提出できる質問回数や文字数、送信期限（リアル株主総会の会場の質疑終了予定の時刻より一定程度早く設定）などの事務処理上の制約や、質問を取り上げる際の考え方[23]、個人情報が含まれる場合や個人的な攻撃等につながる不適切な内容は取り上げないといった考え方について、あらかじめ運営ルールとして定め、招集通知や web 上で通知する。

○ バーチャル出席株主は、あらかじめ用意されたフォームに質問内容を書き込んだ上で会社に送信する。受け取った会社側は運営ルールに従い確認し、議長の議事運営においてそれを取り上げる。

また、会社のおかれている状況によっては、適正性・透明性を担保するための措置として、後日、受け取ったものの回答できなかった質問の概要を公開するなどの工夫を行うなどが考えられる。

【 動議 】

<動議の提出>

株主の動議の提出にあたっては、提案株主に対し提案内容についての趣旨確認が必要になる場合や提案理由の説明を求めることが必要になる場合等が想定される。しかし、議事進行中に、バーチャル出席者に対してそれを実施することや、そのためのシステム的な体制を整えることは、会社

---

[22] 動議について、リアル株主総会では、株主の挙手や発言により、手続的動議や実質的動議が提出された際には、直ちに議場に諮り当該動議に対する決議を実施したり、（実質的動議の場合には）原案と一括で審議したりするなど、動議の内容やこれまで蓄積された実務上の取扱い等に照らし、議長の議事運営権に基づき対応がされている。
[23] 例えば、株主総会の目的事項に関する質問であり、リアル出席株主を含む他の株主からの質問と重複しないものといったことが考えられる。

の合理的な努力で対応可能な範囲を越えた困難が生じることが想定される[24]。したがって、以下のような取扱いが考えられる。

○ 株主に対し、事前に招集通知等において、「バーチャル出席者の動議については、取り上げることが困難な場合があるため、動議を提出する可能性がある方は、リアル株主総会へご出席ください。」といった案内を記載したうえで、原則として[25]動議についてはリアル出席株主からのものを受け付ける。

＜動議の採決＞

株主総会当日に、株主から動議が提出された場合には、その都度個別に議場の株主の採決をとる必要が生じる可能性がある（ただし、休憩や質疑打ち切りの動議など、一部の手続き的動議は議長の裁量の範囲内で処理される場合があるほか、会社提案への修正動議などの実質的動議については、原案との一括採決が可能な場合もある）。しかし、招集通知に記載のない案件について、バーチャル出席者を含めた採決を可能とするシステムを整えることについては、会社の合理的な努力で対応可能な範囲を越えた困難が生じることが想定される[26]。したがって、事前に書面または電磁的方法により議決権を行使して当日は出席しない株主の取扱い[27]も踏まえ、以下のような取扱いが考えられる。

○ 株主に対し、事前に招集通知等において、「当日、会場の出席者から動議提案がなされた場合など、招集通知に記載のない件について採決が必要になった場合には、バーチャル出席者は賛否の表明ができない場合があります。その場合、バーチャル出席者は、事前に書面または電磁的方法により議決権を行使して当日出席しない株主の取扱いも踏まえ、棄権又は欠席として取扱うことになりますのであらかじめご了承ください」といった旨の案内を記載する。そのうえで、個別の処理が必要となる動議等の採決にあたっては、バーチャル出席者は、実質的動議については棄権、手続的動議については欠席として取扱う。

---

[24] 将来的なシステムインフラの整備状況等によっては、バーチャル出席株主の動議の取扱いについても、リアル出席株主と同様に取扱うことができることも考えられる。
[25] 全体として提出される質問や動議が少ないなど運営上のキャパシティがあり、かつ、バーチャル出席者から送られた内容が明らかで確認等の必要がなく、原案との一括採決が可能である場合など、対応が可能な場合もあると考えられる。
[26] 脚注 25 と同じ。
[27] 現在広く実施されている株主総会実務においては、事前に書面または電磁的方法により議決権を行使して当日は出席しない株主については、実質的動議については反対又は棄権、手続的動議については欠席として取扱われている。

なお、システム的に対応が可能な場合であっても、バーチャル出席株主による質問や動議の提出について、濫用的であると認められる場合に取り上げないことが許容されるのはいうまでもないし、その濫用の程度によって、株主総会の秩序を乱すと判断される場合には、バーチャル出席者の通信を強制的に途絶する（リアル株主総会での退場と同等）ことも、議長の権限によって行うことが可能である。（なお、これらの措置については、あらかじめ議長から、判断の具体的要件[28]とともに権限を受任することで、議事の最中にスタッフが実施することも可能と考えられるが、その場合は、その具体的要件について、あらかじめ招集通知等で通知することが必要である。）

＜法的考え方＞

- バーチャル出席は、出席の態様として会社法上保証された固有の権利ではなく、会社が、株主に対してリアル株主総会への出席に加え、追加的な出席手段を提供しているものと考えられる。

- 会社がハイブリッド出席型バーチャル株主総会を開催すると決定した場合には、少なくとも当日の決議に参加できる環境をバーチャル出席株主間に平等に準備することは必須と言える。

- それらを準備した上で、リアル出席株主とバーチャル出席株主との出席態様の違い等から、一体としての株主総会を運営するにあたり、従前の体制の下ではおよそ対応できないなど、会社の合理的な努力で対応可能な範囲を超えた困難が生じると判断される場合に、事前の通知を前提として、そのような困難に対処するために必要な限度で質問や動議に制限を設けることは、バーチャル出席株主の権利を特段棄損していることには当たらず、許容されると考えられる。

- なお、議長不信任動議や休憩を求める動議などの一部の手続的動議については、会社法に明文の根拠を有する株主の権利ではなく、会議体の一般原則より導かれるものである。ハイブリッド出席型バーチャル株主総会では、バーチャル出席株主は物理的に会場に在所しておらず 、会場における出席態様とは異なることから、一般原則の前提となる会議体が異なっているのであり、このような会議体の一般原則に基づくものとされる動議のうち、例えば休憩を求める動議などの一部の手続的動議については、リアル出席株主のみにその権利があると考えることもできる。

---

[28] 通信の強制的な途絶については、株主総会の会場からの退場処分と同様に、株主総会における秩序維持のための最終的な手段として認められるべきであることから、当該要件の設定にあたっても、同等に慎重な検討が必要となる。

④ 議決権行使の在り方

■考え方

バーチャル出席株主の議決権行使については、事前の議決権行使としての電磁的方法による議決権行使ではなく、当日の議決権行使として取扱うものである。

■具体的取扱い

インターネット等の手段でバーチャル出席した株主が、株主総会当日に議決権を行使できるよう、会社はそのシステムを整える必要がある。

なお、バーチャル出席株主の議決権行使システムの検討にあたっては、書面や電磁的方法によって事前に議決権行使を行った株主が当日バーチャル出席した場合における、事前の議決権行使の効力の取扱いについて、②の整理を踏まえ留意が必要である。

＜議決権行使結果に係る臨時報告書の記載について＞

株主総会終了後、会社は、金融商品取引法[29]及び企業内容等の開示に関する内閣府令[30]の規定に基づき、臨時報告書の提出が求められている。当該臨時報告書に記載すべき議決権の数については、前日までの事前行使分や当日出席の大株主分の集計により可決要件を満たし、会社法に則って決議が成立したことが明らかになった等の理由がある場合には、リアル出席株主の一部の議決権数を集計しない場合と同様、当日出席のバーチャル出席株主の議決権数を集計しない場合についても、その理由を開示することで足りると考えられる。

[29] 金融商品取引法第 24 条の 5 第 4 項
[30] 企業内容等の開示に関する内閣府令第 19 条第 2 項第 9 号の 2

⑤ その他（招集通知の記載方法、お土産の取扱い等）

<招集通知の記載方法>

取締役は、株主総会を招集する場合には、「株主総会の（中略）場所」を決定し（法 298 条 1 項）、これを株主に対して通知しなくてはならない（法 299 条 1 項）。他方、株主総会の議事録の記載事項を定める法施行規則 72 条 3 項 1 号は、「株主総会の場所」の記載方法として、「当該場所に存しない（中略）株主が株主総会に出席をした場合における当該出席の方法を含む。」としている。

ハイブリッド出席型バーチャル株主総会の招集通知における「株主総会の（中略）場所」の記載に当たっては、以上の規定を参考にすることが考えられる。具体的には、法施行規則 72 条 3 項 1 号の規定を準用し、招集通知において、リアル株主総会の開催場所と共に、株主総会の状況を動画配信するインターネットサイトのアドレスや、インターネット等の手段を用いた議決権行使の具体的方法等、株主がインターネット等の手段を用いて株主総会に出席し、審議に参加し、議決権を行使するための方法を明記すればよいものと考えられる。

その他、株主総会運営における取扱いに応じて、上記①～④に記載した事項を記載する必要がある。

<お土産の取扱い>

リアル株主総会に物理的に出席する株主に配付されるお土産については、交通費をかけて会場まで足を運び来場したことへのお礼と考えられることから、会場へ足を運ぶことなくインターネット等の手段を用いて出席した株主に対してお土産を配らないとしても、不公平ではないと考えられる。

ハイブリッド型バーチャル株主総会の実施ガイド（別冊）実施事例集

2021年２月３日策定

経済産業省

目次

1.はじめに、利用上の注意

- 経済産業省では、「ハイブリッド型バーチャル株主総会の実施ガイド」（以下「実施ガイド」という）を2020年2月に公表した。
- 実施ガイドは、ハイブリッド型バーチャル株主総会の実施を検討する企業のために、その法的・実務的論点ごとの具体的な実施方法や、その根拠となる考え方を示したもの。
- 本実施事例集は、実施ガイドの別冊として、**論点ごとの実施事例・考え方を示すことで、ハイブリッド型バーチャル株主総会の更なる実務への浸透を図ること**を目的とするもの。

【閲覧に当たっての留意点等】

実施事例は、経済産業省が推奨し又は適法性を保証するといった性格を有するものではない。実施に当たっては、企業の状況や株主のニーズ等を十分に踏まえ、実施可否について個別の検討が求められる。

【実施事例集の見方】

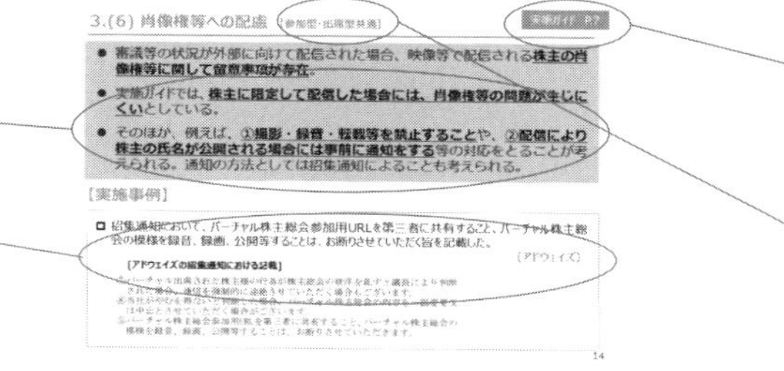

各論点に関する考え方を簡潔に示している。

2020年株主総会における実施事例を紹介している。

実施ガイドで関連する記載があるページを示している。

ハイブリッド「参加型」とハイブリッド「出席型」のいずれか又は双方に共通する論点であるかを示している。

2.(1) ハイブリッド型バーチャル株主総会とは

- バーチャル株主総会は、取締役や株主等が**インターネット等を活用して遠隔地から株主総会に参加・出席することを許容する形態**である。
- 「バーチャルオンリー型」と「ハイブリッド型」の２つの形態があるが、**「バーチャルオンリー型」については、現行の会社法下においては解釈上難しい**との見解が示されている。

【バーチャルオンリー型】

- リアル株主総会とは異なり、物理的な会場を設けずに 、取締役や株主等が、インターネット等の手段を用いて株主総会に出席するもの。

【ハイブリッド型】

- リアル株主総会同様に物理的な会場を設ける一方で、追加的に取締役や株主等が、インターネット等の手段を用いて株主総会に参加・出席することを許容するもの。
- 審議等を確認・傍聴することができる「参加型」と、議決権行使や質問等ができる「出席型」。

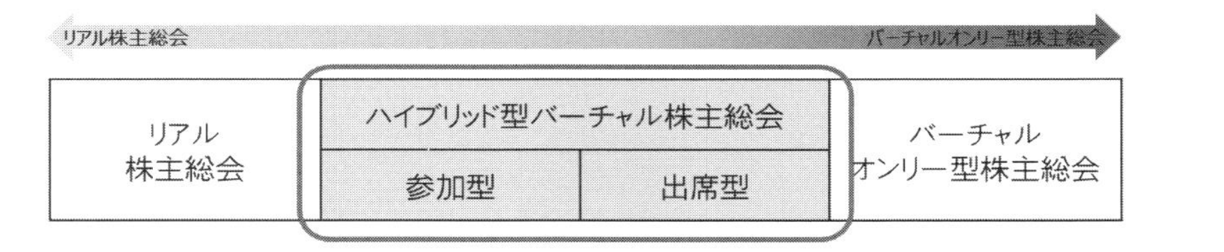

2.(2) ハイブリッド型バーチャル株主総会のメリットと留意事項

実施ガイド P.7

【ハイブリッド参加型バーチャル株主総会のメリットと留意事項】

メリット	留意事項
• 遠方株主の株主総会参加・傍聴機会の拡大。 • 複数の株主総会を傍聴することが容易になる。 • 参加方法の多様化による株主重視の姿勢をアピール。 • 株主総会の透明性の向上。 • 情報開示の充実。	• 円滑なインターネット等の手段による参加に向けた環境整備が必要。 • 株主がインターネット等を活用可能であることが前提。 • 肖像権等への配慮（ただし、株主に限定して配信した場合には、肖像権等の問題が生じにくく、より臨場感の増した配信が可能。）

【ハイブリッド出席型バーチャル株主総会のメリットと留意事項】

メリット	留意事項
• 遠方株主の出席機会の拡大。 • 複数の株主総会に出席することが容易になる。 • 株主総会での質疑等を踏まえた議決権の行使が可能となる。 • 質問の形態が広がることにより、株主総会における議論（対話）が深まる。 • 個人株主の議決権行使の活性化につながる可能性。 • 株主総会の透明性の向上。 • 出席方法の多様化による株主重視の姿勢をアピール。 • 情報開示の充実。	• 質問の選別による議事の恣意的な運用につながる可能性。 • 円滑なバーチャル出席に向けた関係者等との調整やシステム活用等の環境整備。 • 株主がインターネット等を活用可能であることが前提。 • どのような場合に決議取消事由にあたるかについての経験則の不足。 • 濫用的な質問が増加する可能性。 • 事前の議決権行使に係る株主のインセンティブが低下し当日の議決権行使がなされない結果、議決権行使率が下がる可能性。

2. (3) 2020年株主総会における実施状況等

- 2020年6月に開催された株主総会では、新型コロナウイルス感染症拡大防止策の一環としても関心を集め、上場会社のうち、**ハイブリッド「出席型」は9社、ハイブリッド「参加型」は113社**の実施を確認。
- また、実施企業からは、**株主の出席機会を拡大するとともに、株主との対話の機会の拡大に資するといった声**が見られた。

【ハイブリッド型バーチャル株主総会の実施状況】

	2019年6月	2020年6月
ハイブリッド「出席型」	0社	**9社**
ハイブリッド「参加型」	5社	**113社**

（注）2020年6月総会の上場会社は2,344社。　（出所）三菱UFJ信託銀行調査

【ハイブリッド型バーチャル株主総会実施企業からの声】

- 参加場所にとらわれず株主総会を開催できるようになり、遠隔地に居住する方を含め、株主の出席機会を拡大させることができた。
- インターネットからの質問を受け付けることにより、例年より株主との対話の質・量ともに充実させることができた。
- 具体的な実施方法や考え方について、経済産業省よりハイブリッド型バーチャル株主総会の実施ガイドが示されたことにより、社内における導入検討の助けになった。

等　7

3.(1) バーチャル株主総会の配信方法 【参加型・出席型共通】

- 実施ガイドでは、**インターネット等の手段とは、**「物理的に株主総会の開催場所に臨席した者以外の者に当該株主総会の状況を伝えるために用いられる、**電話や、e-mail・チャット・動画配信等のIT等を活用した情報伝達手段」としている**。
- 具体的な手段の選択に当たっては、動画配信システムに限らず、電話会議やインターネットを通じた音声の配信の活用も可能と考えられる。
- また、例えば、審議等の状況を動画配信しつつ、質問の受付は電話を利用する等、**いくつかの手段を組み合わせて実施することも考えられる**。

【column】米国におけるバーチャル株主総会

米国では、デラウエア州をはじめ30州において「バーチャルオンリー型」の株主総会の実施が認められている。2019年に「バーチャルオンリー型」の株主総会を実施した企業のうち、音声のみのウェブキャスト方式を採用した企業も多く見られたとの調査結果（※）がある。音声のみによる場合には、プレゼン資料等はインターネット上で表示されるものの、議長をはじめ役員の姿を見ることはできない。

（※）Broadridge Financial Solutions, Virtual shareholder meetings 2019 facts and figures

3.(2) 取締役等のバーチャル出席 【参加型・出席型共通】

● **議長を含む、取締役や監査役等についても、**株主に対する説明義務を果たすための環境を確保しながら、**インターネット等の手段により出席する事例もみられた。**

【参考】
●会社法施行規則
第72条 法第318条第１項の規定による株主総会の議事録の作成については、この条の定めるところによる。
２ 株主総会の議事録は、書面又は電磁的記録をもって作成しなければならない。
３ 株主総会の議事録は、次に掲げる事項を内容とするものでなければならない。
一 株主総会が開催された日時及び場所（当該場所に存しない取締役（監査等委員会設置会社にあっては、監査等委員である取締役又はそれ以外の取締役。第四号において 同じ。）、執行役、会計参与、監査役、会計監査人又は株主が株主総会に出席をした場合における当該出席の方法を含む。）
二～六 （略）
４ （略）

【実施事例】

□ 新型コロナウイルス感染症対策の一環として、議長を含めたすべての役員は、ウェブ会議システムを通じて遠隔から出席し、リアル会場には来場しなかった。

（ソフトバンクグループ）

[ソフトバンクグループの招集通知における記載]

<ご来場自粛のお願い>
新型コロナウイルス感染症の拡大防止のため、株主総会会場へのご来場はご遠慮くださいますようお願い申し上げます。

・議長を含めすべての出席役員は、ウェブ会議システムを通じた遠隔からの出席となり、来場いたしません。

・議決権行使・ご質問等は、当社指定のウェブサイト等からも受け付けておりますので、ご活用ください。

新型コロナウイルス感染症対応での株主総会運営の詳細につきましては、同封のリーフレットをご参照ください。

3.(3) インターネット等で出席する取締役等の議決権の行使 【参加型・出席型共通】

- 株主である取締役等の議決権の行使は、事前に議決権行使書を提出したり包括委任状を用いることがあるが、株主総会に取締役として出席するだけでなく、株主としても出席し、その場で議決権行使をする場合もある。
- **ハイブリッド出席型バーチャル株主総会**においても、インターネット等で出席する取締役等が、株主としても出席して議決権を行使することができると考えられる。
- しかし、取締役等が株主総会に出席している間に、別途、バーチャル出席のためのシステムにアクセスするのは簡単ではない。**義務として株主総会に出席している取締役等**については、その議決権行使は、**他の株主とは異なる合理的な方法**（例えば、インターネット等を通じての音声や行動、書面・メール等での確認）によったとしても、株主平等原則に反するとまではいえないと考えられる。
- **ハイブリッド参加型バーチャル株主総会**においても、上記と同様に、義務として株主総会にインターネット等で出席する取締役等について、他の株主とは異なる方法（例えば、インターネット等を通じての音声や行動、書面・メール等での確認）によって議決権行使を認めたとしても、株主平等原則に反するとまではいえないと考えられる。

3.(4) 株主のバーチャル参加・出席の事前登録 【参加型・出席型共通】

- 動画配信システム等に**アクセスが集中した場合における通信回線の安定性への懸念の声**がある。
- 通信の安定性等を確保するためにも、**バーチャル参加・出席を希望する株主に対し、事前登録を促すこと**も考えられる。
- この場合には、**全ての株主に登録の機会を提供するとともに、登録方法について十分に周知し、株主総会に出席する機会に対する配慮を行うことが重要**である。

【実施事例】

□ 事前登録用の電話回線を用意し、バーチャル出席を希望する株主からの問合せに対して、本人確認を実施した上で、当該株主に対して、バーチャル出席専用のURL等をメールで送付した。

（ガイアックス）

□ 自社の株主専用サイトURLを招集通知に記載し、バーチャル出席を希望する株主からは当該サイトにおいて事前申込を受け付けた。株主総会当日、事前申込済の株主のみが、当該サイトからバーチャル出席用サイトへ遷移できる仕様とした。なお、全ての株主に平等に登録の機会を提供するため、事前の出席申込は、招集通知の発送日ではなく、発送日から2日後に受付開始した。

（グリー）

12

3.(5) インターネット等の手段による株主への周知等 【参加型・出席型共通】

● **招集通知に記載すべき法定事項以外の株主への周知や申込受付等**に当たっては、**自社のウェブサイト上での掲載等**の様々な方法が可能である。

【参考】新型コロナウイルスの感染拡大防止に関する対応については、「株主総会運営に係るQ&A」を参照。
https://www.meti.go.jp/covid-19/kabunushi_sokai_qa.html

【実施事例】

- 「新型コロナウイルスの感染拡大防止に関して、今後の状況により株主総会の運営に大きな変更が生じた場合には、自社のウェブサイトに掲載する」旨を、また、「バーチャル出席に関して、今後詳細が決定したものや、変更内容その他のお知らせは随時、自社のウェブサイトに掲載する」旨を招集通知等に記載した。

（ラクーンホールディングス）

- リアル出席を希望する株主及びバーチャル出席を希望する株主のいずれに対しても、自社ポータルサイトから事前申込みを求める方式（事前登録制）を採用した。

（グリー）

3.(6) 肖像権等への配慮 【参加型・出席型共通】

実施ガイド P.7

- 審議等の状況が外部に向けて配信された場合、映像等で配信される**株主の肖像権等に関して留意事項が存在**。
- 実施ガイドでは、**株主に限定して配信した場合には、肖像権等の問題が生じにくい**としている。
- そのほか、例えば、**①撮影・録音・転載等を禁止すること**や、**②配信により株主の氏名が公開される場合には事前に通知をする**等の対応をとることが考えられる。通知の方法としては招集通知によることも考えられる。

【実施事例】

□「バーチャル株主総会参加用URLを第三者に共有すること、バーチャル株主総会の模様を録音、録画、公開等することは、お断りさせていただく」旨を招集通知に記載した。

（アドウェイズ）

[アドウェイズの招集通知における記載]

⑦バーチャル出席された株主様の行為が株主総会の秩序を乱すと議長により判断された場合、通信を強制的に途絶させていただく場合もございます。
⑧当社がやむを得ないと判断した場合、バーチャル株主総会の内容を一部変更又は中止とさせていただく場合がございます。
⑨バーチャル株主総会参加用URLを第三者に共有すること、バーチャル株主総会の模様を録音、録画、公開等することは、お断りさせていただきます。

3.(6) 肖像権等への配慮 【参加型・出席型共通】

【実施事例】

- 質疑応答に先だって、議長から「発言する際には株主番号と氏名を名乗るとともに、リアルタイムで配信される旨を了承いただきたい」旨を告知した。

（GMOインターネット）

- リアル出席株主の姿が映り込まないように、議長及び進行スライドの映像のみ配信した。

（ソフトバンクグループ）

- ウェビナーツールを利用し、株主総会の会場の様子を映像で見られるようにしていたが、リアル出席株主もバーチャル出席株主も互いの姿は映らないよう配慮した。

（フューチャー）

- 「会場後方からの撮影とし、可能な範囲において、リアル出席株主の容姿が撮影されないように配慮するが、会場都合等により撮影されてしまう場合がある」旨を招集通知に記載するとともに、株主総会の冒頭で告知した。また、オンデマンド配信（事後配信）では、質疑応答部分は編集でカットした。

（ブイキューブ）

3.(7) リアル株主総会の会場 【参加型・出席型共通】

- ハイブリッド型バーチャル株主総会の開催に伴い、一定数の株主はバーチャル参加・出席を選択することが見込まれる。
- 実務的には、物理的な会場の規模は例年の出席株主数等を基に設定されることが多い。ハイブリッド型バーチャル株主総会の実施に当たっても、**例年のリアル出席株主数等に加え、バーチャル参加・出席が想定される株主数を合理的に予測した上で、リアル株主総会の会場を設定することを考える余地がある。**また、会場の設定に当たっては、**円滑なバーチャル株主総会の実施に向けたシステム活用等の環境の観点も重要**である。
- 新型コロナウイルスの感染拡大の中で、ハイブリッド型バーチャル株主総会が活用されてきた。**新型コロナウイルスの感染拡大防止に必要な対応をとるため**、やむを得ないと判断される場合には、合理的な範囲内において、自社会議室を活用するなど、例年より会場の規模を縮小することや、会場に入場できる株主の人数を制限することも、可能と考えられる。

【参考】新型コロナウイルスの感染拡大防止に関する対応については、「株主総会運営に係るQ&A」を参照。
https://www.meti.go.jp/covid-19/kabunushi_sokai_qa.html

3.(7) リアル株主総会の会場 【参加型・出席型共通】

【実施事例】

- □ 従来の株主総会では外部のイベントホールを会場としていたが、ハイブリッド出席型バーチャル株主総会を実施するに当たって、安定的な通信環境や、総会運営全体に係る設計自由度の確保の観点等から、自社内のイベントスペースに会場を変更した。

（グリー）

- □ 例年は5,000人収容できる会場を用意し、出席者数は例年1,500人前後であったが、新型コロナウイルス感染症の拡大の状況を鑑み、その社会状況を踏まえた判断として、感染拡大防止のため自社内のセミナールームに会場を変更した。また、「リアル会場へのご来場はご遠慮いただきたい」旨を招集通知等に記載するとともに、リアル出席株主は事前登録制により20人に限定して開催した。

（Zホールディングス）

3.(8) 配信遅延への対応【出席型】

- 動画配信システム等を用いた配信では、**数秒から十数秒程度の軽微な配信遅延（タイムラグ）が生じることが想定**される。
- 軽微な配信遅延によって、直ちに議事進行に支障が生じるものではないが、**議事進行を円滑に行うためも、例えば、①議決権行使の締切り時間をあらかじめ告知すること、②議決権行使から賛否結果表明までの間に一定の時間的余裕を持たせること**といった運用方法等が考えられる。

【実施事例】

□ 株主総会の冒頭から議決権行使やテキストによる質問を可能とするとともに、あらかじめ議決権行使や質問の締切り時間を告知した。

（グリー）

□ 議決権行使の締切時間を設定した。時差を考慮すると、余裕を持った締切時間の設定が必要であり、５分間の締切時間を設定し、その間、ムービーを流すことで対応した。

（パイプドHD）

3.(9) 通信障害対策【出席型】

実施ガイド　P.13-P.14

- 実施ガイドでは、会社が**通信障害のリスクを事前に株主に告知**し、かつ**通信障害の防止のために合理的な対策**をとっていた場合には、決議取消事由には当たらないと解することも可能であると示している。
- 事前の議決権行使により株主の意思が事前に表明されることから、**事前の議決権行使を促すことが重要**であるが、**具体的な対策については個別の事情等に応じて検討する必要**がある。例えば、以下のような対策が考えられる。

<システムやバックアップ>

① システムに関する自社の理解度等を考慮しつつ、**一般に利用可能なライブ配信サービスやウェブ会議ツールを利用することや、第三者が提供する株主総会専門システムのサービスを利用すること**

② 通信障害が発生した場合でも代替手段によって、審議又は決議の継続ができるように、インターネットの代替手段や電話会議等の**バックアップ手段を確保しておくこと**

<株主総会当日に向けた備え>

① **事前に通信テスト等をしておくこと**

② 実際に通信障害が発生した場合を想定し、考えられる想定パターンの**対処シナリオを準備しておくこと**

等

19

3.(9) 通信障害対策【出席型】

実施ガイド P.13-P.14

【実施事例】

●株主への事前の告知

- 「通信環境の影響や大量アクセスにより、議決権行使サイトがつながりにくくなったり、インターネット中継の映像が乱れる等、通信障害や通信遅延が発生する可能性がある」旨を招集通知等に記載した。また、可能な限り、事前に議決権行使を済ませた上で出席するように推奨した。

（パイプドHD）

- 「ウェブ会議ツールのアカウントの取得方法、アプリのインストール方法、接続方法、機能等に関する問合わせについては、一切サポートできない」旨、また、「株主総会の当日において株主側の環境等の問題と思われる原因での接続できない、遅延、音声が聴こえない、発言ができない、議決権行使ができない等のトラブルについてもサポートできない」旨を招集通知等に記載した。

（ガーラ）

[パイプドHDの招集通知における記載]

<インターネット出席に関する注意事項>

・インターネット出席に対応している言語は、日本語のみとなります点、ご了承ください。

・通信環境等の影響により、株主総会ライブ中継の映像や音声の乱れ、中断又は停止などの障害が発生する可能性がございます。当社としては、これらの障害によってインターネット出席株主様が被った不利益に関し、一切の責任を負いかねますことをご了承ください。なお、株主総会前においても事前質問及び議決権行使を受け付けております（詳細は３頁～５頁ご参照）。万一の場合に備えたご活用もご検討のほどお願いいたします。

3.(9) 通信障害対策【出席型】

実施ガイド P.13-P.14

【実施事例】

●システム等の環境整備

- 株主と会場間は一般に利用可能なライブ配信サービスを利用しつつ、役員と会場間はウェブ会議ツールを利用した。

（アステリア）

- 一般に利用可能なウェブ会議ツールを利用し、ウェブ会議形式で実施した。

（ガイアックス）

- 第三者が提供する株主総会専門システムのサービスを利用し、質問・動議の取扱い等について、自社のニーズに併せてカスタマイズして実施した。

（グリー）

- 事前登録制を採用し、当該登録者数をもとに必要なサーバーを構築した。

（ソフトバンクグループ）

3.(9) 通信障害対策【出席型】

実施ガイド P.13-P.14

【実施事例】

●バックアップ手段の確保

- □ 配信に使用するモバイルWi-Fiを複数台用意し、通信接続ができなくなった場合に備え、代替で用意したモバイルWi-Fiを利用できる体制を整えた。また、ネットワークだけではないが、バックアップとしてウェビナーツールのホストを共同ホストで二重化し、不測の事態に備えた。

（フューチャー）

- □ すべての役員がオンラインで出席したが、議長には、通信障害に備えたバックアップとして、インターネット回線を複数用意（Wi-Fi、有線、４G）した。

（アステリア）

●事前の通信テスト等

- □ ウェブ会議ツール、会場の機器の接続及びネットワーク等に問題がないように複数回にわたってリハーサルを実施した。

（フューチャー）

- □ 株主側の通信環境等によって接続ができない可能性も考え、事前にテスト用URLを発行し、ウェブ会議ツールの接続テストの機会を２回設けた。

（アドウェイズ）

3.(9) 通信障害対策【出席型】

【実施事例】

●通信障害発生時の対処シナリオの準備等

- □ 事前に登録された出席者数を基にサーバーを構築し、通信障害が発生しないように万全を期した。
  その上で、あらかじめ招集通知で通信障害の可能性について記載した。
  さらに、通信障害が発生した場合のシナリオを用意した上で、短時間で復旧可能であれば休憩後に再開とし、また復旧が困難と判断した際には、リアル出席株主のみで議事進行する旨を議場に諮った上で、リアル会場のみで株主総会が成立するように準備していた。

  （ソフトバンクグループ）

- □ サーバ及びネットワークを常時監視し、万が一、株主総会の当日に障害が発生した場合には、議決権行使システムの技術担当者が当日スタッフ席に待機し、ただちに対応できるようにした。

  （パイプドHD）

3.(10) 本人確認（なりすまし対策を含む）【出席型】

実施ガイド P.15-P.17

- 実務ガイドにおいて示したとおり、事前の電磁的方法による議決権行使において、 ID・パスワード（又は固有のQRコード）を用いたログイン方法が採用されていることと同様に、バーチャル出席時の本人確認についても、基本的には**ID・パスワード等を用いたログイン方法が相当である**。
- そのほか、個別の事情等に応じて、例えば、①**株主に固有の情報（株主番号、郵便番号等）を複数用いること**、②**画面上に本人の顔と整理番号を映し出すこと**等によって本人確認を行うといった運用方法も考えられる。
- **一定数以上の議決権を有する株主**については、**より慎重な本人確認を実施**することも可能と考えられる。また、法人株主のID・パスワードの管理を容易にするための工夫として、議決権行使書面等でID・パスワードの記載面を再貼付が不可能なシールで覆うといった工夫も考えられる。
- これらの場合であっても、**なりすまし対策等に慎重を期すべきと考える場合には二段階認証やブロックチェーンの活用といった方法を採用すること**も可能。

3.(10) 本人確認（なりすまし対策を含む）【出席型】

実施ガイド P.15-P.17

【実施事例】

● ＩＤ・パスワードを用いる方法

- リアル会場においても本人確認書類の提示を求めることはなかったため、議決権行使書に記載したID及びパスワードを入力することにより、ログインできるようにした。

（パイプドHD）

●株主固有の情報を用いる方法

- 「株主番号（4桁+4桁）」、「郵便番号」、「株式数」にて認証を行う仕様とした。

（Zホールディングス）

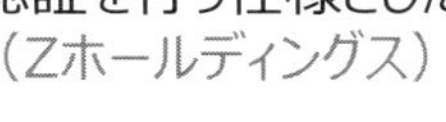

●その他の方法

- バーチャル出席の事前申込みの際に、株主番号、氏名住所のほか、本人確認を兼ねて、議決権行使書の画面キャプチャの提出をさせた。（ガーラ）

- バーチャル出席の受付時に画面上に顔と整理番号を画面に映し出すことにより本人確認を行った。

（グローバルウェイ）

●ブロックチェーン技術の活用

- 議決権行使データの改ざん防止を図り、より透明性の高い議決権行使を実現するため、ブロックチェーン技術を利用した議決権行使システムを活用した。

（アステリア）

3.(11)　株主総会の出席と事前の議決権行使の効力の関係【出席型】

実施ガイド　P.18-P.19,P.24

- 株主意思をできる限り尊重し、無効票を減らすという観点から、バーチャル出席株主のログイン時点では事前の議決権行使の効力を取り消さず、**当日の採決のタイミングで事前の議決権行使と異なる議決権行使が行われた場合に限り、事前の議決権行使の効力を破棄することが考えられる**。
- 一方で、リアル株主総会の実務と同様に、**ログインをもって出席とカウントし、それと同時に事前の議決権行使の効力を取り消すといった方法も見られた**。
- **議決権行使の効力関係については、あらかじめ招集通知等で株主に通知しておくことが必要**である。

【実施事例】

●当日に議決権行使があった場合に事前の議決権行使の効力を破棄

□ 事前の議決権行使をしている場合の優先順位は、①バーチャル出席中の議決権行使、②事前のインターネットによる議決権行使、③議決権行使書用紙の郵送による行使の順序とした。バーチャル出席中に議決権行使をしなかった場合には、事前の議決権行使の効力は取り消さず維持する取扱いとした。

（パイプドHD）

3.(11) 株主総会の出席と事前の議決権行使の効力の関係【出席型】

実施ガイド P.18-P.19,P.24

【実施事例】

- バーチャル出席株主について、質疑応答の手段として電話受付としただけではなく、不測の事態における連絡先として事前に電話番号を伺い、何らか不具合で議決権行使ができないことがないように、コールセンターを設置して備えた。実際に議決権行使が確認できなかった株主には、コールセンターから確認を実施した。

（富士ソフト）

●ログイン時点で事前の議決権行使の効力を破棄

- 事前に議決権行使した株主が、株主総会当日の朝9時以降、一般のライブ中継配信ページとは別の出席専用サイトにアクセスした時点で事前の議決権行使の効力を破棄した。その後、出席専用サイトから議決権行使がされた場合は賛否内容を算入、議決権行使がされなかった場合は棄権として算入した。
  なお、出席専用サイトからの議決権行使に当たって、株主が個別議案ごとに賛否を選択し送信をクリックすることで議決権を行使する仕様とした。また、混乱を避けるため議決権行使の送信は一度までとし、株主が送信されたことを視認できるよう、送信と同時に送信された旨が表示される仕様とした。

（Zホールディングス）

3.(12) 質問の受付・回答方法① 【出席型】

実施ガイド P.20-P.21

- 実施ガイドでは、**質問を取り上げるための準備に必要な体制や時間を考慮し、リアル出席株主とバーチャル出席株主の出席する株主総会を一つの会議体として運営するための合理的な取扱い**を示している。もちろん**恣意的な運営は許容されない。**
- 例えば、1人が提出できる質問回数や文字数、送信期限などの事務処理上の制約や、質問を取り上げる際の考え方、個人情報が含まれる場合や個人的な攻撃等につながる不適切な内容は取り上げないといった運営ルール等を示している。
- また、事前の質問受付を実施したり、会社のおかれている状況によっては、適正性・透明性を確保するための措置として、後日、株主の関心の高かった質問で、受け取ったものの回答できなかった質問の概要を公開するなどの工夫を行うことが考えられる。

【実施事例】

●質問の回答方針についての株主への通知

□「バーチャル出席株主からの質問が株主総会の目的に関しない場合、質問への回答に詳細な調査が必要な場合、質問が重複する場合、質問に対して回答することが顧客や従業員等の権利・利益を侵害するおそれがある場合、又は株主総会の運営を妨げる目的が明らかな濫用的な質問の場合には、質問を取り上げず、回答を差し控えることがある」旨を招集通知等に記載した。

（ガーラ）

3.(12) 質問の受付・回答方法① 【出席型】

実施ガイド P.20-P.21

【実施事例】

□「株主総会の運営を妨げる発言や不適切な質問や不規則発言が繰り返されるなど、バーチャル出席株主の発言により議事の運営に支障をきたすと議長が判断した場合には、会社からバーチャル出席株主との通信を強制的に遮断する場合がある」旨を招集通知等に記載した。

（富士ソフト）

●質問の回数制限、文字数制限等

□ プルダウンで報告事項、第１号議案などを選択し、テキストボックスに質問を入力後、送信をクリックすることで質問ができる仕様とした。質問は１人１問までとし（従来の議事采配との平仄）、文字数を200文字までとした。また、社長プレゼンテーションへの質問検討時間の確保のため、質問の受付時間を株主総会開始の１時間前から質疑応答開始の５分後までとした。

（Zホールディングス）

【質問の操作ボタンのイメージ】

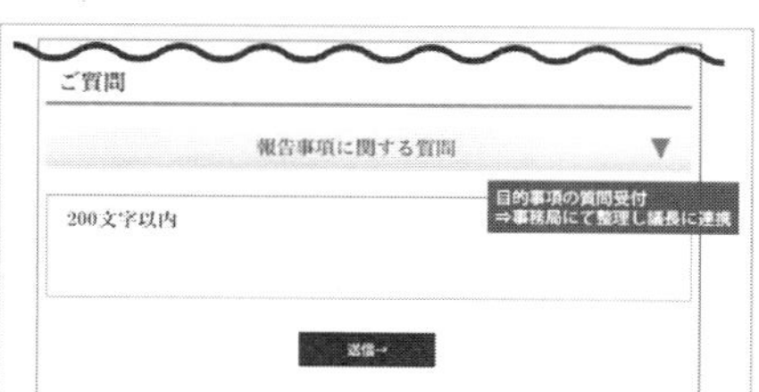

（画像提供：Zホールディングス）

3.(12) 質問の受付・回答方法① 【出席型】

実施ガイド P.20-P.21

【実施事例】

●事前の質問受付の実施、事後に質問等を公表

- □ 事前の質問受付を実施し、株主の関心が特に高い事項については、株主総会当日に回答した。なお、個別の回答はしかねる旨を事前に招集通知等に記載した。また、総会後に自社サイトで質問と回答をセットで公表した。

（グリー）

- □ 株主から株主総会の質問締め切りまでに寄せられた質問等について、総会中に取り上げた質問が恣意的な選択ではないこと示すため、後日、自社サイトにおいて投稿内容をそのまま掲載した。

（ソフトバンクグループ）

3.(12) 質問の受付・回答方法②【出席型】

実施ガイド P.20-P.21

- また、投稿フォームではなくリアル出席における質問の取扱いと同様に、①**ウェブ会議システムの挙手機能を利用すること**、②**電話を利用すること等によって、リアル出席の場合の取扱いと同様に、議長の指名があった場合にはじめて質問・発言ができるようにすること**といった運営方法も考えられる。

【実施事例】

- □ バーチャル出席株主は、マイク機能がミュートに設定されており、原則として発言はできない。しかし、質問受付のタイミングで、ウェビナーツールの挙手機能により挙手し、議長が指名した株主に限りミュートを解除し、質問を受け付けるよう準備していた。

（フューチャー）

- □ 固定電話、携帯電話から会場のオペレーターに電話し、議長の許可を得て、質問を受け付けた。

（富士ソフト）

3.(13) 動議の取扱い① 【出席型】

実施ガイド P.21-P.23

- **バーチャル出席株主による動議については、会社の合理的な努力で対応可能な範囲を超えた困難が生じることが想定**される。
- このため、実施ガイドでは、**原則として動議の提出については、リアル出席株主からのものを受け付けることで足りる**と示している。

【実施事例】

●動議の提出はリアル出席株主に限定

□ 「バーチャル出席株主の動議は、取り上げることが困難なため受け付けない」旨、また、「当日、リアル出席株主から動議が提出された場合など、招集通知に記載のない件について採決が必要になった場合には、バーチャル出席株主は賛否の表明ができず、棄権又は欠席として取り扱う」旨を招集通知等に記載した。

（富士ソフト）

□ 「バーチャル出席株主による動議は、株主総会の手続きに関するもの及び議案に関するものを含め、全て提出できず、動議を提出する可能性のある株主はリアル出席の方法で出席いただきたい」旨、また、「動議の採決についてもすべて参加することができないため、動議の採決を希望する株主はリアル出席の方法で出席いただきたい」旨を招集通知等に記載した。

（ラクーンホールディングス）

3.(13) 動議の取扱い② 【出席型】

実施ガイド P.21-P.23

- ただし、将来的なシステムインフラの整備状況等によっては**バーチャル出席株主からの動議の受付も可能とすることも考えられる**。
- その際、**リアル株主総会と同様に濫用的であると認められる場合には取り上げない**等の運用は許容されるほか、会社の合理的な努力で対応可能な範囲を超えた困難が生じると判断される場合に、**招集通知等による事前の通知を前提として**、そのような困難に対処するために必要な限度でバーチャル出席における動議に制限を設けることは許容されると考えられる。

【実施事例】

●動議の提出はバーチャル出席株主も可能

□ プルダウンで手続的動議、第１号議案修正動議などを選択し、テキストボックスに動議を入力後、送信をクリックすることで動議を提出できるようにした。同種の動議につき１人１提案までとし、文字数を200文字までとした。手続的動議が提出された場合にはリアル出席株主からの質疑の後に採決をすることとし、そのタイミングで賛否操作ボタンを自動的に表示する仕様とした。そして、株主が賛否を選択し送信をクリックすることで議決権を行使し、動議の採決を行うこととした。なお、修正動議が提出された場合には、原案を先に採決することとした。

（Zホールディングス）

□ 動議の受付は、株主総会当日の一定の時間（質疑応答開始後○分後）までを期限とした。

（ソフトバンクグループ）

33

3.(14) 賛否の確認方法 【出席型】

実施ガイド P.24

- 議決権行使データのシステム連携等を図ることによって、バーチャル出席株主による議決権行使分も含め、**リアルタイムで賛否の議決権数を示すことは、バーチャル出席に臨場感を与える効果がある**と考えられる。
- 他方、リアル株主総会と同様に、**事前の議決権行使等の状況を勘案し、簡便な方法を選択し、賛否の結果のみを示すことでも足りる**と考えられる。
- この場合であっても、バーチャル出席に一体感を与えることを重視する場合には、例えば、**議決権行使とは別に拍手ボタンを設置すること**等の運用方法も考えられる。

【実施事例】

●議決権行使結果をリアルタイムで公表

□ 自社の議決権行使システム上において、あらかじめインポートした事前の議決権行使分のデータに加え、当日に議決権行使サイトを通じて行使されたデータを集約し、株主総会中にリアルタイムで結果を公表した。

（パイプドＨＤ）

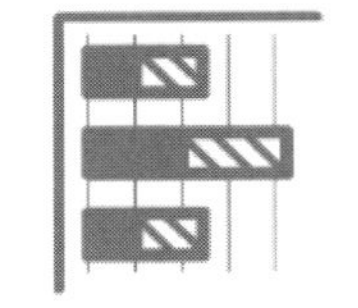

3.(14) 賛否の確認方法 【出席型】

実施ガイド P.24

【実施事例】

●簡便な方法により賛否を確認

□ 事前の議決権行使等によって可決の判断は可能であったことに加え、アンケート機能を利用し、結果はデータで残すようにした。通常、リアル出席株主の賛否の確認は拍手・質疑の有無等で判断していることも踏まえ、バーチャル出席株主による議決権行使分についてもウェビナー上で同様の取り扱いとし、可決の判断をした。

（フューチャー）

●一体感を高めるため拍手ボタンを設置

□ バーチャル出席株主がリアル出席株主と同じ会議体に出席している一体感を得ることができるよう、議決権行使とは別に、「拍手」ボタンを設置した。

（グリー）

【拍手ボタンのイメージ】

（画像提供：グリー）

新時代の株主総会プロセスの在り方研究会

報告書

2020年 7 月22日

（略）

３．新時代の株主総会プロセスに向けた検討

○ 現状を踏まえ、株主総会プロセス全体が実態に即して機能するよう、改めて検討を行った。

（１）株主総会の二つの側面

① 意思決定機関としての株主総会

○ 株主総会は、日本の会社法上、株式会社の最高意思決定機関である。意思決定機関としての株主総会は、会社の規模等によって状況は異なるものの、多くの株主を抱える上場会社では、年間を通じた情報開示や、個別に実施する株主との対話等の充実において、当日だけでなく株主総会プロセス全体が実質的な審議の場としての役割を果たしていることが多い。

○ また、事前の議決権行使を背景として、株主総会当日を迎える前に決議の趨勢が明らかになっていることが多いが、その場合、実質的な意思決定の場としての役割は株主総会プロセス全体を通じて果たされているといえる。

② 会議体としての株主総会

○ 会社法上、株式会社は、特定の日時と場所を定め、当該日時と場所において株主総会を開催することとなっている。それが会議体としての株主総会であり、会議体とはすなわち、審議を経て決議をする場である。

○ 会議体としての株主総会における審議に関して、会社法上、取締役等の説明義務（株主の質問権）（会社法 314 条）、議長の議事整理権（会社法 315 条）や、株主の議案提案権（会社法 304 条）などが定められている。これらは、会議体としての一般原則が、会社法において明文化されたものである。

（２）意思決定機関としての株主総会の実質化に向けた株主総会プロセスの在り方

○　近年、企業と投資家・株主の対話は急速に進展しており、持続可能な成長を見据えた中長期的な企業価値向上をテーマに、対話の幅が広がっている。企業においても、投資家の関心に応じ、情報開示や説明を実施する事例が増えている。株主総会プロセスにおける議決権行使に向けた対話についても、近年その重要性が認識され[2,3]、企業と、投資家・株主双方において、情報開示の充実を含む幅広い取り組みが広がっている。一方で、いくつかの点については、双方の認識ギャップがみられる点も明らかになっている。

＜企業の取組＞

（企業の取組の現状）

○　企業においては、投資家との対話は、年間を通じて主に IR 担当部署が中心となって行っていることが多い。四半期毎に実施する決算説明会や、投資家向けミーティングを年に数回行うほか、国内外のアナリストやファンドマネージャーとの個別の対話を随時実施している。また、年に１、２回は実質株主判明調査[4]を行い、自社の株式保有状況を掴みつつ対話を行うということも多くの会社でなされている。そういった IR 部署が、投資家・株主との日頃の対話の中で、投資家・株主側が企業に求めているガバナンス上の論点や、経営戦略の方向性に係る意向等を聴取し、社内にフィードバッ

---

[2] 日本では諸外国と異なり定足数が法定されていることから議決権行使に向けた対話の必要性が高いという指摘もある。諸外国の定足数の状況については、次の提言の P.52 に詳しい。「株主総会の招集通知関係書類の電子提供の促進・拡大に向けた提言～企業と株主・投資家との対話を促進するための制度整備～」
https://www.meti.go.jp/committee/kenkyukai/sansei/kabunushisoukai_process/pdf/report01_02_00.pdf

[3] スチュワードシップ・コードの指針 5-1 には、「機関投資家は、すべての保有株式について議決権を行使するよう努めるべきであり、議決権の行使に当たっては、投資先企業の状況や当該企業との対話の内容等を踏まえた上で、議案に対する賛否を判断すべきである。」との記載がある。

[4] 2020 年 5 月に公表された IR 協議会のアンケート調査によると、会員会社が株主判明調査にかける年平均費用は約 400 万円となっている。

クを行っている。[5]

【図表４】IR ミーティングにおけるコンタクト方法

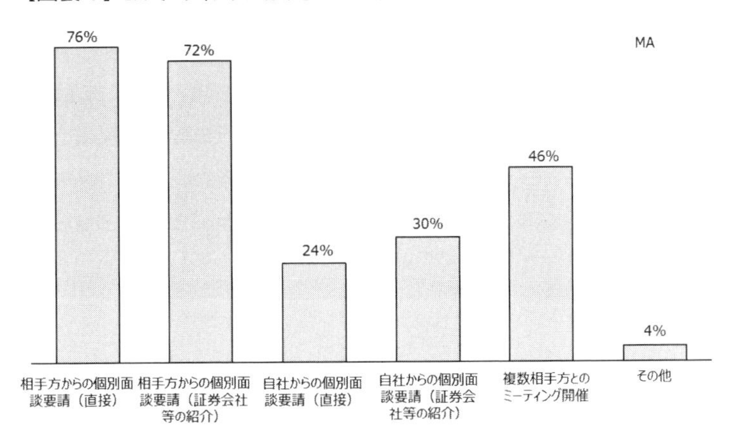

（出所）開示、IR等についてのニーズ調査及びAI等を活用した企業価値評価の動向に関する調査（2019年度、経済産業省）

○ 他方、企業において株主総会の運営事務局を担当するのは、総務部、法務部やSR 部（以下、「SR 担当部署」という。）といった部署が多く、株主総会プロセスにおける議決権行使に向けた対話についても、通常は SR 担当部署が実施している。具体的には、議案が固まった段階で、投資家・株主を訪問し、議題・議案の説明を行う。広義の対話と言える情報開示についても、招集通知の発送前に WEB 開示を実施するといった取組みが広がっている。

（投資家・株主からの指摘）

○ 企業における株主総会プロセスでの対話において改善を要する点については、投資家・株主から以下の指摘がある。

○ 第一に、スケジュールである。招集通知や株主総会参考書類が開示されてから企業

[5] 近年、IR（Investor Relations）と SR（Shareholder Relations）の部署が一体となって活動するような事例もみられる。

から議案説明の面談の要望があったとしても、そもそも日本の株主総会スケジュールが過密な状況の中ですべてに応じることは難しいといった指摘がある。また、そもそも特に問題になるような議案がなければ、株主総会直前に対話する必要はなく、むしろ、議案を検討する段階からの対話が重要であるといった指摘もある。

○ 第二には、情報開示についてである。招集通知の中に、投資家・株主が議決権行使判断に必要と考える情報が載っていないこともあり、個別に確認を要するが、スケジュール的に難しいといった指摘がある。また、情報開示の在り方についても、早くたくさん情報を出せばいいというわけではなく、招集通知や株主総会参考書類等の決まった媒体、又は TDnet 等の決まった場所に説得的に開示されていることが必要との指摘もある。

○ 第三に、対話の内容やその主体についての指摘である。IR 担当部署は足元の業績の話、SR 担当部署はガバナンス系の話に偏ることが多いが、本来はどちらも中長期の企業戦略の中で語るべきであり、本来、取締役等のマネジメント層との対話が望ましいという指摘もある。

＜投資家・株主の取組＞

（投資家・株主の取組の現状）

○ 投資家・株主は、ファンドマネージャーやアナリストを中心に、投資運用先となる対象資産の選定やポートフォリオ構築を主な目的として、株式を発行する企業の開示情報の分析や、より深い理解を得るための対話を実施している。特に、2014 年に日本版スチュワードシップ・コードが公表されて以降、投資家・株主と企業が適度な緊張関係の下で建設的な対話を行うことで、中長期的な企業価値向上につなげ、リターンを拡大することが投資家・株主のスチュワードシップ責任であるとの理解が浸透し、議決権行使についてもその重要なツールと認識されてきている。

○ 他方、我が国企業の株主総会は、開催日の分散化傾向はみられるものの、依然として開催時期が集中している中で、多数の株式を抱える投資家・株主が株主総会プロセスにおいて実施する議決権行使に向けた対話については、その深化とともに、効率化を図る取組も進展している。

○　具体的には、投資家・株主は、予め、投資先企業のガバナンス向上をはじめとした企業価値向上に重要と考えられ、議決権行使判断において考慮すべきと考えられる事項などを、議決権行使の基本方針や議決権行使基準、又は議決権行使精査要領といった形でまとめて（以下、これらをまとめて「議決権行使方針等」という。）公表している。そのことは投資家・株主の議決権行使の透明性の向上にも資するものであり、スチュワードシップ・コードでも推奨されている事項でもあることから、近年急速に公表する投資家・株主が増えている。

○　株主総会プロセスでは、ファンドマネージャー等を中心に年間を通じて対話を実施しつつ、議決権行使判断では、議決権行使方針等を元に大量の議案に対する判断を短期間で実施している。また、議決権行使判断においては、大量のデータ分析が必要になることや、投資家・株主と対象企業との関係によっては利益相反が懸念される行為でもあることから、第三者である議決権行使助言会社（以下、「助言会社」という。）も活用されている。

（企業からの指摘）

○　投資家・株主における株主総会プロセスでの対話における改善を要する点については、企業から以下の指摘がある。

○　第一に、誰と対話すべきかという点である。企業が議案検討にあたり投資家・株主に対話を申し込む場合、投資家・株主側でファンドマネージャー、アナリスト、議決権行使担当者が分断されており、議案については誰と話すのが適切なのかが分からないといった指摘がある。また、海外投資家は、議決権行使担当者やファンドマネージャーに議決権行使判断について広い裁量が与えられている場合があり、判断が柔軟で対話が結果につながりやすいが、国内投資家は役割が分断され、担当者の裁量が狭く、形式的基準による判断に留まることが多く、対話が結果につながらないといった指摘もある。

○ 第二に、議決権行使判断の形式化についてである。独立社外取締役等の選任議案などについて、企業が中長期的な見通しや全体としてのガバナンス体制の中で検討し、それを対話において投資家・株主に伝えたとしても、結局議決権行使の方針等の数値基準等に従った形式的な判断がなされてしまうという指摘がある。この点については、アセットオーナー（以下、「AO」という。）がアセットマネージャー（以下、「AM」という。）である投資家・株主に対して議決権行使に係る説明責任と透明性の確保を求めることが、かえって AM の議決権行使の形式化を進めてしまうといった指摘や、大量の議決権行使を限られた時間の中で行う必要がある場合には、企業個別の事情に即した判断が難しいとの指摘もある。

○ 第三に、助言会社を活用する際の対応である。推奨意見の決定は基本的に企業側の公開情報に基づき作成されているところ、助言会社側の実態の確認体制に限界があることもあり、形式的判断で推奨内容が決められているとの懸念が指摘されている。企業側も実態の正確な理解に向けた説明を助言会社に行う努力をする一方、助言会社側も、かかる目的のために、企業と事前に対話する機会をできる限り広く設ける努力を行うべきといった指摘がある[6]。助言会社の推奨結果は、海外機関投資家や多くのパッシブ投資家をはじめとする機関投資家が依拠ないし参照しているものであり、機関投資家や AO のスチュワードシップ活動の質に重大な影響を及ぼすものである。社会的影響力の大きさに対応した調査能力や企業と対話ができる環境を整えたうえで、その推奨のあり方も企業の持続的な成長を促すものであることが必要である。

○ 以上の企業、投資家・株主におけるそれぞれの現状と課題を踏まえ、今後、株主総会プロセスにおける企業と投資家・株主との対話をさらに効果的なものにしていくための方策を検討する。

---

[6] 2020 年 3 月 24 日に再改訂されたスチュワードシップ・コードでは、議決権行使助言会社における体制整備、それを含む助言策定プロセスの具体的公表、企業との積極的な意見交換に関する規定等が盛り込まれた。このような改訂趣旨を踏まえた助言会社の行動（comply 又はそれに代わる explain）が期待される。

①　目的に応じた効果的な対話・情報開示

（略）

②　対話環境の整備としての議決権電子行使の促進

（略）

③　対話環境の整備としての実質株主の判明

○　これまでの、株主総会プロセスにおける実質株主[16]に関する議論としては、実質株主による総会参加の方法に関するものがあり、全国株懇連合会により「グローバルな機関投資家等の株主総会への出席に関するガイドライン」が出されている。

16 本記載の射程は主に議決権行使指図権者である機関投資家であり（欧米の諸制度も機関投資家を対象としたものである）、個人株主のように株主名簿上の名義人＝実質株主である者はここでの議論の射程外である。また、通常はAMが議決権行使を行うが、AOが議決権行使指図を行う場合もある。

○ 一方で、株主総会プロセスにおける対話において重要となる実質株主の把握については、これまで十分な議論が行われてこなかった。企業には実質株主把握のニーズがあるものの、実質株主は自己の情報を秘匿するメリットがある場合もあるためである。しかしながら、これまで述べたように対話の重要性の高まりとともに実質株主の把握の必要性が高まっていることから、以下では、実質株主を議決権行使の判断を行っている者とした上で、現状と改善の方向性を提示する。

○ 日本において、会社が把握することのできる株主は、名義株主であり、振替法[17]151条に基づき証券保管振替機構より、「総株主通知」として年に２回又は４回通知されることになっている。ただし、これは名義株主であり、名義株主に株式の管理等を委託している機関投資家等の実質株主は株主名簿には記載されない。企業が実質株主とそのおおよその持ち株数を知る方法は、実務的には３つある。

○ 第一に、実質株主判明調査によるものである。実質株主判明調査には相応の費用がかかることから、調査を実施しない企業も存在する。実施する場合においても、調査の頻度や範囲は企業によって異なる。海外投資家も含め、包括的な把握が可能であることから、対話先の選定にあたり、実質株主判明調査が利用されていることは多い。

○ 第二に、金商法[18]27 条の 23 以下に基づく大量保有報告によるものである。株券等保有割合が５％を超える場合には大量保有報告が提出され、その後、株券等の保有割合が１％増減する場合にも同報告書が提出される。大量保有者には、自己又は他人の名義をもって株券等を所有する者のほか、投資一任契約その他の契約又は法律の規定に基づき、株券等に投資をするのに必要な権限を有する者等も含まれる。企業によっては上記実質株主判明調査と併せて利用されている。

---

17 社債、株式等の振替に関する法律（平成 13 年法律第 75 号）
18 金融商品取引法 （昭和 23 年法律第 25 号）

<大量保有報告制度の概略>

✓ 大量保有報告制度とは、株券等に係る大量保有の状況を投資者に迅速に開示するための制度のこと。提出された大量保有報告書は EDINET により公衆縦覧に供される。

✓ 具体的には、上場株券等の保有割合が５％超となった者は、その日から５営業日以内に大量保有報告書を提出し、その後も保有割合が１％以上増減した場合には、５営業日以内に変更報告書を提出する義務がある。

✓ 報告が義務づけられる大量保有者には、自己の名義をもって株券等を所有する場合だけでなく、「投資一任契約その他の契約又は法律の規定に基づき、株券等に投資をするのに必要な権限を有する者」（法第 27 条の 23 第３項第２号）等も大量保有者として報告する必要がある。したがって、株主名簿に記載のない機関投資家等の実質株主も報告対象となる。

○ 第三に、管理信託銀行等が提出する免税登載申請書の記載により、機関投資家等の実質株主名と配当基準日時点の株式数を株主総会前に把握することができる場合がある。

○ 実質株主は企業が調査しなければ把握できない状況は米国でも同様である。米国においては、1934 年証券取引所法に基づき一任運用資産が１億ドル以上の機関投資家（銀行・保険会社・年金基金・ミューチュアルファンド等）は四半期ごとに保有明細を SEC に提出する必要がある（Form１３F）。この１３F の情報は公表（公衆縦覧）されるため、企業側も把握が可能である。また、EDGAR に公表されている情報を収集・データベース化して販売する IR 支援会社も存在する。日本企業による実質株主判明調査においても、大口の米国機関投資家の保有分については１３F によってその多くが把握されている。

○ このほか米国では、名義株主と実質株主の間で発行企業とのコミュニケーション格差が生じることを緩和するため、株主が自己の属性情報（名前・保有株式数・住所）

を企業側に開示するか否かを選択できる NOBO・OBO 制度を導入している[19]。なお日本では、米国で NOBO を選択した者でさえも、日本株は米国証券法の対象外であるため企業側に情報が開示されていない[20]。

○ 欧州においては、2017 年 5 月に成立した第 2 次株主権指令[21]に基づき、新しい取組が始まっている。同指令には、EU 企業と株主のインターアクションの促進等を目的として、加盟国は、会社が議決権の一定割合以上を保有する株主を特定する権利を持つよう確保しなければならない旨が盛り込まれた[22]。当該指令を受け、EU 加盟各国は 2019 年 6 月までに国内法化が求められた[23]。なお、ESMA（欧州証券市場監督局）の 2017 年のレポートによると、「株主」の定義に違いはあるものの、28 カ国のうち 14 カ国において随時発行企業が株主を特定することができる仕組みを有していた[24]。

○ 当該指令に基づく規則においては、株主を特定するために仲介業者が伝達するべきとされている事項が具体的に定められている。一例として、会社の求めに応じ、証券口座を提供する仲介業者は、株主を特定する情報（名前、住所、email アドレス、自己の勘定及び他者の勘定で保有する株式数等）を遅滞なく伝達しなければならないとされている。しかもこの「会社の求め」の頻度は、四半期毎等ではなく随時である。

---

19 NOBO/OBO 制度については、「株主総会プロセスの電子化促進等に関する研究会報告書」P56 参照。

20 ADR 等として取引されている場合は証券法の対象である。

21 DIRECTIVE (EU) 2017/828 OF THE EUROPEAN PARLIAMENT AND OF THE COUNCIL of 17 May 2017 amending Directive 2007/36/EC as regards the encouragement of long-term shareholder engagement

22 第 2 次株主権指令の目的は、EU 企業と株主のコミュニケーションの充実であることから、本報告書で詳述する企業が「株主を特定する権利」のほかに、株主側が企業の情報を把握しやすくするための措置や、株主に対する電子的な議決権行使の確認書送付なども定められている。

23 「株主総会に関する調査」において調査対象としたイギリス、ドイツ、フランスにおいてはいずれも国内法における対応がなされている。

24 ESMA（European Securities and Markets Authority）
,*Report on shareholder identification and communication systems*, 5 April 2017.

【図表１１】指令に基づく規則により仲介業者が伝達するべきとされている事項

【規則に規定されている株式数についての回答フォーマット】

回答する仲介業者が保有する当該会社（特定の要求を行った会社）の株式総数

回答する仲介業者が自己の勘定で保有する当該会社（特定の要求を行った会社）の株式数

回答する仲介業者が保有するが、他者の勘定である当該会社（特定の要求を行った会社）の株式数

B.Information regarding shareholding by responding intermediary

Type of information	Description	Format	Originator of data
1. Unique identifier of the responding intermediary	Unique national registration number preceded by the country code referring to the country of its registered office or LEI	[20 alphanumeric characters. The country code is to be in the form determined in Table 1, field B.1]	Responding intermediary
2. Name of the responding intermediary		[140 alphanumeric characters]	Responding intermediary
3. Total number of shares held by the responding intermediary	The total number equals the sum of the numbers given in field B.4 and B.5	[15 numeric characters with, if applicable, a decimal separator]	Responding intermediary
4. Number of shares held by the responding intermediary on own account		[15 numeric characters with, if applicable, a decimal separator]	Responding intermediary
5. Number of shares held by the responding intermediary on account of someone else		[15 numeric characters with, if applicable, a decimal separator]	Responding intermediary
6. Unique identifier of the securities account operator	LEI of the securities account operator, i.e. the intermediary up the chain with whom the responding intermediary has a securities account	[20 alphanumeric characters]	Responding intermediary
7. Number of the securities account	Number of the securities account of the responding intermediary with the intermediary up the chain.	[20 alphanumeric characters]	Responding intermediary

（資料）Commission Implementing Regulation (EU) 2018/1212 of 3 September 2018 laying down minimum requirements implementing the provisions of Directive 2007/36/EC of the European Parliament and of the Council as regards shareholder identification, the transmission of information and the facilitation of the exercise of shareholders rights

○　このように欧州では、複数層からなる仲介業者間の伝達の仕組みを整えることにより対話を行う相手方としての機関投資家を企業側が把握・特定しうる仕組みが、法制度によって導入されつつある。現時点では、各国の国内法における「株主」の定義にばらつきはあるものの[25]、欧州株主権指令に基づき情報伝達の仕組みは統一されておりこの仕組みが各国の国内法上の株主の定義の範囲に限定されず活用されることが、対話を行うべき者を特定することに資するものと考えられる。

○　日本においては、米国のような公衆縦覧等の仕組みも、EU のような把握権の制度もまだ導入されていない。しかし、機関投資家との対話が進展する中で、企業と機関投資家の相互の信頼関係の醸成の要請は、欧米と何ら変わるところはない。信頼関係醸成の観点から、対話の中でおおよその持ち株数が言及されることも現に多い。[26]これらの諸状況に鑑みると、議決権基準日時点における実質株主（企業が対話する

25 「株主総会に関する調査」によれば、イギリス及びフランスは、従来から実質株主の特定が可能であった。また、注 24 の ESMA2017 年レポート p18 によると、調査対象である２８カ国中１１カ国においてはおおむね実質株主（final layer）が株主と見なされているとのことである。

26 なお、事後的に部分的に把握が可能なものとして、スチュワードシップ・コードに基づき、コードに署名した機関投資家は、議決権行使結果を個別に開示している。その際、議決権基準日における持ち株数も含めて開示している事例もある　。

相手方としての機関投資家[27]）とその持ち株数について、企業が効率的に把握できるよう、実務的な検討がなされるべきと考えられる。[28]

○ なお、前述「② 対話環境の整備としての議決権電子行使プラットフォームの活用促進」において述べたとおり、機関投資家側のプラットフォームの活用が進めば、管理信託銀行の議決権行使に変換されるものの AM からの議決権行使の状況を適時に企業も把握し、議決権行使について判断権を有している機関投資家である AM との間で必要な対話を適時適切に行うことができるようになる環境が整うことになる。また、個別の AM の選好によっては、企業が事後的に議決権行使結果及び持ち株数を把握することを許容するといった取組の始め方も可能ではないかと考えられる。プラットフォーム利用に係る AO からの同意取得の運用が見直されることは、この観点からも重要である。

---

[27] 通常の場合、当該株式について議決権行使の指図を行う AM が想定される。

[28] 2020 年 3 月 24 日に改訂されたスチュワードシップ・コード脚注 15 において、「株式保有の多寡にかかわらず、機関投資家と投資先企業との間で建設的な対話が行われるべきであるが、機関投資家が投資先企業との間で対話を行うに当たっては、自らがどの程度投資先企業の株式を保有しているかについて企業に対して説明することが望ましい場合もある。」との記載が追加されている。

（３）会議体としての株主総会の在り方（株主総会当日）

①　会議体としての株主総会の規律の在り方について

○　株主構成に占める機関投資家比率が上昇し、株主総会プロセスにおいて機関投資家との対話が行われていることを踏まえ、会議体としての株主総会の意義について、本研究会で改めて整理を行った。まず、今日における株主総会の意義については、以下の３つのような意義が考えられる。もちろん、会議体としての株主総会を開催することに伴い実施される想定 Q&A の作成や、当日の対応準備を通じて、経営陣にとって 1 年間の振り返りや自社の課題発見などの気付きの機会になるといった、開催することで得られる結果的意義は別途あると考えられるが、ここでは、会議体としての株主総会そのものの意義について整理した。

ⅰ．決議に向けた審議の場としての意義

- ✓ 審議を行い、決議を行う場。会社法の立て付け上の意義。
- ✓ 対話は、株主と取締役等が対面し、決議と一体として行われる。

ⅱ．信認の場・確認の場としての意義

- ✓ 株主総会プロセス全体の中で対話が十分に行われ、前日までに決議の趨勢が判明することを肯定的にとらえつつ、当日は出席者（主に個人株主）からの信認を得る場。
- ✓ 信認を得るための緊張感自体に、ガバナンス上の意義がある場合もある。

ⅲ．対話の場・情報提供の場としての意義

- ✓ 決議に向けた審議としてではなく、株主（主に個人株主）とのコミュニケーションの場。
- ✓ 中長期的な企業価値創造プロセスの理解を得るなど、株主との中長期的な関係構築のための場として活用されることもある。

○ 「ｉ．決議に向けた審議の場としての意義」については、まさに、会議体が本来的に持つ意義である。すなわち、そこでは審議や決議が一定の規律の下で公正かつ適正に行われることが求められている。

しかし、これまで見てきたとおり、意思決定に向けた審議や決議については、実質的には年間を通じた株主総会プロセスの中で果たされていることが多く、そのような場合、会議体としての株主総会については、ⅱ．信認の場・確認の場や、ⅲ．対話の場・情報提供の場としての意義があることが多い。

○ 次に、株主総会プロセスの視点から当日の意義を見てみたものが図表１２である。会議体としての株主総会が本来的に期待されている役割が会議体よりも前の時点で果たされ、年間を通じた情報開示や対話、それらに基づく事前の議決権行使といった部分で行われている。その結果、会議体としての株主総会は、いわばそれらを将来の中長期的な企業価値創造に向けた事業活動につなげるための結節点として機能しているといえる。

【図表１２】株主総会プロセスの視点からみた当日の意義

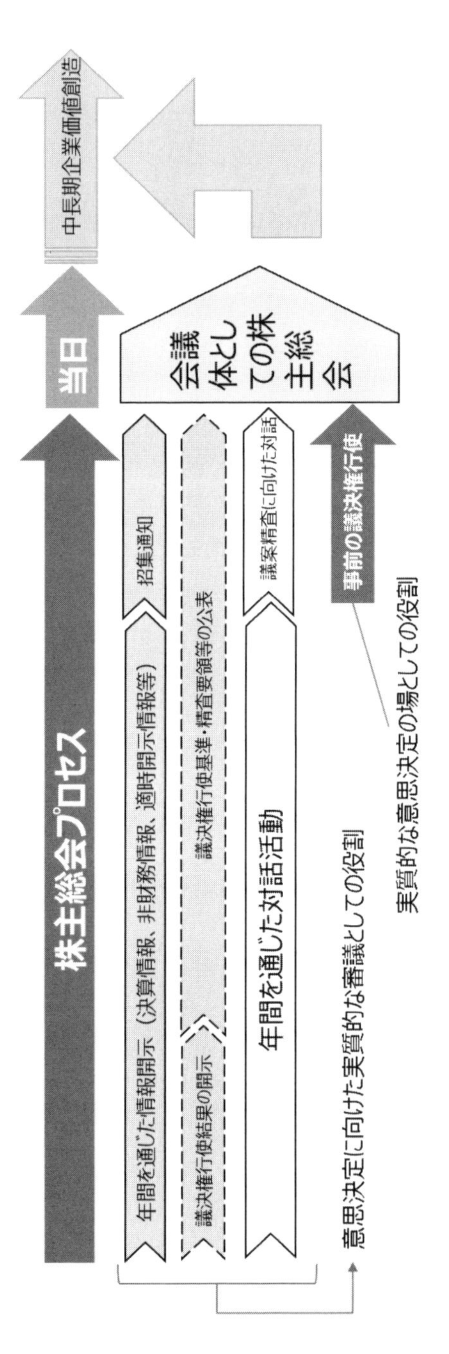

○ 最後に、プロセスの適切性を制度的にどのように担保しているかを整理したのが図表１３である。当日までの株主総会プロセスにおいては、会社法において、株主提案権を始めとする株主権がプロセスの中で機能するものとして存在し、それらが適正に機能するための規律が設けられているほか、金商法や上場規則において、株主総会プロセスの中で実施される企業の情報開示や対話が公正、適正に行われるための規律が設けられている。

【図表１３】株主総会プロセスの適切性を制度的にどのように担保しているか

株主総会プロセス（意思決定機関としての株主総会）

【株主の権利】
○ 株主提案権（会社法303条・304条）
○ 議案通知請求権（会社法305条）
【規律：情報の公表義務への違反】
○ インサイダー取引規制、フェアディスクロージャールール、法人関係情報の管理等の規制
※金商法、上場規則等

議決権行使（書面行使、電子行使）

【株主の権利】
○ 書面議決権行使、電子議決権行使（会社法311条、312条）
【規律：決議取消事由】
○ 決議の方法の法令違反または著しい不公正
（議決権行使の妨害、賛否の認定の誤り）

株主総会当日（会議体としての株主総会）

【株主の権利】
○ 議決権（会社法309条）
○ 質問権（取締役等の説明義務）（会社法314条）
○ 議案提案権（会社法304条）
【規律：決議取消事由】
○ 決議の方法の法令違反または著しい不公正
（説明義務違反、賛否の認定の誤り、出席困難な時刻・場所への招集、不公正な議事運営等）

○ 一方、会議体としての株主総会については、会社法において、会議体としての本来機能を果たすことを制度的に担保するための取締役等の説明義務や株主による議案提案権（動議）が存在し、また、それらが公正に機能するために決議取消の訴えといった規律が存在している。言い換えれば、会議体としての株主総会に係る規律は、株主総会当日に、審議を経て決議が行われることを前提に設けられている。

○ このように、株主総会の今日的な意義と、実態としてのプロセス、制度を包括的に見てみると、ほとんどの株主総会において、賛否の結果は前日までに決していることが多いのに対し、会社法における株主総会当日の規律は、「審議を経て決議が行われる」「当日」における適正性を担保するものであるということが明らかになる。このような株主総会当日の規律が、総会実務を硬直的にしている可能性がある。さらに、株主総会

の実務が硬直的であることは、企業が、株主総会プロセス及び当日に行うべき対話を阻害している可能性もある。

○　そこで、本研究会では、株主総会当日の規律について、類型化して考えることにより、その意義を明確化することを試みた（図表１４）。まず、会社提案と株主提案が拮抗し当日の議決権行使により結論が左右されるような有事を考える。有事においては、事前の議決権行使はなされるものの、株主総会の当日に一定の株主が出席すること等により、当日まで賛否が変わる可能性がある。そのような場合においては、株主総会当日の規律が決議の適正性を担保するために特に重要な役割を果たす。[29]

○　一方、平時の株主総会においては、実質的な審議や決議の場としての役割は株主総会プロセスにおいて果たされていることから、その際の会議体としての株主総会は、ⅱ．信認・確認の場としての意義やⅲ．対話の場としての意義を有している。株主からの「質問」に議案に関するとは言いがたいものがあったとしても、ⅱ や ⅲ を意識した対応がなされており、会社は、出席株主から評価されることや、株主の意見を直接聞く機会の重要性を意識して対応していると考えられる。

【図表１４】会議体としての株主総会そのものの意義

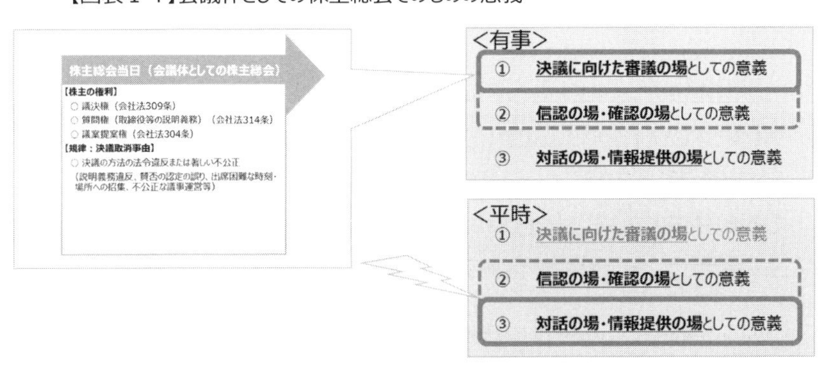

○　現在の株主総会実務は、書面による議決権行使制度の導入以前の裁判例や、株主総会プロセスにおける情報開示が充実する前の裁判例に影響されているとの指摘

[29] なお、有事か平時かについては直前に変わることもある。株主提案等が提案されていなくても、株主総会当日までの突発的な事象やニュース等により、事前の議決権行使の判断を変更し、又は動議に賛成する可能性もあるとの指摘もあった。

もある。そのことや、有事と平時の違いも意識しつつ、現在株主総会が果たしている役割を踏まえた規律の在り方を検討する余地もあると考えられ、多くの関係者の議論が望まれる。

② ハイブリッド型バーチャル株主総会の活用状況

○ 本研究会は、ハイブリッド型バーチャル株主総会を実施する際の法的・実務的論点、及び具体的取り扱いを明らかにする「ハイブリッド型バーチャル株主総会の実施ガイド」を策定し、2020 年２月２６日に公表した（巻末参考資料）。

○ 2020 年３月以降の株主総会において、ハイブリッド型バーチャル株主総会は新型コロナウイルス感染症の拡大防止策としても検討され、様々なかたちで実施された。ここでは、企業の取り組み状況を整理する。

【図表１５】ハイブリッド型バーチャル株主総会の開催例

■ハイブリッド出席型バーチャル株主総会

	議決権行使	質問
A社	自社開発システムを使用	電話を使用
B社	ウェブ会議ツールを使用し、カメラ前で実際に拍手	ウェブ会議ツールを使用し、カメラ前で実際に挙手
C社	自社サイトを使用	画面表示に従い、質問をし、事務局が取りまとめ、回答
D社	自社サイトを使用	200文字以内で１株主につき１問まで

■ハイブリッド参加型バーチャル株主総会

① ライブ配信のみ実施（事前に発行したID・パスワード等により配信サイトにログイン）

② 上記①に加え、事前にウェブサイト上でコメント等を受付し、当日回答を実施

③ 上記①に加え、当日画面上からコメント等を入力し、回答を実施

④ 上記①に加え、当日画面上からコメント等を入力し、後日ウェブサイト上で回答を実施

（出所）各社のホームページ及び招集通知をもとに経済産業省作成

○　図表１５に示したように、「出席型」においては議決権行使の方法や質問の受け付けに際し複数の方法が取り組まれた。また、「参加型」も、株主の双方向のコミュニケーションの取り方にはいくつかのバリエーションがある。加えて、ライブ又は事後の動画配信は行わない場合でも、株主総会プロセスにおける質問受け付け及び株主総会当日又は後日の回答というかたちで、株主総会プロセスにおける双方向のコミュニケーションに取り組んだ企業もある。

○　このように、「出席型」に求められる「場所」と株主との間の双方向性と即時性の両方を満たすことは急な対応としては困難であったと考えられるが、「参加型」や株主総会プロセスを通じてインターネットを活用した双方向の株主とのコミュニケーションは、株主総会当日の在り方を考える上でも示唆に富む企業のプラクティスといえる。

③　海外の株主総会

○　今後の株主総会の在り方を考えるための参考として米国、英国、ドイツ、フランスの株主総会についての規律及び実務を調査した。

【図表１６】株主総会前における株主の権利（諸外国比較）

凡例：各国の何らかの法制度上規定されている場合：○、明文の規定がない場合：×
※カッコ内は、根拠法条文と実務の取扱いに関する補足説明。

	米国 （デラウエア州会社法）	英国	ドイツ	フランス
招集通知	**個別** （招集通知は開催日の60日～10日前の間に郵送又は電子送信（デラウエア州一般会社法222条(a)(b)、232条(a)）	**個別・ウェブ開示** （招集通知は、書面、電磁的方法等によってすべての株主に提供（2006年会社法308条、310条、502条）また、上場会社は、招集通知送付以前に、ウェブサイトに開示（同法311A条））	**公告・個別** （開催日の30日前までに招集公告（株式法121条、123条）。ウェブサイトにおける招集の公表（同法124a条）。通知を請求した株主（記名株主の場合21日前）及び仲介者に対して送付）	**公告・個別** （開催日の35日前までに法定公報による開催通知（商法規則225-73条）。また、開催日の15日前までに法定公報および一定の条件を満たす記名株主に個別に招集通知（同規則225-67条、225-68条、225-69条））
株主提案権	× （明文の規定はないが認められている）	○ （2006年会社法314条、338条、338A条）	○ （株式法122条2項、126条1項、127条）	○ （商法典225-105条）
事前質問権	× （株主が事前に質問を送付することは一般的ではない）	○ （2006年会社法319A条）	× （株式法は権利としての事前の質問権は認めていない。ただし、実務上は会社側が株主に対し、事前に質問を知らせてくれるよう依頼する場合がある）	○ （事前質問に対する回答が会社のウェブサイトのＱ＆Ａページに掲載された場合には、回答がなされたとみなされる。（同法典225-108条））
事前の議決権行使	○	○ （定款において、総会日前に議決権を行使することができる旨を定めを置くことができる（2006年会社法322A条））	○ （書面又は電磁的通信手段により、議決権行使できることについて、定款に定めを置くことができる（株式法118条））	○ （すべての株主は書面投票を行うことができ、これに反する定款の定めは記載のないものとみなされる（同法典225-107条））

（出所）株主総会に関する調査（2019年度、経済産業省）

【図表１７】株主総会当日における株主の権利（諸外国比較）

凡例：各国の何らかの法制度上規定されている場合：○、明文の規定がない場合：×
※カッコ内は、根拠法条文と実務の取扱いに関する補足説明。

	米国（デラウエア州会社法）	英国	ドイツ	フランス
議決権	○ （デラウェア州一般会社法212条）	○ （2006年会社法284条）	○ （株式法12条）	○ （民法典1844条、商法典225-122条）
質問権	× （明文の規定はないが認められている（回答義務はない）。会社が定める株主総会規則による規律）	○ （2006年会社法319A条がEU株主権規則施行に併せて新設。上場会社では株主の質問に対する回答義務あり。事前に回答していることに該当する場合等、一定の例外あり）	○ （株式法131条。情報が会社のインターネットサイトで総会の少なくとも７日前から開催中まで継続して入手可能であるとき等、一定の例外あり）	× （明文の規定はないが認められている（民法典1844条参照）。ビデオ会議・電子的方法によって出席する株主にも発言権）
動議の提出権	× （議案の事前通知を求める定款規定により不可）	△ （議案の修正は招集通知に記載された議事の範囲を超えてはならない）	△ （出席権から導かれる権利。実体的動議は、「議事日程」（公告された議題）に含まれるものに限る）	△ （議事日程に記載された議題に限る（商法典225-105条3項）。ただし、取締役・監査役会構成員の解任、後任の選任は例外）

（出所）株主総会に関する調査（2019年度、経済産業省）

【図表１８】株主総会決議の効力を争う制度

凡例：各国の何らかの法制度上規定されている場合：○、明文の規定がない場合：×
※カッコ内は、根拠法条文と実務の取扱いに関する補足説明。

	米国（デラウエア州会社法）	英国	ドイツ	フランス
決議取消しの訴え	× （「決議取消し」の制度はない）	× （「決議取消し」の制度はない）	○	○ （「任意的無効」として裁判官の裁量が広く認められた無効原因の規定あり）
備考	株主や取締役等の申立てにより、衡平法裁判所は、取締役や執行役の選任の効力およびその地位を保持する権利について、審理・決定することができる（デラウェア州一般会社法225条（a））。 株主や会社自身の申立てにより、衡平法裁判所は、取締役や執行役の選任以外の事項に関するあらゆる株主投票の結果について、審理・決定することができる(同法225（b))。	株主総会の効力を争う場合は、一般的な訴訟を通じて争う。決議の無効確認、決議に基づいて行われた行為の効力を争う等。	手続的瑕疵（説明義務違反、総会への出席拒絶等）と内容的瑕疵（利益配当決議等の特別規定によるもの、誠実義務違反等の一般条項の両方）があるが、手続的瑕疵は、その瑕疵が決議結果にとって重要なものでなければ決議取消しを基礎づけない。	株主総会の無効と決議の無効がある。判例は「法文なければ無効なし」と呼ばれる原則を厳格に適用し、株主総会・株主総会決議の有効性が争われる際にはその根拠規定を明確にする。

（出所）株主総会に関する調査（2019年度、経済産業省）

○　上記の４カ国において、株主の質問権又は取締役の説明義務は明文の規定があるか否かは異なるものの、認められている。ただし、米国（デラウエア州会社法）においては、株主による質問は可能であるが、会社側に回答義務はない。一般的な適時開示義務とは独立に、株主総会において株主の質問事項について、回答・説明する義務はないと理解されている。米国においては、株主総会の決議終了後に、（決議事項と直接関係のない）会社の事業や業務全般に関する質疑応答の時間を設けるものが一般的である[30]。

○ また、質問権を明文で認めている英国やドイツにおいては、事前に回答している場合には株主総会当日の説明義務の対象外となることを明文で定めるなど、株主総会プロセスにおける株主とのコミュニケーションの双方向性を意識した規律となっていると見ることが可能ではないかと考えられる。

○ 修正動議については、各国において一定の制限がある。米国は、議案の事前通知を求める定款規定により、認められない。英国は、議案の修正は招集通知に記載された議事の範囲を超えてはならない。ドイツは、招集公告に記載された議題に含まれるものに限る。フランスも、ドイツと同様議事日程（公告された議題）に記載された議題に限ることとされているが、取締役・監査役会構成員の解任、後任の選任は例外とされ、記載された議案にかかる修正提案は可能である。また、議事日程に記載された議題に直接関係し、株主が予測できる議案も判例により可能とされている。

○ 株主総会決議の効力を争う制度については、米国及び英国は明文の規定がないものの、株主総会の瑕疵への対応として裁判所の広い裁量が認められている。フランス及びドイツは規定が存在するが、ドイツについては、手続き的瑕疵については決議結果にとって重要なものでなければ決議取消しとはならないというのが判例・通説であり、また、手続き的瑕疵があっても取消しとならない一定の場合が明文規定で定められるなど、手続き的瑕疵によって決議取消しとされる可能性は大幅に制限されている。フランスについては、「任意的無効」という裁判官の裁量が広く認められた規定があるものの、具体的な規定に基づく取消し判断がなされることにより、取消し事由に該当するか否かについて一定の予測可能性があると考えられる。諸外国の株主総会に関す

---

30 株主総会に関する調査（2019年、経済産業省）p18.

る規律は、法文からは必ずしも明らかではない実務と一体として理解する必要があるものの、株主総会プロセスと当日の在り方を考える際に参考になると考えられる。

④ 新時代の株主総会プロセスに向けて

○ 株主及び投資家との対話を重視し、株主総会当日に限定されない株主との双方向のコミュニケーションを充実させる企業も増えつつある。今後各社において株主総会プロセスおよび株主総会当日の在り方についても検討が進むことが期待される。

○ 本研究会では、株主総会の実態に応じた規律の考え方を整理することに関する問題提起もなされた。有事の場合と平時の場合では株主総会に求められる規律の具体的な内容は異なりうること、株主総会プロセス全体を通じた株主との双方向のコミュニケーションが進んでいることを踏まえると、説明義務や動議へのあるべき対応も新たなとらえ方が可能ではないかとの指摘もある。

○ 将来的な会議体としての株主総会の規律や実務の在り方については、複数の委員より、意思決定機関としての株主総会の規律を重視し、当日の会議体の開催方法については、情報開示や事前の一定の双方向性が保たれている限り、企業による選択の幅を広げる方向性を目指すべきという見解が示された。そのほか、インターネットの活用がウィズ／ポストコロナの時代にさらに進むことも踏まえ、より多くの株主が株主総会へのバーチャル参加又は出席を希望することになる可能性も念頭におき、バーチャル株主総会の活用に向けてのルールの在り方の検討や、円滑な実施のためのＩＴ基盤・通信インフラ整備などの対応も急ぐべきとの指摘もあった。

○ 今後、本研究会における問題提起について検討がなされる際には、改正会社法の公布から３年６月を超えない範囲内において政令で定める日から施行されることとされている株主総会資料の電子提供制度の導入を控え、株主総会プロセスにおける電子的手段の活用について、バーチャルオンリー型を含むバーチャル株主総会、その他の株主総会プロセスにおける電子的手段の活用についても、本研究会で議論された株主総会の意義等の論点を踏まえて、デジタルトランスフォーメーションの視点も併せて検討がなされることを期待したい。

○ また、2020 年３月以降の株主総会においては、新型コロナウイルス感染症の拡大防止のため、政府の公表文書等も参考に、各社において株主総会の運営について様々な検討がなされた。特に、大多数の企業が株主へ来場を控えるよう呼びかける方針をとりつつも、ハイブリッド型バーチャル株主総会を実施する企業も少なからず現れ、また、企業側からの株主に対する一層の能動的な情報提供や事前質問の受付・回答など、議場に足を運ばずとも双方向に近い形での株主総会運営がなされる工夫も多くみられたことは、プロセスも含めた株主総会の新たな在り方を様々な形で表す結果に繋がった。

○ 実務におけるこれらの検討や経験は、新型コロナウイルス感染症という極めて特殊な事情を背景としたものではあるものの、今後、これらの検討や経験を振り返り、新たな株主総会プロセスの在り方に関する検討に活かしていくことも有益であろう。また、株主総会の議決権行使の基準日変更を検討する企業があれば、後押しするなど、政府を含む関係者による取組も求められるところである。

（略）

索　引

ら行

〔編著者紹介〕

武井　一浩（たけい　かずひろ）

西村あさひ法律事務所弁護士（1991年弁護士登録）。上場会社の企業法務全般，ガバナンス/会社法/資本市場法制，M&A，DX関連実務等を取り扱う。金融庁「スチュワードシップ・コード及びコーポレートガバナンス・コードのフォローアップ会議」メンバー，経済産業省「新時代の株主総会プロセスの在り方研究会」委員，政府「規制改革推進会議」委員。主な著書（共著含む）として『デジタルトランスフォーメーション法制実務ハンドブック』（商事法務／2020年），『コーポレートガバナンス・コードの実践』（日経BP／2018年）など。

担当：第１章，第２章，第３章，第４章

井上　卓（いのうえ　たかし）

三菱重工業株式会社IR・SR室長。1989年三菱重工に入社し，高砂製作所で原価計算を経験した後，1994年本社総務部に異動。1998年から2008年まで法務部にて株主総会等の商事法務業務を担当。その後，総務部・広報部で主にSR（Shareholder Relations）を担当し，2019年から現職。2018年11月から東京株式懇話会会長，2019年２月から全国株懇連合会理事長を務める。経済産業省「新時代の株主総会プロセスの在り方研究会」委員。論稿として「二〇二一年における株式実務の課題と対応」（旬刊商事法務№2251）など。

担当：第３章

今給黎　成夫（いまきいれ　しげお）

株式会社ICJ代表取締役社長。1987年東京証券取引所入所。国際部，NY調査員事務所，株式部，人事部，情報サービス部などを経て2005年株式会社ICJ出向。議決権電子行使プラットフォーム事業に立上げ当初から参画。2010年COO，2017年より現職。CMA。

担当：第４章

森田　多恵子（もりた　たえこ）

西村あさひ法律事務所弁護士（2004年弁護士登録）。会社法・金商法を中心とする一般企業法務，コーポレートガバナンス，株主総会，DX関連，M&A等を取り扱う。消費者契約法，景品表示法等の消費者法制分野も手がけている。主な著書（共著含む）として，『デジタルトランスフォーメーション法制実務ハンドブック』（商事法務／2020年），『債権法実務相談』（商事法務／2020年）など。

担当：第１章，第２章，第３章，第４章

【著者紹介】

猪越　樹（いのこし　たつき）

ソニー株式会社　財務部IRグループSRチーム　シニアマネジャー。1994年にソニー入社後，株主総会事務局業務の他，株式法務・実務に関する業務および個人株主・投資家に向けた情報提供業務に従事。経済産業省「新時代の株主総会プロセスの在り方研究会」委員。

担当：第３章

尾崎　太（おざき　ふとし）

Ｚホールディングス株式会社　法務統括部株式企画部　部長。2004年ヤフー株式会社（現Ｚホールディングス株式会社）に入社し，主に株主総会，取引所開示対応（決算，M&A等）等に従事。2018年経済産業省「さらなる対話型株主総会プロセスに向けた中長期課題に関する勉強会」委員。2021年東京株式懇話会研究部研究第２部委員。株主総会のIT化においては2013年より株主総会のライブ中継（現在，「参加型」の一類型として整理。）およびアーカイブ動画の公開を開始，2020年に大手企業としては初の出席型オンライン株主総会を実施。

担当：第３章

斎藤　誠（さいとう　まこと）

三井住友信託銀行株式会社　証券代行コンサルティング部　部長（法務管掌）。全国株懇連合会理事。東京株式懇話会常任幹事研究第３部担当。証券代行業務にて長年にわたり株主総会対応に従事。『2020年版 株式実務 株主総会のポイント』（共著，財経詳報社／2020年），「バーチャル株主総会をめぐる動向と実務論点」（旬刊経理情報2020年11月10日号）ほか，会社法・株主総会に関する執筆・講演多数。

担当：第３章

清水　博之（しみず　ひろゆき）

みずほ信託銀行株式会社　株式戦略業務部　参事役。全国株懇連合会理事。東京株式懇話会常任幹事研究第１部担当。主な著書（共著含む）として，『会社法改正後の新しい株主総会実務』（中央経済社/2019年）「平成29年株主総会の実務対応(4)事業報告作成上の留意点」（旬刊商事法務2017年３月５日号）『論点体系　会社法１』（第一法規／2012年）など。

担当：第３章

中川　雅博（なかがわ　まさひろ）

三菱UFJ信託銀行株式会社　法人コンサルティング部　部付部長。全国株懇連合会理事。東京株式懇話会常任幹事研究第２部担当。経済産業省「さらなる対話型株主総会プロセスに向けた中長期課題に関する勉強会」メンバー，経済産業省「新時代の株主総会プロセスの在り方研究会」オブザーバー。株式実務，株主総会実務のコンサルティング等に従事。主な著書

（共著含む）として『株式事務の基礎知識』（商事法務／2009年），『株主総会ハンドブック［第４版］』（商事法務／2016年），『会社法改正後の新しい株主総会実務』（中央経済社／2019年）など。
担当：第３章

前田　伊世雄（まえだ　いせお）

株式会社資生堂　IR部　IRコミュニケーショングループマネジャー。信託銀行での証券代行業務経験を経て現職。資生堂の株主総会を11回担当し，招集通知等でガバナンス対話に必要な開示に取り組む他，国内外の機関投資家の議決権行使を所管する窓口とのSRコミュニケーションやESG関連のコミュニケーションも担当。また，資生堂の特長を生かした美容実習付き個人投資家向け説明会や自社製品の選択制優待等も企画・運営。
担当：第３章

松村　真弓（まつむら　まゆみ）

グリー株式会社　コーポレート本部　法務総務部　シニアマネージャー。大学卒業後，法律事務所，大手ゲーム会社を経て，現在グリー株式会社に勤務。この間，商事法務・組織再編を中心とした企業法務の経験を重ね，2018年経済産業省主催「さらなる対話型株主総会プロセスに向けた中長期課題に関する勉強会」の委員として，2019年５月に公表されたハイブリッド型バーチャル株主総会についての論点整理（2020年２月に公表された実施ガイドの前身）の策定に寄与。この勉強会でのディスカッションから示唆を得て，2019年９月には国内初となるハイブリッド双方向参加型バーチャル株主総会を実施。2021年から東京株式懇話会の委員就任。
担当：第３章

坂東　照雄（ばんどう　てるお）

株式会社ICJ　エンゲージメントソリューション部長。社団法人金融財政事情研究会，Thomson Financial等を経て，2004年ICJ入社。2008年営業部長。2019年７月より現職。海外の先進技術を取り入れつつ，発行会社と機関投資家，機関投資家とアセットオーナーの対話を支援する事業に取り組む。VSMプラットフォーム事業 企画責任者。
担当：第４章

砂金　宏（すながね　ひろし）

株式会社ICJ　エンゲージメントソリューション部　シニアマネージャー。日本証券代行株式会社等を経て，2018年ICJ入社。2019年７月より現職。証券代行業務の事務・システム企画を担当した経験を活かし，株主総会プロセス等の制度調査を担当。VSMプラットフォーム事業 プロジェクトマネージャー。
担当：第４章

株主総会デジタル化の実務

2021年4月15日　第1版第1刷発行

編著者　武　井　一　浩
　　　　井　上　　　卓
　　　　今給黎　成　夫
　　　　森　田　多恵子
発行者　山　本　　　継
発行所　㈱中央経済社
発売元　㈱中央経済グループパブリッシング

〒101-0051　東京都千代田区神田神保町1-31-2
電話　03（3293）3371（編集代表）
　　　03（3293）3381（営業代表）
https://www.chuokeizai.co.jp
製版／三英グラフィック・アーツ㈱
印刷／三　英　印　刷　㈱
製本／㈲　井　上　製　本　所

ISBN978-4-502-38741-8　C3032